ISBN 978-0-267-37056-6
PIBN 10993757

1 MONTH OF
FREE
READING

at

www.ForgottenBooks.com

By purchasing this book you are
eligible for one month membership to
ForgottenBooks.com, giving you
unlimited access to our entire
collection of over 1,000,000 titles via
our web site and mobile apps.

To claim your free month visit:

www.forgottenbooks.com/free993757

English
Français
Deutsche
Italiano
Español
Português

www.forgottenbooks.com

Mythology Photography **Fiction**
Fishing Christianity **Art** Cooking
Essays Buddhism Freemasonry
Medicine **Biology** Music **Ancient**
Egypt Evolution Carpentry Physics
Dance Geology **Mathematics** Fitness
Shakespeare **Folklore** Yoga Marketing
Confidence Immortality Biographies
Poetry **Psychology** Witchcraft
Electronics Chemistry History **Law**
Accounting **Philosophy** Anthropology
Alchemy Drama Quantum Mechanics
Atheism Sexual Health **Ancient History**
Entrepreneurship Languages Sport
Paleontology Needlework Islam
Metaphysics Investment Archaeology
Parenting Statistics Criminology
Motivational

Hans Sachs

geb d 5. Nov 1494

gest d 19 Jan 1576

Hans Sachs.

Eine

Auswahl für Freunde

der

ältern vaterländischen Dichtkunst,

von

Johann Adam Göz,

vormaligem Studien-Rector.

Erstes Bändchen.

Mit H. Sach's Bildnisse.

Nürnberg,

bei Bauer und Raspe

1829.

Vorrede.

Hans Sachs hat das ganz eigene Schicksal, daß er nicht nur von seinen unmittelbaren Zeitgenossen, sondern in dem ganzen sechzehnten Jahrhunderte und einem großen Theil des siebenzehnten geehrt, geliebt und gelesen wurde, wie kaum je ein Dichter das Glück hatte, geliebt und gelesen zu werden, in der Folge hingegen, bis tief in das achtzehnte Jahrhundert, zwar nicht in Vergessenheit gerieth, aber doch in eine gewisse Nichtachtung zurücksank, und der Gegenwart entrückt wurde, so daß seiner und seiner Dichtungen beynahe nur in der Geschichte der teutschen Poesie, als einer seltsamen Erscheinung, Erwähnung geschah.

Erst in der zweyten Hälfte des achtzehnten Jahrhunderts suchten Bertuch *),

---

*) Bertuch beabsichtigte bekanntlich eine Ausgabe der Werke des Hans Sachs in fünf oder gar acht Quartbänden, die freylich nicht zu Stande kam.

(a)

Wieland und Göthe*), das Andenken
an diesen Dichter zu erneuern, und das
Publicum auf den Gehalt und Werth des-
selben aufmerksam zu machen. Aber ihr
Streben, dem biedern Hans Sachs wie-
der allgemeine Anerkennung zu gewähren,
und ihn in die Lesewelt einzuführen, war
mehr vorbereitend, als unmittelbar in jener
Zeit wirkend. Der wackere Häslein fand
noch eine kalte Aufnahme, als er 1781 in
der nämlichen Verlagshandlung

 Hanns Sachsens sehr herrliche
  Schöne und wahrhafte Gedicht
  Fabeln und gute Schwenck.
  In einem Auszuge aus dem
  ersten Buche, mit beigefügten
  Worterklärungen von J. H. H.
  Nbg. in Raspischen Verlag,
  1781. 8.,

herausgab, obgleich der Werth seiner Aus-
gabe durch ein schätzbares Glossarium noch
erhöht wurde. Erst nach mehrern Jahr-
zehnten sollten Wieland's und Göthe's
Wünsche erfüllt werden.. Es mußte ge-
wisser Maßen ein Umschwung der Sinnes-

---

*) S. T. Mercur, Apr. 1776. S. 75—82. Göthe's
 Schr.ften Bd. VIII. 1789. 8. S. 307—315.

art teutſcher Nation in Wiſſenſchaft, Kunſt, und ſelbſt in den religiöſen Anſichten, welche eine vielbewegte Zeit herbey geführt hatte, erfolgen, um Sehnſucht nach dem volks‑ thümlichen Alterthume, und folglich auch nach Hans Sachs, zu erwecken. Dieſe Zeit iſt eingetreten: der biedere Nürnberger kann im Jahre 1829 eine freundlichere Auf‑ nahme, als er in den Jahren 1776—81 ge‑ funden hat, mit Zuverſicht hoffen.

In dieſer erfreulichen Hoffnung beginne ich nun, dem Publicum mit dieſem erſten Bändchen, dem noch zwey bis drey folgen werden, in denen das Leben des Dichters ſammt einem geſchichtlichen Ueberblick des Meiſtergeſangs und der Meiſterſänger, als Einleitung, und dann noch ein Gloſſarium, in ſo weit es zum Verſtändniſſe der Sprache erforderlich iſt, gegeben werden ſoll, eine Aus‑ wahl von Dichtungen aus deſſen ſämmt‑ lichen Werken, ohne Rückſicht bei irgend einer dieſer Dichtungen auf Zeitfolge zu nehmen, und, nach Häsleins Vorgange, ganz in ihrer Urform, darzubieten. Ich ſage, in ihrer Urform; denn ich bin des feſten Glaubens, daß, wer einen alten Schriftſteller, er ſey Dichter oder Proſaiſt, liest, ihn ganz ſo leſen müße, wie er iſt, nicht nur mit den Eigenheiten ſeiner Ortho‑

graphie, sondern auch mit seinen Derb- und Rauheiten, ohne daß er von einer neueren Hand überarbeitet, geglättet oder gar modernisirt worden ist. Sucht man ja doch in den Fragmenten der römischen Tragifer die Urform derselben oft mühsam genug aufzufinden, und freut sich, wenn man dieselbe aus alten Handschriften ausgemittelt hat; — warum sollte man nicht auch den guten H a n s S a ch s in seiner Urgestalt gerne vor sich sehen? Es kostet nur wenig Mühe, sich in die Orthographie des sechzehnten Jahrhunderts zu finden, und es gewährt wirklich Freude, wenn sich das Auge ein Mal daran gewöhnt hat, Schriften aus jener Zeit zu lesen. Diese Orthographie sollte nie ganz dem Auge der Gegenwart entrückt werden.

H a n s S a ch s hat, wie L u t h e r, seine Literatur, und selbst seine Kritik. Da seine Dichtungen zuerst im Manuscripte umliefen, und dann einzeln zu wiederholten Malen gedruckt wurden, und er endlich selbst, erst spät, eine Auswahl aus denselben traf, und Das, was er des Aufbehaltens werth fand, sammelte und in mehrern Foliobänden herausgab: so hat der Literator allerdings ein weites Feld, worin er seinen Sammlerfleiß üben kann; denn bekanntlich findet sich noch in mehrern Bibliotheken handschriftlich eine

reiche Ausbeute von seinen und seiner Zeit-
genossen Gedichten.   Freylich ist oft die
Freude über einen gemachten Fund größer,
als der Werth des Fundes. Was aber die
Kritik betrifft, so tritt bey ihm der eigene
Fall ein, daß jeder gedruckte Text der ge-
nuine und unter den Augen des Dichters, ja
ein von ihm selbst veranstaltete, ist. Schwer-
lich dürfte sich daher die Mühe belohnen,
welche man auf eine Vergleichung der frü-
hern Ausgaben mit den spätern, und mit den
einzelnen Abdrücken, und auf eine Samm-
lung von Lesearten aus denselben, wendete.

Hans Sachs erklärt sich selbst am
Schlusse der Vorrede des 3ten Bandes sei-
ner Werke (gedruckt zu Nürnberg durch
Joh. Koler, 1577, vnd verlegt von
Georg Willer zu Augsburg.):

„Also, gutherziger Leser, hast du mich
gar, mit all meinen Werken mancherley art
der gebunden gedicht, so ich vngefärlich in
47 Jarn gemacht hab, in der summa 788,
doch nur so vil mich dienstlich vnd nutzlich
gedunckt haben in truck zu geben, darzu sindt
hie außgeschlossen die bar der teutschen Mei-
stergesang, der auch in der summ sindt 4270
bar, welche auch nit in truck zu geben
sindt, sondern die singschul mit zu ziern vnd
zu erhalten. Gutherziger leser nimb also

an mit gutem geneigten hertzen, biß mein
letztes Buch, darmit ich mein 66 Jar vnd
alter mit Gottes gnaden nun zu rhu setzen
will, damit sey Gott ewig befohlen. Anno
salutis 1561. Am 16. tage Augusti.

Gott sey lob, vnd allein die Ehre."

Und nun guter Hans Sachs, kräf-
tiger teutscher Mann, und biederer Nürn-
berger — du gefielst im sechzehnten Jahr-
hunderte in deinen schwerfälligen Folianten;
— gewinne dir nun auch Freunde im neun-
zehnten durch deine sinnigen Dichtungen und
kurzweiligen Schwänke und Fastnachtsspiele,
und vergieb, du guter Alter, einem alten
Manne, wenn er deinen nie alternden Geist,
in das moderne Costüme des leichten Ta-
schenformats gekleidet, der jungen Lesewelt
als einen trauten Kumpan anpreißt.

Nürnberg,
am Faustinustage, den 15ten Februar,
1829.

Hans Sachs.

A.

an mit gutem geneigten hertzen, biß mein
letztes Buch, darmit ich mein 66 Jar vnd
alter mit Gottes gnaden nun zu rhu setzen
will, damit sey Gott ewig befohlen. Anno
salutis 1561. Am 16. tage Augusti.

Gott sey lob, vnd allein die Ehre.''

Und nun guter Hans Sachs, kräf-
tiger teutscher Mann, und biederer Nürn-
berger — du gefielst im sechzehnten Jahr-
hunderte in deinen schwerfälligen Folianten;
— gewinne dir nun auch Freunde im neun-
zehnten durch deine sinnigen Dichtungen und
kurzweiligen Schwänke und Fastnachtsspiele,
und vergieb, du guter Alter, einem alten
Manne, wenn er deinen nie alternden Geist,
in das moderne Costüme des leichten Ta-
schenformats gekleidet, der jungen Lesewelt
als einen trauten Kumpan anpreißt.

Nürnberg,
am Faustinustage, den 15ten Februar,
1829.

Hans Sachs.

Dichtungen.

Hans Sachs und sein Eheweib!

**Summa all meiner Gedicht vom M. D. XIIII.
Jar an, bis ins 1567. Jar.**

Als man zalt viertzenhundert Jar,
Vnd vier vnd neuntzig Jar fürwar,
Nach deß Herren Christi Geburt,
Ich Hans Sachs, gleich geboren wurd,
Nouembris an dem fünfften Tag,
Daran man mich zu tauffen pflag,
Gleich eben gerad in dem herben
Grausam vnd erschröcklichen sterben,
Deß regirt in Nürnberg, der Statt,
Den Brechen auch, mein Mutter hatt,
Vnd darzu auch der Vatter mein,
Gott aber verschont mein allein,
Siben Järig, darnach anfieng,
In die Lateinisch Schule gieng,
Darinn lernt ich Puerilia,
Grammatica vnd Musica,

Nach schlechtem brauch dieselben zeit,
Solchs alls, ist mir vergessen seit,
Neunjärig aber dreissig tag
Ich an dem heissen Fiber lag,
Nach dem ich von der Schule kam
Funfftzehjärig, vnd mich annam,
Thet das Schuhmacher Handwerk lehrn
Mit meiner Handarbeit mich zu nehrn,
Daran da lernet ich zwei Jar,
Als mein Lehrzeit vollendet war,
Thet ich meinem Handwerck nach wandern
Von einer Statte zu der andern,
Erstlich gen Regnspurg vnd Passaw,
Gen Saltzburg, Holl vnd gen Braunaw
Gen Wels, München vnd gen Landshut
Gen Oting vnd Burgkhausen gut,
Gen Würtzburg vnd Franckfurt darnach
Gen Coblentz, Cölen vnd gen Ach;
Arbeit also das Handwerck mein,
In Bayern, Francken vnd am Rein,
Fünff gantze Jar ich wandern thet
In dise vnd viel andere Stätt,
Spil, Trunckenheit vnd Buleren,
Vnd ander thorheit mancherlei,
Ich mich in meiner Wanderschafft
Entschlug, vnd war allein behafft
Mit hertzenlicher lieb vnd gunst
Zu Meistergsang der löblichn Kunst,

Für all kurtzweil thet mich auffwecken,
Ich het von Lienhardt Nunnenbecken
Erstlich der Kunst einen anfang,
Wo ich im Land hört Meistergsang,
Da lernet ich in schneller eil
Der Bar vnd Thön ein grossen teil,
Und als ich meines alters war
Fast eben im zweintzigsten Jar,
Thet ich mich erstlich vnterstahn,
Mit Gottes hülff zu dichten an,
Mein erst Bar im langen Marner,
Gloria patri lob vnd ehr,
Zu Münnichen, als man zelt zwar
Fünfftzehundert viertzehen Jar,
Halff auch daselb die Schul verwalten,
Thet darnach auch selber Schul halten
In den Stätten, wo ich hin kam,
Hielt die erst zu Franckfurt mit nam,
Vnd nach zwei Jarn zog ich mit glück
Gen Nürnberg, macht mein Meisterstück,
Nachdem ward mir vermählet drinn,
Mein Gmahel Kungund Creutzerin,
Gleich an sanct Egidien tag,
Den neundten tag der Hochzeit pflag,
Als man gleich fünfftzehundert Jar,
Vnd neuntzehen Jar zelen war,
Welche mir gebar siben Kind,
Die all in Gott verschiden sind,

A 3

Vnd als man fünfftzehundert Jar
Vnd auch sechtzig Jar zelen war,
Am sechtzehendn Martij im Frib
Mein erste Gmahel mir verschib,
Als man zelt ein vñd sechtzig Jar,
Am zwölfften Augusti fürwar,
Wurd mir wider verheyrät ba
Mein andre Gmahel Barbara
Harscherin, vnd am Erichtag
Nach sanct Egidien ich sag,
War mein Hochzeit fein schlecht vnd still
Mit der leb ich, solang Gott will.
Als man aber zelet fürwar
Geleich fünfftzehen hundert Jar,
Vnd siben vnd sechtzig ich sag,
Januarij am ersten tag,
Meine Gedicht, Spruch vnd Gesang,
Die ich het dicht vor Jaren lang,
So jnuentirt ich meine Bücher,
Ward gar ein fleissiger durchsucher,
Der Meistergsang Bücher zumal,
Der waren sechtzehne an der zal,
Aber der Sprüchbücher der was
Sibenzehne, die ich durchlaß,
Das achtzehend war angefangen,
Doch noch nit vollendt mit verlangen,
Da ich meine Gedichte fand
Alle gschriben mit eigner Händ,

Die vier vnd dreißg Bücher mit nam,
Darinnen summirt ich zusamm,
Erstlich die Meistergsang fürwar,
Der von mir sind gedichtet bar,
In disen drey vnd fünfftzig Jarn,
Darinn vil Schrifftlicher bar warn
Auß Alt vnd Newem Testament,
Auß den Büchern Mose vollendt,
Auß den Figurn, Propheten vnd Gsetz,
Richter, König Bücher, zuletz
Den gantzen Psalter in der summ,
Der Bücher Machabeorum,
Vnd die Sprüch Salomon hernach,
Vnd auß dem Buch Jesus Syrach,
Epistl vnd Euangelion,
Auch auß Apocalypsis schon,
Auß den ich allen vil gedicht
In Meistergsang hab zugericht,
Mit kurzer Glos vnd jr Außlegung,
Auß guter Christlicher bewegung,
Einfeltig nach der Schrifftverstand,
Mit Gottes hülff nun weit erkandt
In Teutschem Land, bey Jung vnd Alten,
Darmit vil Singschul werdn gehalten
Zu Gottes lob, rhum, preiß vnd glori,
Auch vil warhafft Weltlich Histori,
Darinn das lob der guten erhaben
Wird, vnd der argen lob vergraben,

Wieland und Göthe*), das Andenken
an diesen Dichter zu erneuern, und das
Publicum auf den Gehalt und Werth des-
selben aufmerksam zu machen. Aber ihr
Streben, dem biedern Hans Sachs wie-
der allgemeine Anerkennung zu gewähren,
und ihn in die Lesewelt einzuführen, war
mehr vorbereitend, als unmittelbar in jener
Zeit wirkend. Der wackere Häslein fand
noch eine kalte Aufnahme, als er 1781 in
der nämlichen Verlagshandlung

Hanns Sachsens sehr herrliche
Schöne und wahrhafte Gedicht
Fabeln und gute Schwenck.
In einem Auszuge aus dem
ersten Buche, mit beigefügten
Worterklärungen von J. H. H.
Nbg. in Raspischen Verlag,
1781. 8.,

herausgab, obgleich der Werth seiner Aus-
gabe durch ein schätzbares Glossarium noch
erhöht wurde. Erst nach mehrern Jahr-
zehnten sollten Wieland's und Göthe's
Wünsche erfüllt werden.. Es mußte ge-
wisser Maßen ein Umschwung der Sinnes-

---

*) S. T. Mercur, Apr. 1776. S. 75—82. Göthe's
Schriften Bd. VIII. 1789. 8. S. 307—316.

art teutscher Nation in Wissenschaft, Kunst,
und selbst in den religiösen Ansichten, welche
eine vielbewegte Zeit herbey geführt hatte,
erfolgen, um Sehnsucht nach dem volks-
thümlichen Alterthume, und folglich auch
nach Hans Sachs, zu erwecken. Diese
Zeit ist eingetreten: der biedere Nürnberger
kann im Jahre 1829 eine freundlichere Auf-
nahme, als er in den Jahren 1776—81 ge-
funden hat, mit Zuversicht hoffen.

In dieser erfreulichen Hoffnung beginne
ich nun, dem Publicum mit diesem ersten
Bändchen, dem noch zwey bis drey folgen
werden, in denen das Leben des Dichters
sammt einem geschichtlichen Ueberblick des
Meistergesangs und der Meistersänger, als
Einleitung, und dann noch ein Glossarium,
in so weit es zum Verständnisse der Sprache
erforderlich ist, gegeben werden soll, eine Aus-
wahl von Dichtungen aus dessen sämmt-
lichen Werken, ohne Rücksicht bei irgend
einer dieser Dichtungen auf Zeitfolge zu
nehmen, und, nach Häsleins Vorgange,
ganz in ihrer Urform, darzubieten. Ich
sage, in ihrer Urform; denn ich bin des
festen Glaubens, daß, wer einen alten
Schriftsteller, er sey Dichter oder Prosaist,
liest, ihn ganz so lesen müße, wie er ist,
nicht nur mit den Eigenheiten seiner Ortho-

Wieland und Göthe*), das Andenken
an diesen Dichter zu erneuern, und das
Publicum auf den Gehalt und Werth des-
selben aufmerksam zu machen. Aber ihr
Streben, dem biedern Hans Sachs wie-
der allgemeine Anerkennung zu gewähren,
und ihn in die Lesewelt einzuführen, war
mehr vorbereitend, als unmittelbar in jener
Zeit wirkend. Der wackere Häslein fand
noch eine kalte Aufnahme, als er 1781 in
der nämlichen Verlagshandlung

> Hanns Sachsens sehr herrliche
> Schöne und wahrhafte Gedicht
> Fabeln und gute Schwenck.
> In einem Auszuge aus dem
> ersten Buche, mit beigefügten
> Worterklärungen von J. H. H.
> Nbg. in Raspischen Verlag,
> 1781. 8.,

herausgab, obgleich der Werth seiner Aus-
gabe durch ein schätzbares Glossarium noch
erhöht wurde. Erst nach mehrern Jahr-
zehnten sollten Wieland's und Göthe's
Wünsche erfüllt werden.. Es mußte ge-
wisser Maßen ein Umschwung der Sinnes-

---

*) S. T. Mercur, Apr, 1776. S. 75—82. •Göthe's
Schr.ften Bd. VIII. 1789. 8. S. 307—316.

art teutscher Nation in Wissenschaft, Kunst,
und selbst in den religiösen Ansichten, welche
eine vielbewegte Zeit herbey geführt hatte,
erfolgen, um Sehnsucht nach dem volks-
thümlichen Alterthume, und folglich auch
nach Hans Sachs, zu erwecken. Diese
Zeit ist eingetreten: der biedere Nürnberger
kann im Jahre 1829 eine freundlichere Auf-
nahme, als er in den Jahren 1776—81 ge-
funden hat, mit Zuversicht hoffen.

In dieser erfreulichen Hoffnung beginne
ich nun, dem Publicum mit diesem ersten
Bändchen, dem noch zwey bis drey folgen
werden, in denen das Leben des Dichters
sammt einem geschichtlichen Ueberblick des
Meistergesangs und der Meistersänger, als
Einleitung, und dann noch ein Glossarium,
in so weit es zum Verständnisse der Sprache
erforderlich ist, gegeben werden soll, eine A u s -
w a h l von Dichtungen aus dessen sämmt-
lichen Werken, ohne Rücksicht bei irgend
einer dieser Dichtungen auf Zeitfolge zu
nehmen, und, nach H ä s l e i n s Vorgange,
ganz in ihrer Urform, darzubieten. Ich
sage, in ihrer Urform; denn ich bin des
festen Glaubens, daß, wer einen alten
Schriftsteller, er sey Dichter oder Prosaist,
liest, ihn ganz so lesen müße, wie er ist,
nicht nur mit den Eigenheiten seiner Ortho-

graphie, ſondern auch mit ſeinen Derb- und
Rauheiten, ohne daß er von einer neueren
Hand überarbeitet, geglättet oder gar moder-
niſirt worden iſt. Sucht man ja doch in den
Fragmenten der römiſchen Tragiker die Ur-
form derſelben oft mühſam genug aufzufinden,
und freut ſich, wenn man dieſelbe aus alten
Handſchriften ausgemittelt hat; — warum
ſollte man nicht auch den guten Hans
Sachs in ſeiner Urgeſtalt gerne vor ſich
ſehen? Es koſtet nur wenig Mühe, ſich
in die Orthographie des ſechzehnten Jahr-
hunderts zu finden, und es gewährt wirklich
Freude, wenn ſich das Auge ein Mal daran
gewöhnt hat, Schriften aus jener Zeit zu leſen.
Dieſe Orthographie ſollte nie ganz dem Auge
der Gegenwart entrückt werden.

Hans Sachs hat, wie Luther, ſeine
Literatur, und ſelbſt ſeine Kritik. Da ſeine
Dichtungen zuerſt im Manuſcripte umliefen,
und dann einzeln zu wiederholten Malen ge-
druckt wurden, und er endlich ſelbſt, erſt
ſpät, eine Auswahl aus denſelben traf, und
Das, was er des Aufbehaltens werth fand,
ſammelte und in mehrern Foliobänden her-
ausgab: ſo hat der Literator allerdings ein
weites Feld, worin er ſeinen Sammlerfleiß
üben kann; denn bekanntlich findet ſich noch in
mehrern Bibliotheken handſchriftlich eine

reiche Ausbeute von seinen und seiner Zeit-
genossen Gedichten. Freylich ist oft die
Freude über einen gemachten Fund größer,
als der Werth des Fundes. Was aber die
Kritik betrifft, so tritt bey ihm der eigene
Fall ein, daß jeder gedruckte Text der ge-
nuine und unter den Augen des Dichters, ja
ein von ihm selbst veranstaltete, ist. Schwer-
lich dürfte sich daher die Mühe belohnen,
welche man auf eine Vergleichung der frü-
hern Ausgaben mit den spätern, und mit den
einzelnen Abdrücken, und auf eine Samm-
lung von Lesearten aus denselben, wendete.

Hans Sachs erklärt sich selbst am
Schlusse der Vorrede des 3ten Bandes sei-
ner Werke (gedruckt zu Nürnberg durch
Joh. Koler, 1577, vnd verlegt von
Georg Willer zu Augsburg.):

„Also, gutherziger Leser, hast du mich
gar, mit all meinen Werken mancherley art
der gebunden gedicht, so ich vngefärlich in
47 Jarn gemacht hab, in der summa 788,
doch nur so vil mich dienstlich vnd nutzlich
gedunckt haben in truck zu geben, darzu sind
hie außgeschlossen die bar der teutschen Mei-
stergesang, der auch in der summ sind 4270
bar, welche auch nit in truck zu geben
sind, sondern die singschul mit zu ziern vnd
zu erhalten. Gutherziger leser nimb also

an mit gutem geneigten hertzen, biß mein
letztes Buch, darmit ich mein 66 Jar vnd
alter mit Gottes gnaden nun zu rhu setzen
will, damit sey Gott ewig befohlen. Anno
salutis 1561. Am 16. tage Augusti.

Gott sey lob, vnd allein die Ehre."

Und nun guter Hans Sachs, kräf-
tiger teutscher Mann, und biederer Nürn-
berger — du gefielst im sechzehnten Jahr-
hunderte in deinen schwerfälligen Folianten;
— gewinne dir nun auch Freunde im neun-
zehnten durch deine sinnigen Dichtungen und
kurzweiligen Schwänke und Fastnachtsspiele,
und vergieb, du guter Alter, einem alten
Manne, wenn er deinen nie alternden Geist,
in das moderne Costüme des leichten Ta-
schenformats gekleidet, der jungen Lesewelt
als einen trauten Kumpan anpreißt.

Nürnberg,
am Faustinustage, den 15ten Februar,
1 8 2 9.

Hans Sachs.

A

Dichtungen.

Hans Sachs und sein Eheweib.

Summa all meiner Gedicht vom M. D. XIIII.
Jar an, bis ins 1567. Jar.

Als man zalt vierzehenhundert Jar,
Und vier und neuntzig Jar fürwar,
Nach deß Herren Christi Geburt,
Ich Hans Sachs, gleich geboren würd,
Nouembris an dem fünfften Tag,
Daran man mich zu tauffen pflag,
Gleich eben gerad in dem herben
Grausam vnd erschröcklichen sterben,
Deß regirt in Nürnberg der Statt,
Den Brechen auch mein Mutter hatt,
Und darzu auch der Vatter mein,
Gott aber verschont mein allein,
Siben Järig, darnach anfieng,
In die Lateinisch Schule gieng,
Darinn lernt ich Puerilia,
Grammatica vnd Musica,

Nach schlechtem brauch dieselben zeit,
Solchs alls, ist mir vergessen seit,
Neunjärig aber dreissig tag
Ich an dem heissen Fiber lag,
Nach dem ich von der Schule kam
Funfftzehjärig, vnd mich annam,
Thet das Schuhmacher Handwerk lehrn
Mit meinr Hgndarbeit mich zu nehrn,
Daran da lernet ich zwei Jar,
Als mein Lehrzeit vollendet war,
Thet ich meinem Handwerck nach wandern
Von einer Statte zu der andern,
Erstlich gen Regnspurg vnd Passaw,
Gen Saltzburg, Hall vnd gen Braunaw
Gen Wels, München vnd gen Landshut
Gen Dieting vnd Burghhausen gut,
Gen Würtzburg vnd Franckfurt darnach
Gen Coblentz, Cöln vnd gen Ach,
Arbeit also das Handwerck mein,
In Bayern, Francken vnd am Rein,
Fünff gantze Jar ich wandern thet
In dise vnd vil andere Stätt,
Spil, Trunckenheit vnd Buleren
Vnd ander thorheit mancherlei,
Ich mich in meiner Wanderschafft
Entschlug, vnd war allein behafft
Mit hertzenlicher lieb vnd gunst
Zu Meistergsang der löblichn Kunst,

Für all kurtzweil thet mich auffwecken,
Ich het von Lienhardt Nunnenbecken
Erstlich der Kunst einen anfang,
Wo ich im Land hört Meistergsang,
Da lernet ich in schneller eil
Der Bar vnd Thön ein grossen teil,
Und als ich meines alters war,
Fast eben im zweintzigsten Jar,
Thet ich mich erstlich vnterstahn,
Mit Gottes hülff zu dichten an,
Mein erst Bar im langen Marner,
Gloria patri lob vnd ehr,
Zu Münnichen, als man zelt zwar
Fünfftzehundert viertzehen Jar,
Halff auch daselb die Schul verwalten,
Thet darnach auch selber Schul halten
In den Stätten, wo ich hin kam,
Hielt die erst zu Franckfurt mit nam,
Vnd nach zwei Jarn zog ich mit glück
Gen Nürnberg, macht mein Meisterstück,
Nachdem ward mir vermählet drinn
Mein Gmahel Kungund Creutzerin,
Gleich an sanct Egidien tag,
Den neundten tag der Hochzeit pflag,
Als man gleich fünfftzehundert Jar,
Vnd neuntzehen Jar zelen war,
Welche mir gebar siben Kind,
Die all in Gott verschiden sind,

A 3

Vnd als man fünfftzehundert Jar
Vnd auch sechtzig Jar zelen war,
Am sechtzehendn Martij im Frib
Mein erste Gmahel mir verschid,
Als man zelt ein vnd sechtzig Jar,
Am zwölfften Augusti fürwar,
Wurd mir wider verheyrät da
Mein andre Gmahel Barbara
Harscherin, vnd am Erichtag
Nach sanct Egidien ich sag,
War mein Hochzeit fein schlecht vnd still,
Mit der leb ich, solang Gott will.
Als man aber zelet fürwar
Geleich fünfftzehen hundert Jar,
Vnd siben vnd sechtzig ich sag,
Januarij am ersten tag,
Meine Gedicht, Spruch vnd Gesang,
Die ich het dicht vor Jaren lang,
So inuentirt ich meine Bücher,
Ward gar ein fleissiger durchsücher,
Der Meistergsang Bücher zumal,
Der waren sechtzehne an der zal,
Aber der Sprüchbücher der was
Sibenzehne, die ich durchlaß,
Das achtzehend war angefangen,
Doch noch nit vollendt mit verlangen,
Da ich meine Gedichte fand
Alle gschriben mit eigner Hand,

Die vier vnd dreißg Bücher mit nam,
Darinnen summirt ich zusamm,
Erstlich die Meistergsang fürwar,
Der von mir sind gedichtet bar,
In disen drey vnd fünfftzig Jarn,
Darinn vil Schrifftlicher bar warh
Auß Alt vnd Newem Testament,
Auß den Büchern Mose vollendt,
Auß den Figurn, Propheten vnd Gsetz,
Richter, Könlg Bücher, zuletz
Den gantzen Psalter in der summ,
Der Bücher Machabeorum,
Vnd die Sprüch Salomon herhach,
Vnd auß dem Buch Jesus Syrach,
Epistl vnd Euangelion,
Auch auß Apocalypsis schön,
Auß den ich allen vil gedicht
In Meistergsang hab zugericht,
Mit kurtzer Glos vnd jr Außlegung,
Auß guter Christlicher bewegung,
Einfeltig nach der Schrifftverstand,
Mit Gottes hülff nun weit erkandt
In Teutschem Land, bey Jung vnd Alten,
Darmit vil Singschul werdn gehalten
Zu Gottes lob, rhum, preis vnd glori,
Auch vil warhafft Weltlich Histori,
Darinn das lob der gutn erhaben
Wird, vnd der argen lob vergraben,

Auß den Geschichtschreibern zugericht,
Auch mancherley artlich Gedicht,
Auß den Weisen Philosophis,
Darinn ist angezeiget wiß,
Wie hoch Tugend zu loben sey,
Bey Menschlichm gschlecht, vnn auch darbey,
Wie schendlich sind die groben Laster,
Alles Vnglückes ein Ziehpflaster,
Dergleich vil Poetischer Fabel,
Welche samm in einer Parabel,
Mit verborgen verblümten worten
Künstlich vermelden an den orten,
Wie gar hoch löblich sey die Tugend,
Beide bey Alter vnd der Jugend,
Dergleich wie Laster sind so schendlich,
Darnach sind auch begriffen endlich
Schulkünst, Sträffler, Logicarenck
Auch mancherley kurtzweilig Schwenck,
Zu Frölichkeit den trawrigen kommen,
Doch alle vnzucht außgenommen,
In einer summa diser Bar
Der Meistergsang aller war
Eben gleich zwey vnd viertzig hundert,
Vnd fünff vnd sibntzig außgesundert,
Waren gsetzt in zwey hundert schönen
Vnd fünf vnd sibnzig Meisterthönen,
Darunter sind breyzehen mein,
Sollichs war alls geschriben ein,

In der sechtzeh Gsangbücher summ
Die achtzehen Sprüchbücher num
Ich auch her in die Hende mein,
Drinn durchsucht die Gedicht allein,
Da fund ich frölicher Comedi,
Vnd dergleich trawriger Tragedi,
Auch kurtzweiliger Spil gesundert,
Der war gleich achte vnd zwey hundert,
Der man den meisten teil auch hat
Gespilt in Nürenberg der Statt,
Auch andern Stätten nach vnd weit,
Nach den man schicket meiner zeit
Nach dem fand ich darinnen frey
Geistlich vnd Weltlich mancherley
Gesprech vnd Sprüch von lob der Tugend,
Vnd guten sitten für die Jugend,
Auch höflicher Sprüch mancherley,
Auß der verblumtn Poeterey,
Vnd auch von manchen Weisen Heiden,
Von der Natur artlich bescheiden,
Auch mancherley Fabel vnd Schwenck,
Lächerlich possen, seltzam Renck,
Doch nit zu grob vnd vnnerschemt,
Darob man Freud vnd kurtzweil nemt,
Jedoch darbey das gut versteh,
Vnd alles argen müssig geh,
Diser Gedicht ich allerhand
Tausent vndt siben hundert fand.

Doch vngefehrlich iſt die Zal
Auß den Gedichten vberal,
Vor drey Bücher außgangen ſind
Im Druck, darinnen man jr fund
Acht vnd Achtzg ſtück vnd ſiben hundert,
Darob ſich mannich Mann verwundert,
Auch iſts vierdt vnn fünfft Buch zu drucken
Bſtellt, die bey etlich hundert ſtucken
Halten, auch ſprüchweiß alls meine Gedicht
Werden in der Zeit kommen ans liecht,
Auch fand ich in mein Büchern gſchriben
Artlicher Dialogos ſiben,
Doch vngereimet in der proſ,
Gans deutlich frey, on alle Gloſ,
Nach dem fand ich auch in der meng
Pſalmen vnd ander Kirchengſäng,
Auch verendert Geiſtliche Lieder,
Auch Gaſſenhawer hin vnd wider,
Auch Lieder von Kriegesgeſchrey,
Auch etlich Bullieder darbey,
Der allerſammen ich vernum
Drey vnd ſibentzig in der ſumm,
In Thönen ſchlecht vnd gar gemein,
Der Thön ſechtzehn mein eigen ſein.
Als ich mein Werck hat jnuentirt,
Mit groſſem Fleiß zuſamm ſummirt,
Auß den Sprüchbüchern vmb vnd vmb,
Da kam in ſumma ſummarum,

Auß Gsang vnd Sprüchen mit gelück
Sechs tausent acht vnd viertzig stück,
Auß meinen Büchern vberall,
Eh mehr denn minder in der zal,
An der so waren kurtz vnd klein,
Der ich nit hab geschriben ein,
Aber hie anzeigte Gedicht
Die sind alle dahin gericht,
So viel mir außweist mein Memori,
Zu Gottes preis, lob, rhum vnd glori,
Vnd daß sein Wort werd außgebreit
Bey Christlicher Gmein fern vnd weit,
Gesangweiß vnd gereumten worten,
Vnd im Teutschland an allen orten,
Bey Alter vnd auch bey der Jugend,
Das lob aller sitten vnd tugend
Werd hoch gepreiset vnd gerhümt,
Dargegen veracht vnd verdümt,
Die schendlichen vnd groben Laster,
Die als vbels sind ein Ziehpflaster,
Wie mir das auch nach meinem leben
Mein Gedicht werden zeugnuß geben,
Wenn die gantz summ meiner Gedicht,
Hab ich zu eim Bschluß zugericht,
In meinem alter als ich war
Gleich alt zwey vnd sibentzig Jar,
Zwey Monat, vnd etliche tag,
Darbey man wol abnemen mag,

Daß der Spruch von Gedichten mein
Gar wol mag mein Valete sein,
Weil mich das Alter hart verirt,
Mich druckt, beschwert vnd carcerirt,
Daß ich zu rhu mich billich setz,
Vnd meine Gedicht laß zuletz
Dem guther,ign gemeinen Mann,
Mit Gotts hülff sich besser daruon.
Gott sey Lob, der mir sendt herab
So miltiglich die Gottes gab,
Als einem vngelehrten Mann,
Der weder Latein noch Griechisch kan,
Das mein Gedicht grün, blü, vnd wachs
Vnd vil Frücht bring, das wünscht Hans Sachs.

Anno Salutis, M. D. LXVII.
Am ersten Tage Januarii.

2.

Das künstlich Frawen Lob.

Wolauff Hertz, Sinn, Muth vnd vernunfft
Hilff mir auch itzt, vnd in zukunfft
Loben die Außerwelt vnd Zart,
Jr Gstalt, Sitten vnd Art,
Auff daß ich mit Lob müg bekrönen,
Die Außerwelt Tugentreich Schönen,

Das von mir außbreit mit begird
Werd, ir Weiblich Natur gezird,
Vor allen Frawen vnd Jungkfrawen,
So ich vor thet mit augen schawen,
Hin vnd wider in manchem Land,
Dergleich mir keine war bekandt,
Weder an Leib oder an Gmüt,
Die mir Gott Ewiglich behüt.
Erstlich wil ich ir Schön erzeln,
Die ir Gott leiblich zu thet stelln
Durch all glider so zart vnd Weiblich
Das es von mir ist gar vnschreiblich,
Jedoch ich geben wil an Tag
Von jrer Schön, so vil ich mag.
Holdselig ist sie Personirt
Von Leib gantz Engelisch formirt
Sie ist holdseliger geber,
Vnd tritt fein auffrichtig daher,
Mit eim freundlichen Angesicht,
Frolicher Gstalt, vnd fein Rößlicht,
Jr Stiren glat wie Marmelstein,
Sinwel nit zu groß noch zu klein
Ihr Mündlein brint wie ein Rubin
Wolgeschmack, auch so sehnd darin
Ire Zeenlein, gestellt mit fleiß
Rund, glat, geleich den Perlen weiß,
Milchfarb so sind auch ire Wangen,
Mit Rosenrother Farb umbfangen

Darinn zwei kleine grüblein zart,
Ihr Euglein braun lieblicher art
Darzu ein lang fliegendes Haar,
Liechtgelb, gleich dem Golde klar,
Zierlich krauß oberhalb der ohren,
Darzu hat auch die Wolgeboren,
Ein Hälßlein vnd ein Kehlen weiß
Darunter zwey Brüstlein ich preiß,
Mit plaben Eberlein geziret,
Hin vnd wider gediuidiret,
Ir Bäuchlein glat, gwollen vnd klud,
Ir Schultern wol gebildet sind,
Lang, dünn vnd grad ir Seitten send,
Schön vnd gerad an allem end,
Ir Hend vnd Füß subtil vnd adlich
Ir gantzer Leib der ist vntadlich
Vnd tritt her in irm gebend vnd gwand,
Gantz Erbarlich nach irem Stand,
Vnd wenn sie Argus sehen thet,
Der vor zeit hundert augen het,
So müst er ir doch sprechen lob
Der geleich glaub ich, vnd wenn auch ob
Apelles, der best Maler werd,
Itzund noch lebet hie auff Erd,
Vnd ir Bildnus entwerffen solt,
Vnd gleich all sein kunst brauchen wolt,
Mit seinen Meisterlichen sinnen,
Würd ihm doch all seinr kunst zerrinnen,

Daß ers Malet so schön vnd zart,
So holdselig freundlicher art,
Wie sie denn itzt auff Erd ist leben,
Das jr durch die Natur ist geben,
Ich schweig der hoch Geistlichen gab,
Die jr Gott auß genaden gab
Von Ehrlichen Eltern geborn,
Von den sie ist erzogen worn,
Mit trewer Lehr ist heimgesucht
Auff keuschheit, scham, Ehrlicher zucht,
Mit guter geberd, Sitten vnd Tugent,
Die sie anfieng in jrer Jugend,
Gehorsam in einmütigkeit
Gantz stil vnd mit verschwigenheit,
Mit standhafft vnd Erbarn gemüt,
Mit demut, steter trew vnd güt,
Mit bscheidenheit an allem ort,
Glimpfliger, holdseliger wort,
Mit Emsigkeit, verstand vnd fleiß
Wol bsunnen, fürsichtiger weiß,
Fein ordenlich in dem Haußhalten,
Das sie arbeitsam thut verwalten
Gutwilliglich on als verdriesen
Auch werden Mütterlich vnterwisen
Jre Kinder auff zucht vnd Ehr
Vnd aller Christenlicher Lehr.
Derhalb ich nit allein jr schön
Mit meinem Lobgedicht befrön,

Sonder vil höher jr Sitten vnn Tugend,
Die all Ehrbaren Frawen trugend
Groß Lob vnd Rhum, bey allen weisen,
So die theten loben vnd preisen,
Wenn Boccatius seiner Jugend
Auch het gwist jr Sitten vnd Tugend
So het er sie gstellt auff trawen
Zu den hundert durchleuchtigen Frauwen,
Derhalb hab ich jr zugericht
Auch zu dienst dises Lobgedicht,
Als der, die meim hertzen gefelt,
Die ich mir auch hab ausserwelt
Zu einem Ehlichen Gemahel,
Die sich helt Ehrenfest wie Stahel,
Fünffzehhundert, ein vnd sechtzg Jar,
Vnser Hochzeit geladen war,
Am Erichtag nach Egidij,
Die sich hielt löblich je vnd je,
Mit Nam Barbara Harscherin,
Die heist nun Barbara Sachsin,
Bey der ich beschliessen wil mein Leben,
Gott wöl heil vnd gnad darzu geben,
Das vnser Ehlich Lieb vnd Trew
Sich teglich alle Tag vernew,
Zunem vnd fruchtbarlich aufwachs,
Biß an das End, das wünscht Hans Sachs.

Anno Salutis, M. D. LXII.
Am 4. Tag Septembris.

Art vnd Lob eines Schönen höfflichen wohl-
gezirten Frawen Bildes.

Ein Fraw von gutem gschlecht vnd Abel,
Die auch an Reichthum hat kein zabel,
Jung vnd geräd gelidmasiret,
Frisch, gsund, vnd mit Schön geziret,
Daß sie als ein feins Rößlein glüt,
Vnd hat ein frey frölichs gemüt,
Die auch von zarter Seidewat
Bekleidet ist, zärtlich vnd glat,
Artlich auff außlendisch Manier,
Tregt auch köstlich Geschmuck vnd Zier
Von gülden Ketten vnd Halsbanden,
Von Edelgstein auß Morgenlanden,
Allerley Sort vnd Perlein weis,
Künstlich versetzt mit hohem fleis,
In mannichem Kleinot vnd Hefftlein,
Köstlich Ring vnd geschmeltzte stefftlein,
Tritt her gantz höfflicher geber,
Sam sie die Göttin Venus wer,
Ein solch schön Weibsbild wolgezirt
Von aller Welt gelobet wirdt,
Als ein Engelisch Bild anfencklich,
Vnd ist doch solch Lob bald vergencklich,
Weil sie all obgemelte stück,
Empfangen hat von dem gelück,

Die kan das Glück auch wider nemen,
Vnd das Adelich Weib beschemen,
Wann das glück offt gar blötzlich thut
Reichthum verwandeln in armut,
Durch Krieg, Raub, Brunst, Schiffbruch, Diebstal,
Vnd durch dergleich schad vnd vnfal
Darburch selt zu grund prenck vnd zier,
Vnd das frölich Gemüt in jr
Dergleich Adel, Geschlecht vnd Stam
Durch armut gwinnt ein ringen Nam,
Die schön verschwindt auch mit der zeit
Durch trawren, alter vnd kranckheit,
Thut aber jr Weiblich Ehr ein fal,
So ligt jr lob und rhum zu mal,
Vnd nimt bey allen Menschen ab,
Alsdenn wirdt endlich in dem Grab
Die Edel, schön, geziert vnd Reich,
Dem ermsten Weib auff Erden gleich.

———————

Art vnd Lob einer Tugenthafften Erbare frommen Frawen.

Dargegen Salomo beschreib
Selig ein Tugenthafftig Weib,
Spricht: sie sey köstlicher allein,
Denn Perlein vnd Edelgestein

Irs Manns hertz darff sich allermassen
Auff sie gentzlich vnd gar verlassen,
Diß Weib erfrewt jrs Mannes hertz,
Tröst jn in vnmut, leid vnd schmertz,
Thut liebs vnd kein leids jrem Mann,
Ist jm ghorsam vnd vnterthan,
Ist fürsichtig, sein Hauß versorgt,
Zeucht ihre Kind auff Gottes forcht,
Wer ein solch Tugendsam Weib hat,
Das ist ein hohe Gottes gab,
Ihm zerrinnt nicht mehr Ehr noch Gut,
Sie wonet bey jm in Sanfftmut,
Still, züchtig, schamhafftig vnd sitsam,
Demütig, from, dültig vnd mitsam,
Gantz freundlich vnd holdselig wandelt,
Warhafft vnd trew vberal handelt,
Ein solch Weibsbild die ist löbleich,
Sie sey gleich arm oder reich,
Wann solch jr schmuck der bleibt bestendig,
Dann jren schatz tregt sie inwendig,
In allem vnfal vnd vnglück
Bleiben solch Tugendsame stück,
Daß armut, kranckheit, schad, vnfall
Jr nichts dran schadet vberall,
Schaw ein solch Tugendsames Weib,
Die jr beide an Seel vnd Leib
Durch solch löblich Tugend vnd sitten
Ein solch ehrenkleid hat angschnitten,

Das zirt sie baß vor aller Gmein,
Denn Perlein vnd Edelgestein,
Seidenwat, Silber oder Gold,
Gott vnd die Menschen habens hold,
Vnd bleibt auch hochwirdig vnd wert,
Daß auch nach jrem tod auff Erd
Jr wirdt in allen ehrn gedacht,
Jr Tugend halben hie verbracht,
Daß solch ehrlich lob grün vnd wachs
Bey allen Frawen wünscht Hanns Sachs.

Anno Salutis, M. D. LXIII.
Am 28. Tag Julii.

Ob einem Weisen Mann ein Weib zu nemen sey oder nit.

Theophrastum den weisen fraget
Ein guter Freund, daß er jm saget,
Ob einem weisen Mann gezem,
Daß er ein Ehlich Weib jm nem.
Er antwort: ist sie reich an Tugend,
Von gutem Gschlecht, vnd gsunder Jugend,
So zimt sie jm zu nemen wol,
Jedoch er wöl bedencken sol,
Weil er auff das vngewis muß bawen,
Ob es jm mißriet mit der Frawen,

Daß sie nit wer, wie er vermeint,
Wie offt ein Weib viel besser scheint,
Denn mans hernach findt in der Prob,
Da es offt einem fehlet grob,
Daß er ergriff ein heiloß Weib,
Ist besser das er ledig bleib.
Nimt er ein Weib mit reichen gaben,
Mus er jr freünd zu Herren haben,
Sie rückt jr Gut jm stets herfür,
Wirfft jm den strosack offt für thür,
Sie hab jn gmacht zu einem Herren,
Veracht jn bey nahend vnd ferren,
Vnd sie wil auch Herr sein in allen,
Was sie thut, muß er jm lan gfallen,
Spreitzt er sich, so ligt jm nachmals
Ir Freundschafft teglich ob dem hals:
Sucht er jm denn ein arme auß,
Wil sie dennoch sein Fraw im Hauß,
Er mus sie kleiden vnd raus streichen,
Daß sie auch hergeh gleich den Reichen,
Ir arme Freund an miet vnd gab
Kan er teglich nicht kommen ab,
In seinem Hauß ein vnd außschleichen,
Mit lehen helffen vnd dergleichen.
Nimmt er jm denn ein schönes Weib,
Holdselig vnd artlich von Leib,
Die vil geht auß dem Hauß umbschwentzen,
Ind Gärten, auff Kirchweih vnd tentzen,

Das girt sie daß vor
Denn Perlein und E
Seidenwat, Silber
Gott über die Weie Mensch
Und bleibt auch hoch
Daß auch nach irem
Ir wirdt in aller
Ir Tugend halten
Daß solch ehrlich lob
Bey allen Frawen

Anno Salutis, M.
Am rstten 26 Tag.

Ob einem Weisen
nemen,

Theophrastum den
Ein guter Freund, d
Ob einem weisen Ma

ongraten,
thaten,
mus, schemen,
ob gremen.
ollust wegen,
ol fegen,
eit vnd armut,
out,
l vergessen,
r pressen,
t sein,
in.
Mann
er kan,
mit erschlagen,
fragen,
Heirathen wol,
rziehen sol,
Leibs enthalten,
Heydnischu alten.

·

Beschluß.

. Anfang da .
b Eua,
Mann vnd auch Weib,
sein vnd ein Leib;
nicht dest minder
i. vnd zeugen Kinder,

B

Oder vil auß zum Fenster gutzt,
Vnd ander Mann freundlich anschmutzt,
Der man denn, ist zu Nacht hoffiren
Mit Seitenspil vnd Gsang quintiren,
Als denn die eiffersucht jn reist,
Er mus jr hüten alle zeit,
Wann es ist gar schwer zu behalten,
Was gfelt beiden, jungen vnd alten.
Nimt er denn ein heßliche Frawen,
So hat er vor jr selb ein grawen,
Helt sie nit freundlich, lieb vnd wert,
So wirdt sie denn daroß beschwert,
Vnd reit sie denn die eiffersucht,
Zeicht je vil Bulens vnd vnzucht,
Thut jm in all winckel nachspehen,
Wo er ein Weib nur an thut sehen,
Die je dergleich wider ansicht,
Als denn ein Mordgeschrey sie anricht,
Vnd fraget jm nach immer zu,
Die eiffersucht lest jr kein rhu,
Halt sich so ehrlich als er wöll,
Noch ist er ein geplackter Gsell.
Ergreifft er denn ein Weib vernascht,
So stilt sie ab was sie erhascht,
Vnd lebet darmit in dem sauß,
Tregt jm heimlich vor seyen auß,
Jnd keller vnd schlupffwinckel schleufft,
Da sies verfrisset vnd verseufft,

Oder leſt jr den blinden füren,
Vnd eh es der gut Mann iſt ſpüren,
Iſt vil getragen auß dem Hauß,
Denn iſt dem ſchimpff der boden auß.
Ergreifft er denn ein Weib geſchwetzig,
Die Predigt jm, vnd iſt auffſetzig,
Vnd kan auch gentzlich nichts verſchweigen,
Sie thut es hie vnd dort anzeigen,
Solch klappern wert vber tag,
Da komt ein klag, vnd dort ein klag,
Das hab ſie gſagt zu dieſer zeit,
Geoffenbart die heimlichkeit,
Die jr dort worden iſt vertrawt,
Odr hab mit lügen ſich verhawt,
Vnd loſe vngereumte Mehr
An der gaß tragen hin vnd her,
Das bringt eim Mann denn ſchand vnd ſpot
Wenn jm aber beſcheret Gott
Ein vnheußlich faul Weib zu ſtund,
Da geht alls Haußhalten zu grund,
Sie kan weder kauffen noch kochen,
Vil wirdt verwarloſt vnd zerbrochen,
Teller vnd Häffen lign vngeſpült,
Sam hab ein Saw darinn gewült,
Da wirdt nichts in das Hauß gezecht,
Sonder alls glaſſen auß der echt,
Dann wirdt die Katz das beſte Vich,
Ergreifft er aber ein Weib für ſich

Böß, eigenſinnig vnd vol zorn,
Die thut denn in dem Hauß rumorn
Mit Ehalten, vnd Knecht vnd Weib,
Auch mit dem Mann on unterſcheid,
Der niemand kan kein recht nit than
Salomo ſpricht: Ein ſolcher Mann
Seß ſichrer in eim finſtern Gmach,
Im regen vnter eim böſen dach,
Denn bey eim ſolchen zenckiſchen Weib,
Die teglich peinigt ſeinen Leib,
Mit kiſſen, zancken, vnd mit nagen,
Daß er auch kaum die haut mag tragen,
Sie iſt mit worten ſcharpff vnd reſch,
Vnd richt auch an vil haber weſch
Bey den Nachbawrn hin vnd wider,
Wils als rechtfertign auff vnd nider,
Jederman wirdt von ihr gezwackt,
Wirdt bey der Herrſchafft offt verklagt,
Ob jrem haber vnd gezenck,
Das mans denn büſſet an die benck,
Oder muß die ſchambar ſchellen tragen.
Nimt abr ein Mann bey ſeinen tagen
Von Kinder wegen jm ein Weib,
Daß ſein Geſchlecht ſich mehr vnd bleib,
Die mag von Leib vnfruchtbar ſein,
Das ſie im zeugt kein Kindelein,
Oder ob im gibt Kinder Gott,
So nimt ſie gar jung hin der Tod,

Oder

Oder wern im böß vnd yngraten,
Voller vnzucht vnd böser thaten,
Daß er sich seiner Kind mus schemen,
Vnd sich von hertzen darob gremen.
Nimt er ein Weib von wollust wegen,
Vnfall, trübsal kan in wol fegen,
Schand, schaden, kranckheit vnd armut,
Welches teglich einfallen thut,
Macht in deß wollusts wal vergessen,
Vnd thut ja gar vil härter pressen,
Selbander mit der Frawen sein,
Denn ob er wer einig allein.
Derhalben sol ein weiser Mann
Ein Ehweib meiden, wo er kan,
Sein weißheit wirdt jm mit erschlagen,
Als man thet Diogenem fragen,
Wenn ein Mann möcht Heirathen wol,
Er sprach, der Jung verziehen sol,
Der Alt sol sich deß Weibs enthalten,
Das sind die lehr der Heydnischu alten.

Der Beschluß.

Gott aber hat im Anfang da
Erschaffen Adam vnd Eua,
Vnd gab sie zsam, Mann vnd auch Weib,
Solten zwo Seel sein vnd ein Leib,
Hat sie gesegnet nicht dest minder
Fruchtbar zu sein, vnd zeugen Kinder,

Das ist Gottes willen vnd wort,
Dem sollen auch an disem ort
Wir Christen nachfolgen bescheiden,
Vnd vns nicht keren an die Heyden,
Die allein jr vernunfft nachgehnd,
Vnd Gottes willen nit verstehnd,
Der vns einsetzt die Ehe zu gut,
Auff das nit vnser Fleisch vnd blut
Brennet in Sünden vnd vnzucht,
Derhalb wer ein Ehgmahel sucht,
Der thut ein gut werck an dem ort,
Vnd handelt gmes dem Gottes wort,
Gott gibt auch heil vnd glück darzu,
Auff das er gar in stiller rhu
Entgeh vil Sünd vnd vngemachs,
Durch den Ehstand, so spricht Hans Sachs.

Anno Salutis, M. D. LXIII.
Am 25. Tag May.

Die sechzehen Zeichen eines Weibs, so
eins Knaben Schwanger sey.

Rasis der Artzt, auß Aphrica
Hat gar künstlich beschribn da
Sechzehen zeichn, die ein Weib hat,
Die mit eim Knaben Schwanger gat,

Daß ſie es darbey mag erkennen,
Thut alſo die Zeichen benennen.
Zum erſten ſol man mercken thun
Wenn ein ſchwanger Weib tregt ein Sun
So iſts wolgfarbt von Angeſicht,
Da gſchicht bey eim Töchterlein nicht.
Das ander zeichen auch verſteht,
Wenn ein junge Fraw ſchwanger geht,
Wenn jr das rechte Brüſtlein wirdt
Gröſſer die zeit, eh ſie gebürt,
Denn das linck Brüſtlein, wirdt ſie haben
Gewißlich in jr Geburt ein Knaben.
Das dritt zeichen er meldet auch,
Wenn das Weib hab ein runden Bauch,
So ſie mit eim Kind ſchwanger geht,
Ein Knaben ſie darbey verſteht.
Das vierdte zeichen zeiget rund,
Wenn die Schwanger Fraw friſch vnd gſund
Nit ſchwermütig in dem Kind tragen,
Gebürt ſie ein Son nach den tagen.
Das fünffte zeichen zeiget an,
Wenn ein Schwangere Fraw iſt han
Ir geluſt begirlicher weiß
Zu Natürlicher guter Speiß,
Vnd nit zu wüſten groben bingen,
Der Geburt wirdt ein Knaben bringen,
Zum ſechſten jr auch mercken müſt,
Wenn ein Weib glat rötliche Brüſt

Die kan das Glück auch wider nemen,
Vnd das Adelich Weib beschemen.
Wann das glück offt gar blötzlich thut
Reichthum verwandeln in armut,
Durch Krieg, Raub, Brunst, Schiffbruch, Diebstal,
Vnd durch dergleich schad vnd vnfal
Darburch felt zu grund prenck und zier,
Vnd das frölich Gemüt in jr
Dergleich Adel, Geschlecht vnd Stam
Durch armut gwinnt ein ringen Nam,
Die schön verschwindt auch mit der zeit
Durch trawren, alter vnd kranckheit,
Thut aber jr Weiblich Ehr ein fal,
So ligt jr lob und rhum zu mal,
Vnd nimt bey allen Menschen ab,
Alsdenn wirdt endlich in dem Grab
Die Edel, schön, geziert vnd Reich,
Dem ermsten Weib auff Erden gleich.

Art vnd Lob einer Tugenthafften Erbare frommen Frawen.

Dargegen Salomo beschreib
Selig ein Tugenthafftig Weib,
Spricht: sie sey köstlicher allein,
Denn Perlein vnd Edelgestein

Irs Manns hertz darff sich allermassen
Auff sie gentzlich vnd gar verlassen,
Diß Weib erfrewt irs Mannes hertz,
Tröst jn in vnmut, leid vnd schmertz,
Thut liebs vnd kein leids jrem Mann,
Ist jm ghorsam vnd vnterthan,
Ist fürsichtig, sein Hauß versorgt,
Zeucht ihre Kind auff Gottes forcht,
Wer ein solch Tugendsam Weib hat,
Das ist ein hohe Gottes gab,
Ihm zerrinnt nicht mehr Ehr noch Gut,
Sie wonet bey jm in Sanfftmut,
Still, züchtig, schamhafftig vnd sitsam,
Demütig, from, bültig vnd mitsam,
Gantz freundlich vnd holdselig wandelt,
Warhafft vnd trew vberal handelt,
Ein solch Weibsbild die ist löbleich,
Sie sey gleich arm oder reich,
Wann solch jr schmuck der bleibt bestendig,
Dann jren schatz tregt sie inwendig,
In allem vnfal vnd vnglück
Bleiben solch Tugendsame stück,
Daß armut, kranckheit, schad, vnfall
Ir nichts dran schadet vberall,
Schaw ein solch Tugendsames Weib,
Die jr beide an Seel vnd Leib
Durch solch löblich Tugend vnd sitten
Ein solch ehrenkleid hat angschnitten,

Das zirt sie baß vor aller Gmein,
Denn Perlein vnd Edelgestein,
Seidenwat, Silber oder Gold,
Gott vnd die Menschen habens hold,
Vnd bleibt auch hochwirdig vnd wert,
Daß auch nach jrem tod auff Erd
Jr wirbt in allen ehrn gedacht,
Jr Tugend halben hie verbracht,
Daß solch ehrlich lob grün vnd wachs
Bey allen Frawen wünscht Hanns Sachs.]

**Anno Salutis, M. D. LXIII.
Am 23. Tag Julii.**

Ob einem Weisen Mann ein Weib zu nemen sey oder nit.

Theophrastum den weisen fraget
Ein guter Freund, daß er jm saget,
Ob einem weisen Mann gezem,
Daß er ein Ehlich Weib jm nem.
Er antwort: ist sie reich an Tugend,
Von gutem Gschlecht, vnd gsunder Jugend,
So zimt sie jm zu nemen wol,
Jedoch er wol bedencken sol,
Weil er auff das vngewis muß bawen,
Ob es jm mißriet mit der Frawen,

Daß sie nit wer, wie er vermeint,
Wie offt ein Weib viel besser scheint,
Denn mans hernach findt in der Prob,
Da es offt einem fehlet grob,
Daß er ergriff ein heiloß Weib,
Ist besser das er ledig bleib.
Nimt er ein Weib mit reichen gaben,
Mus er jr freund zu Herren haben,
Sie rückt jr Gut jm stets herfür,
Wirfft jm den strosack offt für thür,
Sie hab jn gmacht zu einem Herren,
Veracht jn bey nahend vnd ferren,
Vnd sie wil auch Herr sein in allen,
Was sie thut, muß er Jm lan gfallen,
Spreitzt er sich, so ligt jm nachmals
Jr Freundschafft teglich ob dem hals:
Sucht er jm denn ein arme auß,
Wil sie dennoch sein Fraw im Hauß,
Er muß sie kleiden vnd rauß streichen,
Daß sie auch hergeh gleich den Reichen,
Jr arme Freund an miet vnd gab
Kan er teglich nicht kommen ab,
In seinem Hauß ein vnd außschleichen,
Mit lehen helffen vnd dergleichen.
Nimmt er jm denn ein schönes Weib,
Holdselig vnd artlich von Leib,
Die vil geht auß dem Hauß umbschwentzen,
Jnb Gärten, auff Kirchweih vnd tentzen,

Oder vil auß zum Fenster gußt,
Vnd ander Mann freundlich anschmußt,
Der man denn, ist zu Nacht hoffiren
Mit Seitenspil vnd Gsang quintiren,
Als denn die eiffersucht jn reit,
Er mus jr hüten alle zeit,
Wann es ist gar schwer zu behalten,
Was gfelt beiden, jungen vnd alten,
Nimt er denn ein heßliche Frawen,
So hat er vor jr selb ein grawen,
Helt sie nit freundlich, lieb vnd wert,
So wirdt sie denn daroh beschwert,
Vnd reit sie denn die eiffersucht,
Zeicht je vil Bulens vnd vnzucht,
Thut jm in all winckel nachspehen,
Wo er ein Weib nur an thut sehen,
Die je dergleich wider ansicht,
Als denn ein Mordgeschrey sie anricht,
Vnd fraget jm nach immer zu,
Die eiffersucht lest jr kein rhu,
Halt sich so ehrlich als er wöll,
Noch ist er ein geplackter Esell.
Ergreifft er denn ein Weib vernascht,
So stilt sie ab was sie erhascht,
Vnd lebet darmit in dem schuß,
Tregt jm heimlich vor seinen auß,
Jnd keller vnd schlupffwinckel schleufft,
Da sies verfrisset vnd verseufft,

Oder left jr den blinden füren,
Vnd eh es der gut Mann ist spüren,
Ist vil getragen auß dem Hauß,
Denn ist dem schimpff der boden auß.
Ergreifft er denn ein Weib geschwetzig,
Die Predigt jm, vnd ist auffsetzig,
Vnd kan auch gentzlich nichts verschweigen,
Sie thut es hie vnd dort anzeigen,
Solch klappern wert vber tag,
Da komt ein klag, vnd dort ein klag,
Das hab sie gsagt zu dieser zeit,
Geoffenbart die heimlichkeit,
Die jr dort worden ist vertrawt,
Odr hab mit lügen sich verhawt,
Vnd lose vngereumte Mehr
An der gaß tragen hin vnd her,
Das bringt eim Mann denn schand vnd spot
Wenn jm aber bescheret Gott
Ein vnheußlich faul Weib zu stund,
Da geht alls Haußhalten zu grund,
Sie kan weder kauffen noch kochen,
Vil wirdt verwarlost vnd zerbrochen,
Teller vnd Häffen lign vngespült,
Sam hab ein Saw darinn gewült,
Da wirdt nichts in das Hauß gezecht,
Sonder alls glassen auß der echt,
Dann wirdt die Katz das beste Vich:
Ergreifft er aber ein Weib für sich

Böß, eigensinnig vnd vol zorn,
Die thut denn in dem Hauß rumorn
Mit Ehalten, vnd Knecht vnd Weib,
Auch mit dem Mann on vnterscheid,
Der niemand kan kein recht nit than
Salomo spricht: Ein solcher Mann
Seß sichrer in eim finstern Gmach,
Im regen vnter eim bösen dach,
Denn bey eim solchen zenckischen Weib,
Die teglich peinigt seinen Leib,
Mit kiffen, zancken, vnd mit nagen,
Daß er auch kaum die haut mag tragen,
Sie ist mit worten schärpff vnd resch,
Vnd richt auch an vil hader wesch
Bey den Nachbawrn hin vnd wider,
Wils als rechtfertign auff vnd niber,
Jederman wirdt von ihr gezwackt,
Wirdt bey der Herrschafft offt verklagt,
Ob jrem hader vnd gezenck,
Daß mans denn büsset an die benck,
Oder muß die schambar schellen tragen.
Nimt abr ein Mann bey seinen tagen
Von Kinder wegen jm ein Weib,
Daß sein Geschlecht sich mehr vnd bleib,
Die mag von Leib vnfruchtbar sein,
Daß sie im zeugt kein Kindelein,
Oder ob im gibt Kinder Gott,
So nimt sie gar jung hin der Tod,

Oder

Oder wern jm böß vnd vngraten,
Voller vnzucht vnd böser thaten,
Daß er sich seiner Kind muß schemen,
Vnd sich von hertzen darob gremen.
Nimt er ein Weib von wolluſt wegen,
Vnfall, trübsal kan jn wol segen,
Schand, schaden, kranckheit vnd armut,
Welches teglich einfallen thut,
Macht jn deß wollusts wol vergeſſen,
Vnd thut ja gar vil härter preſſen,
Selbander mit der Frawen sein,
Denn ob er wer einig allein.
Derhalben sol ein weiser Mann
Ein Ehweib meiden, wo er kan,
Sein weißheit wirdt jm mit erschlagen,
Als man thet Diogenem fragen,
Wenn ein Mann möcht Heirathen wol,
Er sprach, der Jung verziehen sol,
Der Alt sol sich deß Weibs enthalten,
Das ſind die lehr der Heydnischn alten.

Der Beſchluß.

Gott aber hat im Anfang da
Erschaffen Adam vnd Eua,
Vnd gab sie zsam, Mann vnd auch Weib,
Solten zwo Seel sein vnd ein Leib,
Hat sie gesegnet nicht deſt minder
Fruchtbar zu sein, vnd zeugen Kinder,

B

Das ist Gottes willen vnd wort,
Dem sollen auch an disem ort
Wir Christen nachfolgen bescheiden,
Vnd vns nicht keren an die Heyden,
Die allein jr vernunfft nachgehnd,
Vnd Gottes willen nit verstehnd,
Der vns einsetzt die Ehe zu gut,
Auff das nit vnser Fleisch vnd blut
Brennet in Sünden vnd vnzucht,
Derhalb wer ein Ehgmahel sucht,
Der thut ein gut werck an dem ort,
Vnd handelt gmes dem Gottes wort,
Gott gibt auch heil vnd glück darzu,
Auff das er gar in stiller rhu
Entgeh vil Sünd vnd vngemachs,
Durch den Ehstand, so spricht Hans Sachs.

Anno Salutis, M. D. LXIII.
Am 25. Tag May.

Die sechzehen Zeichen eines Weibs, so eins Knaben Schwanger sey.

Rasis der Artzt, auß Aphrica
Hat gar künstlich beschribn da
Sechzehen zeichn, die ein Weib hat,
Die mit eim Knaben Schwanger gat,

Daß ſie es darbey mag erkennen,
Thut alſo die Zeichen benennen.
Zum erſten ſol man mercken thun
Wenn ein ſchwanger Weib tregt ein Sun
So iſts wolgfarbt von Angeſicht,
Da gſchicht bey eim Töchterlein nicht.
Das ander zeichen auch verſteht,
Wenn ein junge Fraw ſchwanger geht,
Wenn jr das rechte Brüſtlein wirdt
Gröſſer die zeit, eh ſie gebürt,
Denn das linck Brüſtlein, wirdt ſie haben
Gewißlich in jr Geburt ein Knaben.
Das dritt zeichen er meldet auch,
Wenn das Weib hab ein runden Bauch,
So ſie mit eim Kind ſchwanger geht,
Ein Knaben ſie darbey verſteht.
Das vierdte zeichen zeiget rund,
Wenn die Schwanger Fraw friſch vnd gſund
Nit ſchwermütig in dem Kind tragen,
Gebürt ſie ein Son nach den tagen.
Das fünffte zeichen zeiget an,
Wenn ein Schwangere Fraw iſt han
Jr geluſt begirlicher weiß
Zu Natürlicher guter Speiß,
Vnd nit zu wüſten groben bixgen,
Der Geburt wirdt ein Knaben bringen,
Zum ſechſten jr auch mercken müſt,
Wenn ein Weib glat rötliche Brüſt

B 2

Hette in jrer Schwangerheit,
Ein Knäblein das anzeigen geit.
Das siebende zeichen, wenn von Leib
Die recht seitten dem schwangern Weib
Vil schwerer denn die linck ist sein,
So gebürt sie ein Knäbelein.
Das achte zeichen, wenn sie das Kind
In jr rechten seitten empfind,
Das es sich rühret her vnd hin,
So ists ein Son vnd ligt darin.
Das neundt zeichen, wenn sich bewegt
Das Kind im dritten Monat regt,
Nach der empfangnus, so ists ein Sun,
Die Meidlein sich erst regen thun
Im vierdten Monat, vnd stiller sein
In Mutter Leib alle gemein.
Das zehend zeichen zeigt er an,
Wenn ein schwanger Weib auff wil stan,
Helt sie sich an mit der rechtn händ,
Darbey ein Knäblein wirdt erkennt.
Das eilffte zeichen auch versteht,
Wenn ein Schwanger Fraw außgeht,
Vnd mit dem rechten Fuß vor tritt,
Da zeigt sie an ein Knaben mit.
Das zwölffte zeichen zu mercken taug,
Wenn ein schwanger Fraw das recht aug
Beweget die zeit schnell vnd vil,
Zeigt auch, daß sie geberen wil

Ein Son, in der Geburt hernach.
Das dreitzehende zeichen er sprach,
So eim schwangern Weib ferr vnn nahen
Am rechten arm die adern schlahen,
Fester vnd schneller denn am linken,
So wirdt ein Knäblein von jr sincken.
Das vierzehende zeichen vom Leib
Ist mit eim Knabe schwanger das Weib,
So widert sie sich deß beyschlaffen
Deß Manns, kans sie's mit glimpff abschaffen.
Das fünfftzehend zeichen mit lust
Gibt eh Millich die rechte Brust,
Denn die linck Brust dem Schwangern Weib,
So tregt ein Knaben sie im Leib,
Das sechzehend zeichen merck billich,
So einer schwangern Frawen Millich
Ist wolgeschmack, süß vnd auch dick,
So wirdt sie mit frölichm anblick
Hernacher einen Son geberen.

Der Beschluß.

Zum Beschluß ist noch zu erklern
Rasis der Doctor hochgeehrt,
Durch die zeichen erkennen lehrt,
Welch schwanger Fraw geber ein Knaben,
Wiewol sie nit an jn thun haben
Alle zeichen hie obgenennt,
Sonder etliche hie bekennt,

Der zeichen eins, zwey oder drey,
Auch mag ein Weib erkennen frey
An dem widerspil dieser zeichen,
Eins Töchterleins schwangr, dergeleichen
Wo sich solch zeichen nit begeben
Sy was es wöll das nems an eben,
Vnd danck Gott seiner frucht vnd gab,
Die er auß Gnad verleiht herab,
Bit Gott vmb glückselig Geberung,
Von dem komt gnedige gewerung,
Als den Son oder Tochter wol
Zu Gottes forcht auff ziehen sol,
Daß jr Kind Gottselig auff wachs
In Zucht vnd Tugend, spricht Hans Sachs.

Anno Salutis, M. D. LXII.
Am 20. Tag Nouembris.

Der gantz Haußrat, bey dreyhundert
stücken, so vngefehrlich inn ein jedes
Hauß gehöret.

Mehr ein nützlicher raht, den iungen ge-
sellen, die so sich verheirathen wöllen.

Als ich eins tags zu tische sas
Mit mein gesindt das frümal as

Kam zu mir ein junger geſell
Gantz eyllendt mit groſſem geſchel
Vnd bat mich ich ſolt ſo wol than
Des tags werden ſein heyratzman.
Ich andtwordt jm wo oder wen
Er ſprach ich ſolt nur mit im gen
Es wer vorhin wol halb geſchehen
Da ward ich wider zu jm ſehen
Wie eilſt es wirdt dir noch zu frů
Wenn du verſuchſt ſorg angſt and mů
So inn der Ehe liegen verborgen
Er ſprach ich las die vögel ſorgen
Die můſſen inn dem wald vmbfliegen
Ich ſprach die lieb thut dich betriegen
Vnd blendet dich inn dieſen ſachen
Die Ee wirdt dich wol ſorgen machen
Er ſprach warumb das weſt ich gern
Ich ſprach du wirs bald jnnen wern
Inn dem hauſhalten mit dem Hauſrat
Er ſprach wann man zwo ſchüſſel hat
Vnd eynen löffel oder drey
Ein hafen oder vier dabey
Des kan man ſich gar lang betragen
Ich ſprach ich wil dirs anders ſagen
Es ghört vil hauſrat zum hauſhalten
Wiltu es anderſt recht verwalten
Den ich dir nach einander her
Erzelen wil doch vngefehr.

B 4

Erstlich inn die stuben gedenck
Muſt haben, biſch, ſtül, ſeſſel vnd penck
Panckpolſter, küß vnd ein faulpet
Gißkalter vnd ein kandelpret
Handtzwehel, biſchbuch ſchüſſelring
Pfanholz, löffl, deller, küpferling
Krauſen, engſter vnd ein Bierglas
Kuttrolff, trichter vnd ein ſaltzfas
Ein külkeſſel, kandel vnd fläſchen
Ein bürſten gleſer mit zu waſchen
Leuchter, putſcher vnd kertzen vil
Schach, karten, würffel vnd ein pretſpil
Ein reiſende vhr, ſchirm vnd ſpigel
Ein ſchreibzeug, dinten, papir vnd ſigel
Die wibl vnd andre bücher mehr
Zu kurtzweyl vad ſittlicher lehr
Darnach inn die kuchen verfüg
Keſſel, pfannen, heffen vnd krüg
Drifus, pratſpis groß vnd klein
Ein roſt vnd bretter mus da ſein
Ein wurtzbüchs vnd ein eſſig vas
Mörſer, Stempffel auch vber das
Ein laugen vaß, laugn hefen zwo ſtützen
Zu fewers not ein meſſen ſprützen
Ein fiſchbret vnd ein riebeiſſen
Schüſſelkorb, ſtürtzen ſpicknabel preyſen
Ein hackpret, hackmeſſer darzu
Saltzfas, pratfann, ſenftſchüſſel zwu

Ein fültrichter, ein durchschlag eng
Feymlöfl vnd kochlöffel die meng
Ein spülstandt pantzerfleck darbey
Schüssel vnd deller mancherley
Pletz klein vnd groß ich dir nit leüg
Schwebel, zunter ein fewerzeug
Ein fewer zangen, ein ofen krucken
Das fewer pöcklein zu hin schmucken
Ein tegel, plaßbalck, ofenrohr
Ein ofengabl muß haben vor
Kyn, spen vnd holtz zum fewer frisch
Ein' pesn, strowisch vnd flederwisch
Auch mußt du haben im vorat
In der speißkamer frw vnd spat
Brod, eyer, keß, fleisch vnd auch schmaltz
Frisch öpffel, pirn, nüß vnd saltz
Pachen fleysch, dür Fleisch vnd auch speck
Latwergn, leckkuchn vnd anderm schleck
Rosin, mandel vnd weinberlein
Was man sunst macht inn zucker ein
Zucker, Confect vnd specerey
Würtz, rotruben auch senfft darbey
Knoblach, Zwibel vnd auch abschlag
Petterleyn, rettig nützt man all tag
Linsen, gersten vnd erbes mel
Hirß, reyß, heydel vnd weytzen mel
Hüner vnd gens, enten vögel
Machen die gest frölich vnd gögel

Ein auff heb schüssl, ein zerleg, teller
Nun must auch haben inn dem keller
Wein vnd auch pier je mehr je pesser
Ein schrodtlayter vnd ein dam messer
Ein faßpörer muß auch dä seyn
Ein rören vnd ein Canerseyn
Ein Stendtlein vnd auch etlich kandel
Weinschlauch vnd wz ghört zu dem handel
Saur kraut, bayrisch ruben, weys ruben
So die alten inn sandt ein gruben
Wilt nun inn die schlaff kammer gen
Ein spanbet mus darinnen sten
Mit strosack vnd ein federbedt
Polster küß vnd ein Deckbedt
Deck, pruntzscherb, harmglas vnd pettuch
Nachthauben, pantoffel nachtschüch
Vnd auch ein bruhen oder zwu
Darein man wol beschliessen thu
Gelt, Silbergeschir von Bocaln
Kleinat, schnuren, porten vnd schaln
Die ding gar wol thun inn dem alter
Auch mustu haben ein gwandt kalter
Darein du henckst mantl, röck vnd schauben,
Kittel, pltz, hosen, wammes vnd schaben
Hemat, piret, hüt, kleider vnd stauchen
Auch was man zu dem gwand mus brauchen
Ein gwandtpürst vnd ein gwantpesen
Bißn ist glmal gut drin gwesen

Auch muſt ſunſt haben inn gemein
Vil haußrat inn dem hauße dein,
Darmit man täglich flickt vnd peſſert
Ein ſegen, neber vnd ſchnitmeſſer
Hamer, negel, maiſl vnd zangen
Hobel, hantpeyhl, ein latter hangen
Schaufl, hauen, art nützt man gern
Ein rechen, ſchlegel ein fattern
Auch werckzeug mancherley vorrat
Zum handel ſelb inn dein werckſtat
Den ſelben kan ich dir nit zeln
Du wirſt dirn ſelber wohl beſteln
Auch muſt du haben knecht vnd mayd
Die ſelben leg, trenck, ſpeis vnd kleid,
Darzu ein hundt vnd auch ein katzen
Für dieb vnd meuß auch für die ratzen.
Auch muſt für dein weyb vnd frawen
Nach einem ſpinreblein umbſchawen.
Rocken ſpindel vnd rocken gut
Scher, nadel, eln vnd fingerhut
Ein ſchwartzn vnd ein weyßen zwirn
Marckorb, Drackorb, fiſchſack kernirn:
Auch mus ſie haben zu dem maſchen
Laugen, ſayffen, holz vnd auch aſchen,
Multer, waſchpöck vnd züberlein
Gelten vnn ſcheffel gros vnd klein
Schöpfer, waſchtiſch, weſch pleül vnnd ſtangen

Daran man die wesch auff thut hangen
Leylach, küßzigen vnterthem
Halßhem, facilet vnd nach dem
Wenn man dann inn das badt wil gan
Ein krug mit laugen muß man han
Badt mandtl, bádthuet vnd haubtuch
Peck, pürsten, kam, schwämmen vnd pruch
Geht den die fraw mit einem kindel
So bracht vmb vier vnd zwantzig windel
Ein fürhang vnd ein rümpfel keß
Weck, kes vnd obs zu dem gefres
Ein kindtpetpedt, dem kindt ein wiegen
Als den so mußt im stro du liegen
Das kindt die halb nacht hören zannen
Mußt haben milch, mel vnd kinspfannen.
Ein kins mayd vnd ein lüdelein.
Erst getzs vber den peutel dein.
Die hebam mußtu zalen par
Die kellnerin hat auch kein spar
Wie sie dirs gelt vertragn kan
Darnach gib jr auch jren löhn
Darzu bezal auch knecht vnd mayd
Dröpst schuld thun dir vil zu leid
So geht die losung auch daher
Der haußzinß laufft dir auch nit lehr
Kanstu solchs alles nit erschwingen
Mußt im versetzen thon den singen

Schaw inn solcher armut vnd mue
Manch jung ehuolck inn irer plüe
Vnd irem jungen blüt verderben
Inn armut bleyben biß sie sterben.
So hab ich dir zelt außgesundert
Des Haußratzs stück bis inn drey hundert
Wie wol noch vil ghört zu den dingen
Draustu dir den zu wegen bringen
Vnd darzu weyb vnd kindt erneren
So magstu greüffen wol zu ehren!
Drumb bdenck dich wol, es ligt an dir.
Da hub er an vnd sprach zu mir
Mein lieber mayster Hans vnd ist das war
Wil ich gleich harren noch ein jar
Biß wider kummet die Faßnacht.
Ich hab es nit so weyt bedacht
Das so vil inn das hauß gehördt
Die lieb hat mich blendt vnd bethördt
Weyl ich betracht inn meinem hertzen
In der Ee wer nur schimpffen vnd schertzen
Der trewen der sag ich euch danck
Ich antwordt im es ist mein schwanck
Darumb magstu thun was du wilt
Den haußrat hab ich fürgebildt
Zu Warnung dir vnd jungen Leuten
Inn drewen darmit zu bedeuten
Das man fürsichtig haußhalten sol
Den Vnkost vor bedencken wol

Auff das keyn nach rew barauß wachs
Den trewen rat geyt vns Hans Sachs.

**Anno Salutis, M. CCCCCXLIIII.
Am X. Tage Decembris.**

Ein Rat zwischen eynem Alten man, vnd jungen gesellen dreyer Heyrat halben.

Nachdem ein jünglin frisch vnd frey
Het vnter Handt der Heyrat drey
Erstlich ein junckfraw schön vnd zart
Nit vast reych jedoch gutter art
Zum andern solt er im vertrawen
Zu der Ehe ein junge witfrawen
Die vor gehabt het einen man
Zum dritten solt er nemen an
Ein alte reych vnd wolbegabt
Die doch vor zwen man het gehabt
Nun ir jede jn haben wollt
Nun west er nit welche er solt
Nemen der dreyer, vnd thet gan
Zu einem alten weysen man
Vnd jm die drey Heyrat fürlegt
Der weyse man seyn handt auß streckt
Auff eyn fünff jering knaben mit
Welcher in der stuben vmb lit

Inn der stuben, vnd sprach, nun frag
Das kind, auff das es hie sag
Mit kurtzen worten, welche frey
Auß den dreyen zu nennen sey.
Bald sprach der jüngling zu dem knaben
Sag ob ich die Junckfraw soll haben
Das kneblein sprach wie du wildt
Der Jüngling sprach, soll ich die mildt
Witfraw nemen welche voran
Zu der ehe gehabt ein man
Das kneblein sprach, wie sie will
Der Jüngling sprach mir nit verhill
Ob ich mir nemen soll die alten
Welche auch vor hat hauß gehalten
Mit zweyen mannen inn der ehe
Rat mir, das ich mich nit vergehe
Das knebleyn warff sich bald herumb
Rit ringweis inn der stube vmb
Vnd schreyt, hüt dich mein pferd schlecht dich
Der weyß man sprach, O Jüngling sich
Nun hast du deyner frag bescheyd
Der Jüngling sprach bey meinem ayd
Ich hab verstanden gar kein wordt
Von dem knebleyn an diesem ort
Ich bit wolst mir das das erklern
Der weyß man sprach von Hertzen gern
Kannstu denn erstlich nit verstan
Da dir das kneblein zeiget an

Erstlich von der Junckfrawen mildt
Da es zů dir sprach, wie du wildt
Da meyndt er die Junckfrawe gütig
Wer noch forchtsam, gschlacht vnd weichmütig
Derhalb du jr mögst wol abziehen
All eygensinnigkeyt zu fliehen
Des sie dir fein bleyb vnterthan
Das du im hauß bleibst herr vnd man
Vnd alles thet, wie du nur wolst
Zu dem andern du mercken solst
Von der witfrawen inn der stil
Darzu der knab sagt, wie sie wil
Meynt er, weyl die wittib vorauß
Mit eim man het gehalten hauß
Würdts all ding thun nach jrem sin
Als die all ding wol wißt vorhin
Vnd des haußhaltens het verstandt
Vnd würdt jr thun gar wee vnd andt
Wo du sie wollst ein anders leren
Würd sich an dein straff nit vil keren
Darob vil zancks sich würd erheben
Ehe dus nach deim sinn richtest eben
Als zu dem dritten, ob dem alten
Der knab das wordt dir für hat ghalten
Hüt dich wann mein pferd das schlecht dich
Darmit anzeygt er eygentlich
Das es ein grosse thorheyt wer
Das sich ein man geb inn solch afer

Nem die, so vor zwen man het gehabt
Obs gleych reych wer, vnd wol begabt
Bey den sie verbost vnd verargt
Wer inn jrm eygen syn verstarckt
Das niembd möcht beinigen die frawen
Denn allein schauffel vnd die hawen
Wie man denn sagt von diesen sachen
Alt hund böß benbig sind zu machen
Verloren ist all trew vnd güt
Zu endern ein verstöckt gemüt
Wolst das denn benbigen mit zoren
Mit rauffen, schlagen vnd rumoren
So must du mit dem alten krazen
Dein lebtag ziehen die streb kazen
Oder der narr bleiben inn dem hauß
Jüngling nun wel dir selber auß
Die erste, ander, oder dritt
Auff das dir inn der Ehe darmit
Nit volg ein Ewige nachrew
Sonder dir durch Ehliche trew
Frid, freud vnd freundtlichkeyt aufwachs
Im Ehling standt, das wünscht Hanns Sachs.

Gespręch eines klagenden Fräwleins mit den Parcis, den dreyen Göttin deß Lebens.

Am fünffzehenden im Chriſtmon
Ward ich in vnmut groß außgohn,
In Wald für lange weil ſpazirt,
Durch ein abweg vnd mich verjrrt,
Vnd kam ferr in den Wald hinein,
In dem verbarg die Sonn den ſchein,
Erſt wurd mir angſt, ſchawt hin vnd her,
In dem erſach ich on gefer
Auff eim Bühel im dicken ſtrauch:
Ein Zwerglein alt, Bartet vnd rauch,
Vor dem ich mich ein kleins entſetzt,
Dergleichen es, jedoch zu letzt,
Bat ich zu weiſen mir die ſtraß,
Das Zwerglein mir antworten was,
Die nacht iſt hie, bleib heint bey mir,
Dem Zwerglein ich nachfolget ſchier,
Das mich fürt durch ein loch zu thal
Etlich ſtaffel in einen Sal,
Gewelb vnd wändt war weiß betufft,
Zu hinderſt ſach ich in der grufft
Drey klar Criſtallen Lampen brinnen,
Darbey an einem Rocken ſpinnen
Drey Frawen Adelich vnd fein,
Auff einem Thron von Helfenbein,

In grün die jüngst den Rocken hielt,
In rott die mittelst spinnens wielt,
In schwartz die eltst den fadn abbrach,
Nach dem ich herab tretten sach
In disen Saal ein Fräwlein zart
Wolgezirt, doch trawriger art,
Sein lincke seit bekleidt mit preiß
In Scharlach rott vnd pfeller weiß,
Die Recht mit einem gülden stück,
Darinn ein halber Adler flück
Gemostret von Sammet schwartz,
Das trat zu den dreyen auffwartz,
Vnd neigt sich für sie zu der Erd,
Zeigt in ein Schild mit einem Schwert,
Durchbrach mit weinen inniglich,
Sprach, jr Göttin was zeicht jr mich,
Daß jr mir den genommen habt,
Den jr vor kurtzer zeit mir gabt?
Der mir dienet in gantzen Trewen,
Deß ich mich trösten mocht vnd frewen,
Den muß ich jetzt weinend beklagn,
Der gleich in kurtz verschinen tagn
Namt jr mir etlich Männer ehrlich,
Dem gleich, Namhafft dapfer vnd Herrlich,
Bin schier durch euch ein Witfraw worn.
Die mittelst Göttin sprach in zorn:
Hast nit bey dir von vns gegeben
Noch vil trefflicher Mann im leben,

Gerecht, gelehrt, from vnd auffrichtig,
Warhafft, getrew, klug vnd fürsichtig,
Gantz gleich dem Alten abgeschiden,
Daß Fräwlein sprach: ich war zufriden,
So jr mir nur dieselben liesset,
Vnd mir das an die Hand verhiesset,
Die Ewiglich bey mir zu lassen,
Ich hab vil feinde die mich hassen,
Vnd bald jr mir nemt mein Liebhaber,
Dann würd ich gar ein Wittfraw aber,
Was trostes müst ich mich dann halten?
Die jüngst Göttin sprach: bey den alten
Werden die jungen auch erfarn
Ju Weißheit wie jr Bätter warn,
Die dich vor langer zeit auch Weißlich
Beschützeten, löblich vnd preißlich,
Deß laß dir sein das hertz nit schwer,
Das Fräwlein sprach: O wie geser
Seit jr auff Erd Menschlichem gschlecht.
Die eltest Göttin sprach: mit recht,
Schon wir keins Menschenkind, auff erden
Was lebt, mus alls zu aschen werden,
Wie Edel, reich, gwaltig vnd mechtig,
Wie weiß, vernünfftig vnd fürtrechtig.
Starb nit Herr Quintus Fabius,
Vnd Scipio Alfricanus,
Auch andre grosse Römer mehr,
Der Rom die Statt het nutz vnd ehr,

Derhalb ergib dich willig drein,
Es kan vnd mag nit anderst sein,
Nach der gemein Nature lauff.
Mit dem stund das zart Fräwlein auff,
Den dreyen Göttin das Haupt neiget,
Ein klein getröstet sich erzeiget,
Gieng auß dem Saal, die drey hinnach.
In Wunder ich zum Zwerglein sprach:
Wer sind die drey erwelten docken
Gewesen, mit dem güldin Rocken?
Es sprach, du fragest nit vergebens,
Es sindt die drey Göttin deß Lebens.
Clotho, Lachesis, Atropos,
Von den Ouidius der groß
Schreibt, wie sie dem Menschlichen leben
Anfang, mittel, vnd endung geben.
Ich sprach: wer ist das Fräwlein zart,
Das sich vor jn beklagt so hart?
Mir antwort: Es ist in Teutschland,
Ein Reichsstatt, dir gantz wol bekand,
Wellicher ist in grosser klag
Verschiden auff heutigen Tag
Ein Tewrer Mann, groß lobes werth,
Der fürt in rotem Schild ein Schwert,
Ein Mann vernünfftig wol beredt,
Der Kriegshandlung gut wissen hett,
Angnem bey Fürsten vnd Reichstägen,
Dem gmeinen Mann auch wolgewegen

Schaw difen Mann klagt das Fräwlein,
Ein Weifer Rath, vnd die Gemein.
Wol dem Mann der alfo Regirt,
Daß er nachm Tod beklaget wirdt,
Wie auch Solon der Weiß begert,
Sprach, ich arbeit darzu auff Erd,
Daß man mich nach meim Tod bewein.
Ennius der Poet allein
Sprach, ich beger nach meinen tagen
Lebendig werden vmbgetragen
Mit warem Lob bey jederman
Wol dem der alfo leben kan,
Daß er endlich im Herren ftirbt
Klag vnd gemeines Lob erwirbt.
Dergleichen fchön Lobred verbracht
Das Zwerglein, bis fich endt die nacht,
Frü weift mich auß dem wald der Zwerg,
So fpricht Hans Sachs von Nürenberg.

———

Gefprech,
Der Liebe art vnd Eygenfchaft, auß der Biltnuß Cupidinis.

Des Morgens in dem Mayen
Eh die Sonn thet außftreyen

Den jren liechten schein
Spazieret ich allein
Durch ein blumenreiche Wiesen
Mitten daburch war fliessen
Ein silber klarer Bach
Demselben gieng ich nach
Da stuhnd zu beiden seitten
Weidenkoppen von weitten
Fund ich sitzen allein
Am Bach auff einem stein
Ein Jüngling zwaintzig Järig
Erschluchtzt gantz vngebärig
Samb trostloß vnd ellend
Hett in sein rechte Hendt
Sein Haupt trawrig geneigt

Tichter.
Ich bott ihm meinen gruß
Inn seiner Kümmernus

Der betrübt.
Danckt er mir seuftzend noch

Tichter.
Weiter ich jn anzoch
Mit gar senfftem Gespräch
Fragt was jm doch gebräch
Das er so trawrig wer.

Der betrübt.
Er fieng an vnd sagt her

Wie jm vor zweien Jaren
Ein Krankheit widerfaren,
Wer, die hett er auch noch
Die peinigt jn so hoch,

Tichter.

Ich fragt: Ist es das Fieber.

Der betrübt.

Er antwort mir: O lieber
Sie ist vil erger gar.

Tichter.

Da fragt ich wider dar:
Was stndt es? Die Frantzosen?

Der betrübt.

Der sprach: Mich hat angstossen
Ein Krankheit, die on schandt
Ich sagen kann niemandt.

Tichter.

Ich sprach: Sag dein Krankheit
Wer weiß wo noch Glück leit
Das du jr durch Rath kembst ab
Erst er sich drein ergab
Sein Krankheit zu bekennen.

Der betrübt.

Sprach: Nun will ich dir nennen
Mein Krankheit ist die Lieb
Die mich gleich wie ein Dieb

Hat

Hat heimlich hintergangen
Verwundet vnd gefangen
Setzt mir so hefftig zu
Ich lebt on alle rhu
Samb ich bezaubert wer
Ich wütet hin vnd her
Gegen einr Jungkfraw zart
Das kam mich an so hart
Das ich täglich nimb ab
An seel, leib, gmüt vnd hab
Das ich gleichsam außborret.
An leib vnd gmüt verschworret
Das ist die Kranckheit mein
Ich bitt kanst du allein
So sag, was ist die lieb
Die mich so hefftig trieb
Lehr mich auch widerumb
Wie ich doch der abkumb.

Tichter.

Ich sprach: Gsell deiner Bitt
Kan ich abschlagen nit
Du thust ein rechten fregen
Jung bin ich auch gelegen
Jun diesem Spital kranck
Drum will ich dir zu danck
Der liebe Art erzeln
Ganz eigentlich fürstelln

C

Auß den weysen Poeten
Die lieb beschreiben theten
Die den Cupidinem
Den Gott der Lieb, inn dem
Abpilden sie die krafft
Der Liebe Eygenschafft
Nun merck: Es steht das Kind
Nackend vnd darzu blind
Hat einen starcken Handbogen
Darauff zween Pfeil gezogen
Ein stral von Goldte frey
Der ander stumpff von pley
Auch hat das Kind im Rück
Zween flügel vnd ist flück
Schaw inn dieser Gestalt
Die Lieb ist abgemalt.

Der betrübt.

Er aber antwort mir:
Möcht ichs haben von dir
Das du mirs baß erklerest.

Tichter.

Ich sprach: Weil dus begehrest
So merck Cupido wird
Genennet die Begierd
Der mit sein stral einbricht
Durch wort, werck vnd gesicht
Wer dem nicht widersteht
Mit vernunfft jm entgeht

So wird das selbig hertz
Verwundt mit bitterm schmertz
Brinnend vnd vberwunden
Gefangen vnd gebunden
Samb es verstricket sey
Mit starcker Zauberey
Vnd liegt inn lieb darnider.

Der betrübt.

Der Kranck mir antwort wider
Ach sag warumb das Kind
Ist augenloß vnd blind?

Tichter.

Ich sprach: Der Liebe krafft
Hat diese Eygenschafft
Das jr starcke zukunfft
Gantz blendet die vernunfft
Deß wird der mensch denn blind
Thöricht vnd unbesind
Weiß selbst nicht was er thut
Vnd schlecht Leib, Ehr vnd Gut
Allsemptlich inn die schantz
Vnd wird verwegen gantz
Bedenckt des Endes nit
Den sollich liebe gitt
Platzt inn die Lieb hinein
Ihm gfelt sein Lieb allein
Ihr dienet vnd hofiert
Im Hertzen krönt vnd ziert

Für alle schätz auff Erd
Ist doch oft nichtsen werd
Vngschaffn an sittn vnd Tugent
Grob vngezogner Jugend
Fürwitz, wanckel vnd stützig
Vntrew vnd eigen nützig
Vnd mehr das jm gebricht
Der Buler als nit sicht
Hie merckst du wol darbey
Wie blind die Liebe sey.

Der betrübt.

Er sprach: Sag, warmit sind
Die Buler gleich dem Kind?

Tichter.

Da sprach ich: Der Buler
Hat gantz Kindisch geyer
Wenig witziger wort
Vom Buler wern gehört
Darzu all seine Werck
Sind alle vom Gauchberck
Hat Kindische anschleg
Viel sorg die jn beweg
Förcht sich ohn vnterlaß
Jetzung diß, darnach das
Vnd ist auch jmmerzu
Gleich wie ein Kind ohn rhu
Acht keiner scham noch zucht
Leichtfertig vnd verrucht

Nach freud vnd wolluſt tracht
Sittn vnd Tugent veracht
Er acht auch keiner kunſt
Freundſchafft noch gſellſchaft ſunſt
Auch wo er hatt zu ſchaffen
Mit Layen oder Pfaffen
Thut er ſamb hab er eben
Sein ſinn zu waſchen geben
Inn Summa all ſein wandel
Wer jn zu ſtraffen meint
Dem wird er heimlich feind
Wil ſein ohn zaum vnd zügel

Der betrübt.

Was bedeuten die flügel
(Sprach er) an dieſem Kind?

Tichter.

Ich ſprach: Die Buler ſind
Allzeit vnſtät vnd wancken
Mit fliegenden gedancken
Iſt er ein ſtund freud vol
Drey Tag er trawert wol
So er ſein Hertz erquicket
Iſt es noch baß verſtricket
Lieb verkert ſich allzeit
Auß Freud in hertzenleid
Das ſehnen vnd das meiden
Bringt jnnigklich hertzleiden

C 3

Dem Klaffer er offt flucht
Ihn reitt die Eyfersucht
Langweil, schwermütigkeit
Vexiert ihn alle zeit
Als denn er wider hofft
Vnd verkert sich so offt
Vnd nimbt die Lieb ohn rhu
Stät ab vnd wider zu
Gibt viel List vnd renck
Viel Feindschafft vnd gezenk
Offt mit vntrew betreugt
Die Lieb vnd gar hinfleugt
Lieb besteht selten lang.

Der betrübt.

Er sprach: Zu dem außgang
Sag mir, wie es zu geht
Daß das Kind nackend steht?

Tichter.

Ich sprach: Es deut den sitt
Das sich die Lieb gar nit
In dleng verbergen mag
Wann sie kompt an den Tag
Wird offen mit der zeit
Mit all ir heimligkeit
Wiewol mans helt mit sorgen
So heimlich vnd verborgen
Das meint der Buler thumb
Es wiß kein Mensch darumb

So auff ihn durch viel Leuth
Mit fingern wird gedeut
Von jm gesagt vnd gesungen
Dardurch wird er getrungen
Zu mancherley vnglück
Das ihm kompt auf den rück
Von den Menschen vnd Gott
Schand, schaden vnde spot
Die lieb auch bringen thut
Kranckheit vnd Armuth
Also hast du die gloß
Warumb das Kind steh bloß
Sampt aller Eygenschafft
Aufs kürtzt damit behafft
Ein jeder Buler sey.

Der betrübt.

Er sprach: Sag mir darbey
Auch was der bleye poltz
Bedeut des Kindes stoltz.

Tichter.

Ich sprach: Er deut darbey
Der Liebe gwiß Artzney
Wann er verlescht die Lieb
Zu verstehn ich dirs gieb
Wen die Lieb soll verwunden
Derselb so zu den stunden
Den ersten anfang fleucht
Hertz, augen, hend abzeucht

C 4

Der Lieb nit thut nachhengen
Vernänfftig im gedencken
Den vberschweren schaden
Darmit er werd beladen
An Seel, Leib, Ehr vnd gut
An hertzen, sinn vnd muth
Von kurtzer freude wegen
So man in lieb thut pflegen
Wie auch die Weisen alten
Die Lieb für schedlich halten
Diogenes argwönig
Nennt Lieb vergifftes Hönig
Petrarchus nennts allzeit
Ein süsse bitterkeit
Darburch Alten vnd Jungen
Ohn zal hat misselungen
Schaw wer die ding betracht
Derselb viel Lieb veracht
Das sie jn nit macht wund
Bleibt von jr frisch vnd gsund
Vnd wer sie hett im Hauß
Treibt sie bald wider auß
Als ein schedlichen Gast.

Der betrübt.

Er sprach: Gesell wie hast
Du mich so sanfft erquicket
Gott hat dich her geschicket
Zu mir auff diesen morgen

In mein ängſtlichen ſorgen
Haſt mir geſagt fürwar
All mein gebrechen gar
Die ich inn lieb erlitt
Nun geh du hin im fried
Gott danck dir alle ſtund
Du haſt mich gmachet gſund
Durch dein getrewe lehr
Der Lieb ich forthin mehr
Will gentzlich vrlaub geben
Dieweil ich hab mein leben
Vnd ander Leut auch warne
Vor den ſchedlichen Garnen
Der Lieb vnd jrer harter
Vnaußſprechlichen marter
Auff das ſie niemand wachs
Biß int Eh wünſcht H. Sachs.

Anno Salutis, M. D. XLVII.
    Am erſten Tags May.

Der schnöde Argkwon.

Als ich jnn Jungen Tagen
Einer Jungkfrawen huld hett tragen
Von gantzem meinem hertzen
Mit seniglichem schmertzen
Allein in zucht vnd ehrn
Deß ich mich nit kund wehrn
Denk es khem vom geblüt
Vnd einerley gemüt
Der, welche ich lieb hett
Jedoch verschonen thet
Ihr Jungkfrewlichen ehrn
Jnn kein weg zu verseern
Macht jrs nie offenbar
Fast auff ein halbes Jar
Mein lieb verborgen trug
Biß ein vnfall zu schlug
Weil sonst ein Jüngling scharff
Sein augen auff sie warff
Vnd sich zu jr gesellet
Sie offt zu rede stellet
Das ich eins mals ersach
Mit leid mein hertz durchbrach
Mich thet heimlich erbarmen
Der einfeltigen Armen,
In Eyfer wurd bewegt
Mein trew ich jr entdeckt

Diese Jungkfraw zu warnen
Vor den listigen Garnen
Deß ihren Ehrenfeind
Der sie zu tringen meint
Vmb jr, scham, zucht vnd ehr
Wiewol sie laugnet sehr
Macht darauß einen schertz
Hett ein Jung frölich hertz
Doch ich sie an viel orten
Bezeugt mit scharpfen worten
Ihr all gfahr offenbart
Vnd bat gar sehr vnd hart
Der Ding müssig zu gehn
Sie thets nit als verstehn
Was gfahr wer bey den Gsellen
So den Jungfrawen nachstellen
An dhand sie mirs verhieß
Doch das nit gentzlich ließ
Also ließ ich mich dunken
Von Eyfer war ich trunken
Ich hett kein rast noch rüh
Tag vnd Nacht, spat vnd fru
Wand ich mich hin vnd her
Ließ manchen seufftzen schwer
Hefftig ich ihr nachspürt
Auf das gejrret würd
Der schleichend Wölffisch Fuchs
Mein eyfer grösset wuchs.

Wo ich jn sah vnd hort
Macht all sein werck vnd wort
Mir ein blutiges hertz.
Inn solchem bittern schmertz
Lag ich offt inn der Nacht
Vnd innigklich gedacht
Wie komb ich inn das spiel
Das ich so bitter viel
Hab leydens bis inn tod
Doch mir on nutz vnd not
Viel leicht ohn lohn vnd danck
Hett inn mir gleich ein zanck
Als sollt ichs lassen gschehen.
Mein hertz thet wider jehen
Ich kan sie je nicht hassen.
Inn solcher gfahr verlassen
Selbander nicht lieb haben
Ich wolt, ich wer begraben
Solch zanck, hader vnd streit
Werd offt ein Nechtlich zeit
On allen schlaff vnd rhu
Eins Nachts giengen mir zu
Mein augen sanfft zu schlummen
Mich daucht ich sech herkummen
Ein grosses Altes Weib
Starck vnd vnfüg von Leib
Hielt für ein prillen glas
Dardurch ich sehen was

Alle ding groß vnd schwer
Vol trügnuß vnd gefär
Sie braucht noch mehr ein schalck
Wann sie hett ein blaßbalg
Bließ mir inn beyde Ohren
Das mir gleich einem Thoren
Beyd Ohren gunden sausen
Erst ward mir ob je grawse
Sie sah mich dückisch an
Vnd trutzig vor mir stan
Nach dem fiel sie auff mich
Truckt mich so hertiglich
Verstummiet ward mein mund
Das ich nit schreyen kund,
Ich dacht in vngedult
Es wer leicht ein Vnhuld
Und macht ein Creutz für mich
Das Weib sprach: Wiß das ich
Bin der trüglich argwon
Der nichts außrichten kan
Denn das ichs hertz betreug
Auff ein wohn zeuch vnd beug
Mach durch ein schlechte gleichnuß
Gar ein gewaltige zeichnuß
Samb sey es gewiß vnd war
Dran offt ist nichtsen gar
Die augen blendt mein kunst
Mit einem blawen dunst

Samb man vil merck vnd sech
Wie diß vnd jenes geschech
Der offt im grund nichts ist
Dann Fantasey vnd list
Dergleich macht frü vnd spat
Die Ohren dünn vnd mat
Mein argwönisch einblasen
Als man hör aller masen
Das, so ich der Argwon
Vor eingeblasen hon
Als denn man mir nachfragt
Nachforschet, schaut vnd jagt
Daruon wird ich erst starck
Durchtring fleisch, pein vnd marck
Ich schwech krafft, macht vnd sinn
Wo ich einwurtz vnd brinn
Mach ich langweilig zeit
Im hertzen manchen streit
Wird ich gleich vberwunden
Das ich wird falsch gefunden
Vnd gar wird trieben auß
So schleich ich umb das hauß
Thu offt gewaltig eintringen
Schaw zu mit diesen dingen
Hab ich offt inn verdacht
Manch frommen Menschen bracht
Der schmach hat müssen bulden
Doch mit seinen vnschulden

Inn manchem weg vnd weiß
Es ist mein müh vnd fleiß
Daß ich vnglück zu richt
Ich sprach: du bist entwicht
Bald hin zum Teuffel fahr
Geh meins Hauß müssig gar
Inn dem verschwand das gspenst
Vnd ließ auß seinem Wenst
Ein sehr vblen geschmack
Auß dem schlaf ich erschrack
Vnd wurd mundter daruon
Dacht, wie ist der argwon
So gar ein schnöder Gast
Lest weder rhu noch rast
Wo er wohnt in eim Hauß
Lag also vnd sahu auß
Ein köstlich artzeney
Wie doch zu helffen sey
Wo im Menschlichem wandel
Durchauß in allem handel
Bald argwon sich wil regen
Sol man jm stehn entgegen
Vnd meiden all vrsach
Was diesen argwon mach
Beyde an wort vnd that
So wird der argwon mat
Muß selber spötlich weichen
Vngeend auß hin schleichen

Jedoch ein Herschafft sol
Auffschawen allzeit wol
Wie es steh inn dem Hauß
All winkel spehen auß
Das nichts vnrechts geschech
Wo man etwas versech
So geb man jn die schuld
Das sies hetten gedult
Derhalb wird durch die frommen
Manch schaden vnterkommen
Durch fleissig hut vnd wach
Wiewol das sprichwort jach:
Das sey die beste hut
Die jm der Mensch selb thut
Doch hat man offt erfarn
Witz kommet nit vor Jarn
Derhalb sol man dermassen
Trewe hut nit ablassen
Auf das man auch meid fein
Ein jeden bösen schein
Darburch manchem anklebt
Ein böß gschrey weil es lebt
Das durch ein trewen frommen
Wirt leichtlich vnterkommen.
Trewe warnung ist gut
Wol dem der volgen thut
Dem kommet es zu nutz
An Leib, Ehr, gut zu schutz

Das denn nach langen Tagen
Dem lob vnd danck wird sagen
Der es vor gfehrlichkeit
Hat bhüt inn Jugendzeit
Das vns kein verath wachs
Durch arwou wünscht H. S.
Anno Salutis, M. D. XLIIII.
Am XXX. Tag May.

Des veriagten Frids Klagredt, vber alle ſtendt der Welt.

Redt ein Klagredt der Neun Mufe oder künſt vber Teudtſchlandt.

Im Mayen gieng ich auß nach würtzen
Zu Ertzney, vnd kam inn kürtzen
Für einen wald barinnen lag
Ein hoch gebirg, nu war die ſag
Wie barauff köſtlich birg kraut ſtund
Des gleych man ſunſt im land nicht fund
Auch wer auff dem gebirge gros
Geſtanden ein alt Haydniſch ſchlos
Inn grundt zerſtöret vor vil jaren
Von Nerone auch het erfaren
Gar mancher man gros abenthewer
Inn dieſer alten burg gemewer

Vil schetz wurden auch da gefunden
Begirlich war ich vberwunden
Zu schawen auch die wunder werck
Vnd gieng hinein bis an den berck
Der was abheng an einer seytn
Vnmöglich zu gehn noch zu reytn
Die ander seyt auch vngelachsen
Mit Bronper stauden gar verwachsen
Sticket vnwegsam aller ding
Der mas ich jn ringweyß vmb gieng
Biß ich doch endtlich fand ein steglein
Vber ein klufft dasselbig weglein
Trug mich auff wertz durch die stein schrofn
Vber den steyg die Eber loffn
Vnd sich verschluffn inn die stauden
Also schlich ich auff wertz mit schnauben
Vil seltzam krum, jetzt hin dann her
Als obs der Berg Olympus wer
Gar vber hoch bis auff den spitz
Vnd als ich den erreychet jetz
Fundt ich oben auff weitn plan
Das zerfallen gemewer stan
Groß haufln merbl seulen vnd quader
Daraus vnd ein schloffn die Mader
Auch hettn drin die Füchs jr nest
Dreitze schü dick war die grund fest
Mit büren gstreus verwasn als
Im mittel aber stund nochmals.

Ein zirckel rund gemewer doch
Vmbfangen weyt drey klaffter hoch
Von bildwerck meysterlich ergrabn
Mit gwechs vnd kriegischen buchstabn
Neher gieng ich zu schawen das
Der würtz vnd kraüter ich vergas
Inn dem da hört ich etwas lechtsen
Kleglicher weys, seufftzen vnd echtsen
Vor schreckn ich empor auffhupfft
Mein hertz vor engsten klopft vnd zupfft
Vor ein gespenst ich mich besorgt
Also erschlutzt inn grosser forcht
Schlich der stym nach, vnd fund inn trawren
Sitzen inn dieser runden mauren
Inn güldem stück ein herrlich weyb
Gezirt mit Adelichem leyb
Von Olbaum bletter war jr krantz
Sie aber sas betrübet gantz
Jr haubt inn die Hendt geneyget
Waynent gantz trostloß sich erzeyget
Bey jr sach ich auff grünen wasen
Ein gantz schneweysses Lemblein grasen
Ich sprach fraw wolgeporner ahrt
Wie sitzt jr so vnmütig hart
Einig jnn dieser wüsten wildt
Baldt andtwordt mir das weiblich bildt
Der gantzen welbt bin ich verjaget
Ich sprach zu jr, O Fraw mir saget

Wer seyt jr, vnd ſie ſprach ich bin
Fraw Par, die fridſam Künigin
Bald fiel ich niber auff ein knie
O edler ſchatz, find ich dich hie
Ich dacht du werſt bey groſſen Herren
Sie ſprach ich hab erſucht von ferren
Kayſer, König, Herzog vnd Fürſten
Der vil laſſen nach Blut ſich dürſten
Vnd füren groß verderblich krieg
Inn wandelbarem glück vnd ſieg
On not, auß vbermut allein
Gros Tyranney war inn gemein
Derhalb ich raumen muſt jr landt
Auch verſucht ich den Gayſtling ſtandt
Der war inn ſeiner leer zerſpalten
Kein theyl wars mit dem andern halten
Mit ſchreiben gen einander ſtürmbten
Im glauben alſo irrig ſchwirmbten
Je lenger wurden mehr parthey
Grieffen entlich zu Mörderey
Vnuerſchembt Tyranniſcher art
Alſo ich auch verjaget wart
Da erſucht ich die Burgerſchafft
Ob ich möcht ſein bey in wonhafft
Aber da fandt ich wenig rhu
Auß neyd ſetzt je der Abel zu
Muſten ſtets greiffn zu den waffen
An zal vil vbeltheter ſtraffen

Bey jn erhub sich vil vnfur
Vngehorsam vnd gros auff rhur
Also ich auch von je empfloch
Vnd mich zu den Kauff leuten zoch
Fand vnrwig all jren handel
Vnsicher, gferlich jren wandel
Mörder vnd Rauber je zu setzen
Jnn kauffen selbst einander letzen
Die schuld einander thetn empfüren
Warffen einander inn die thüren
Bey je ich gar kein rhw mecht han
Vnd keret zu dem Handwercksman
Hilff Gott da fandt ich ein gros neidn
Das Brodt einander form maul abschneiden
Welcher mocht bas, der von auch bas
Vnd zancketen on vnterlas
Weiter mer dann inn andern stentn
Bald thet ich mich zun Bawern wenden
Die fand ich auff einander bissig
Vntrew, vortheylhafftig vnd spissig
Leyb, gut, ehr einander bescheding
Durch flucht wardt ich mich von jn ledign
Ersuchet auch den standt der Ehe
Erst fandt ich zancks vnd zwietracht mhe
Widerwilln, schlahn vnd rauffen
Das ich auch von jn must entkauffn
Darnach kert ich zu den Nachparen
Die etwan eins vnd fridlich waren

Da fandt ich nachreden vnd liegen
Ein schentn palgen vnd ein kriegen
Ich floch vnd haymsuchet die frawen
Eyn thron des fribs bey jn zu bawen
Da fand ich ein scheltn vnd katzn
Eyn solchs hin vnd wider schwatzn
Ich floch vnd ersucht' die mans bilder
Die fand ich grausamer vnd wilder
Bartet mit zerhacktem gewandt
Die alle mit gewerter handt
Grollendt, murrendt vnd wider willig
Flüchting füs ich setzet billig
Sucht mein heyl bei den Jungen gseln
Die thethn sich gar kriegisch steln
Die fandt ich auch mit grossm hauffn
Inn krieg zu jrm verderbn lauffn
Gleych wie der Ochs zu der schlag penck
Ich floch von jn was ingedenck
Der Thorheyt gros, vnd kam ans Gricht
Da wardt kein endt des habers nicht
Ein Aydtschwern vnd wider fechtn
Bald floch ich wider von dem Rechten
Vnd suchet bey der gselschafft rhu
Da trug sich erst vil vnrats zu
Da hiebens an einander lam
Von den ich zu dem spile kam
Da wardt zürnen, fluchn vnd pochen
Inn grimmikeyt jr vil erstochn

Von dem floch ich vnd kam mit eyl
Mein rhu zu suchn bey kurtzweyl
Bey stechen, fechtn, ringen, springen
Bey schiessn, Dantzen, mayster singen
Da müscht sich grosse zwitracht ein
Ir jeder welt der besser sein
Da fandt ich jederman so arck
Sucht ich mein rhu auff freyem marck
In versamlung allerley gschlecht
Vnd höret zu jrem geprecht
Da waren all jr newe mehr
Von krieg vnd blut vergiessen her
Darob alles volck thet frolocken
Erst ging ich traurich vnd erschrockn
Verjagt von allen menschn kindn
Bey den ich gar kein rhu mocht findn
Hierauff inn diese wüste öd
Verlies die aygn welte schnödt
Die alle war so blindt begirdig
Vnd meiner bey wonung nie wirdig
Welche ist wunsam vnd holdselig
Den göttern vnd menschen gesellig
Das Christus selb auff diese Erden
Woldt inn den fridt geborn werden
Den fridt verkündt inn seinr geburt
Ein fridt fürst er genennet wurdt
Er vnd sein Jünger den fridt allwegn
Wünschtn dem volck zu einem segn

Wenn Gott auch wolt sein volck begabn
Verhies er in den frid zu habn
Durch frid sein alle Reych auffkummen
Groß mechtig wordn zugenummen
Noch hat mich die falsch Welt vertriebn
Vnd thun den Krige für mich lieben
Der doch ist ein erschröcklich plag
Gottes, nach aller schrifftn sag
So Gott sünd straffn will auff Erdt
Drott er vnd schicket jr das schwerdt
Noch ist die weldt so toll vnd blindt
Eygens verderben nicht empfindt
Ficht mit dem schwerdt vnnd mit verbirbt
Inn jrem würgen sie erstirbt
Das macht der Welt Fürst Satanas
Der von anfang ein Mörder was
Krieg hat schir alle Reych zerstört
Wie man inn den Chroniken hört
Als Chaldea, Assyria
Egipten vnd auch Gretta
Medea der gleych Persia
Macedonia vnd Juda
Auch die gweltigsten stet mit nam
Troia, Jerusalem vnd Rom
Fürcht des noch dem Römischen Reych
Geschehen werden auch des geleych
Wie ander, durch Krieg werdt zertrümmert
Ich sprach, ach Kumb sey vnbekümmert

Frbt

Fridtsam herschafft findst noch auff erdt
Die dich noch halten lieb vnd werdt
Sie sprach platz het ich bey ir vilen
Weyl man jn thut nach jrem willen
So fünd mein duftig Lemblein wayd
Bald man jn aber thut ein laydt
Seind sie im Harnisch vnd endtricht
Kein bleibn hab ich bey den nicht
Ich sprach jr vil die tragen huld
Deinthalb offt leyden mit geduld
Sie sprach die selben nach mir schreien
Ich kan jn aber nicht gedeyen
Die erbarmen mich inn dem hertzn
Ir feindt tringt sie inn krieges schmertzn
Wie man spricht, keines frides zyl
Hat lenget, wenn sein Nachpaur will
Des hab ich nirgendt kein bestandt
Biß krieg verderbet Lewt vnd Landt
Denn wirdt die welt erst mein begern
So mag ich jhr dann auch nit wern
Auff Erden kum ich nymmer nider
Ich sprach eyniger trost kumm wider
Mach eynigkeyt wann man dein gerdt
Sie sprach wenn ich gleych kumm auff Erdt
Vnd machet frid vnd eynigkeyt
Helt man doch den ein kleine Zeyt
Verschreibung, Bündtnus vnd Aidspflicht
Die welt so vnuerschemet ficht

D

Das es mich thut im hertzu tawren
Des will ich inn der öben Mauren
Erwarten hie inn weinn v.idt klag
Den zukünfftigen letzten tag
Welcher gar naht bringet herbey
Weyl man hört so gros kriegs geschrey
Als den ich vor dem strengen Richter
Anklag die bluting Bößwichter
Die mich jagen inn diß ellendt
Der wird Gott machen gar ein endt
Mit Satane jrem vorgeer
Dargegen mich vnd mein beysteer
Gottes kinder die frib: fertigen
Erheben vnd lassen gesigen
Vns mit ewign frid bekrönen
Inn seynen hymelischen thrönen
Nach dem sie mir jr hende bodt
Sprach geh hin im fridt; bewar dich Gott
Traurig gieng ich den Berg herunder
Vnd dacht erst nemet mich nit wunder
Das fridt auff erden ist so thewer
Weyl er wont inn dem öden gmewer
Von aller weldt ellendt verjaget
Wiewol ein altes sprichwordt saget
Krieg sey lästig dem vnerfarnen
Auch saget Thulius vor jaren
Kein Krieg sei löblich anzufangen
Der der damit fridt zuerlangen

Beſſer iſt ein gedultig man
Wann der ſein geiſt nit haltn kan
Spricht der weyß, Chriſtus ſpricht die erdn
Die ſenfftmütig beſitzen werdn
Petrus heiſt vns auch inn den tagn
Den frid ſuchen vnd im nachjagn
Auch Auguſtinus ſeyner zeyt
Beſchreibt des frides nutzbarkeit
Des noch manch hertz innig begerdt .
Weyl ſein nun iſt die weldt nit werdt]
So wöll vns Gott der Herr doch gebn
Nach dieſem vnfridſamen lebn
Vnd endung alles vngemachs
Ewige frid, das wünſcht Hanns Sachs.

————

Das Schlauraffenland.

Ein gegend heiſt Schlauraffenland,
Den faulen Leuten wolbekannt,
Das ligt drey Meyl hinter Weynachten,
Vnd welcher darein wölle trachten,
Der muſt ſich groſſer ding vermeſſen,
Vnd durch ein Berg mit Hirſchbrey eſſen,
Der iſt wol dreyer Meylen dick,
Als dann iſt er im augenblick
In demſelbing Schlauraffenland,
Da aller Reichthumb iſt bekand,
Da ſind die Häuſer deckt mit Fladen,
Leckkuchen die Hauſzthür vnd Laden,
Von Speckkuchen Dillen vnd Wend,
Die Dröm von ſchweinen Braten ſend,
Vmb jedes Hauſz ſo iſt ein Zaun
Geflochten mit Bratwürſten braun,
Von Maluaſſer ſo ſind die Brunnen,
Kommen eim ſelbs ins Maul gerunnen,
Auff den Tannen wachſen Krapffen,
Wie hie zu Land die Tannzapffen,
Auff Fiechten wachſen bachen ſchnitten,
Eyerplätz thut man von Pircken ſchitten,
Wie Pfifferling wachſen die Flecken,
Die Weintrauben in Dorenhecken,
Auff Weidenkoppen Semmel ſtehn,
Darunter Bäch mit Millich gehn,

Die fallen denn in Bach herab,
Das jederman zu essen hab,
Auch gehn die Visch in den Lachen
Gsotten, braten, gsultzt vnd pachen,
Vnd gehn bey dem gestatt gar nahen,
Lassen sich mit den Händen fahen,
Auch fliegen vmb (möget jr glauben)
Gebraten Hüner, Gänß vnd Tauben,
Wer sie nicht facht, vnd ist so faul,
Dem fliegen sie selbs in das Maul,
Die Säw all Jar gar wol geraten,
Lauffen im Land vmb, sind gebraten,
Jede ein Messer hat im Rück,
Darmit ein jeder schneid ein stück,
Vnd steckt das Messer wider drein,
Die Creutzleß wachsen wie die Stein,
So wachsen Bawern auff den Baumen,
Gleich wie in vnserm Land die Pflaumen,
Wenns zeitig sind so fallens ab,
Jeder in ein par Stifel rab,
Wer Pferd hat wird ein reicher Meyer,
Wann sie legen gantz Körb vol Eyer,
So schütt man auß den Eseln Feign,
Nicht hoch darff man nach Kersen steign
Wie die Schwartzbär sie wachsen thun,
Auch ist in dem Land ein Junckbrunn,
Darinn verjüngen sich die alten,
Vil kürtzweil man im Land ist halten,

D 3

So zu dem zil schiessen die Gäst
Der weitst vom Blat gewinnt das best,
Im lauffen gwinnt der letzt allein
Das Polster schlaffen ist gemein,
Ir Wäydwerck ist mit Flöh vnd Leusen,
Mit Wantzen, Ratzen vnd mit Mäusen,
Auch ist im Land gut Gelt gewinnen,
Wer sehr faul ist vnd schlefft darinnen,
Dem gibt man von der stund zwen Pfennig,
Er schlaff ir gleich vil oder wenig,
Ein Furtz gilt einen Bingen haller,
Drey grötzer ein Joachims Thaler,
Vnd welcher da sein Gelt verspilt,
Zwifach man jhm das widergilt,
Vnd welcher auch nicht geren zalt,
Wann die schuld wird eins Jares alt,
So muß jhm jener darzu geben,
Vnd welcher gern wol ist leben,
Dem gibt man von dem trunck ein patzn,
Vnd welcher wol die Leut kan fatzn,
Dem gibt man ein plappart zu lon,
Für ein groß Lügn gibt man ein Cron,
Doch muß sich da hüten ein Mann,
Aller vernunfft ganz müssig gahn,
Wer sinn vnd witz gebrauchen wolt,
Dem würd kein Mensch im Lande hold,
Vnd wer gern arbeit mit der hand,
Dem verbeut mans Schlauraffenland,

Wer zucht vnd Erbarkeit het lieb,
Denselben man deß Lands vertrieb,
Wer vnnütz ist, will nichts nit lehrn,
Der kompt im Land zu grossen ehrn,
Wann wer der fäulest wird erkannt,
Derselb ist König in dem Land,
Wer wüst, wild vnd vnsinnig ist,
Grob vnuerstanden alle frist,
Auß dem macht man im Land ein Fürstn
Wer gern sicht mit Leberwürstn,
Auß dem ein Ritter wird gemacht,
Wer schlüchtisch ist vnd nichtsen acht
Dann Essen, Trincken vnd vil schlafn,
Auß dem macht man im Land ein Grafn,
Wer dölpisch ist vnd nichtsen kan,
Der ist im Land ein Edelman.

    Wer also lebt wie obgenant,
Der ist gut ins Schlauraffenland,
Das von den alten ist erdicht,
Zu straff der Jugend zugericht,
Die gewöhnlich faul ist vnd gefressig,
Vngeschickt, heyloß vnd nachlessig,
Daß mans weiß ins Land zu schlauraffn
Darmit ihr schlüchtisch weiß zu straffn,
Das sie haben auff arbeit acht,
Weil faule weiß nie gutes bracht.

H. S. S.

Anno Salutis, M. D. XXX.

D 4

Ein gesprech zwischen Sanct peter vnd dem
Herren, von der jetzigen Weldt lauff.

Mehr ein gesprech zwischen eim Waldt=
bruder vnn ein Engel, von dem heim=
lichen gericht Gottes.

Die alten haben uns ein Fabel
Beschrieben zu einer parabel
Dïe doch nit gar an nutz ab get
Wann man den sin darin verstet
Wie Petrus zu dem Herrn drat
In umb ein freundtlich vrlaub bat
Herab zu faren auff die Erdt
Wie jr das hernach hören werdt

Petrus.

Petrus sprach Herr durch all dein güt
Bitt ich dich mit Hertz vnd gemüt
Das mir von dir erlaubet werdt
Hinab zu faren auff die Erdt
Mit meinen freunden mich zuletzn
All meins vnmut mich zuergetzen
Weyl es jetzt gleych vor Faßnacht ist

Der Herr.

Der Herr sprach acht tag hab dir frist
Darinnen hab ein gutten mut
Wie man vnden auff erben thut
Doch komb zugesetzter zeyt her wider.

Petrus.

Also schwang sich Petrus hernider
Auff erdt zu seinen freunden fur.
Von den er schön empfangen wur.
Vnd seine freunde iun gemein
Die fürten in dahin zum wein.
Also Petrus herumbthet wandren
Von einem freunde zu dem andren.
Vnd täglich frölich tranck vnd as.
Darmit des Hymels gar vergas.
Blieb vnden auff der erben ring.
Bis das ein ganz Monat verging.
Vnd an Hymel gedacht nit Ee
Bis jm eins tags der kopff thet we.
Von der füllerey vberflus.
Erst fur auff gen Hymel Petrus.

Der Herr.

Der Herre im entgegen gieng
Vnd Petrum seer freundtlich empfieng.
Wie kumbst so langsam er jn fragt.

Petrus.

Petrus gab andtwordt vnd jm sagt
Ach Herr wir hetten ein guten mut.
Der most was süs wolfeyl vnd gut
Auch ass mir ratseck vnd schweine pratten.
Draid vnd all ding war wolgeratten
Darbey mir dantzten vnde sprungen
Vnd auch in die sackfeiffen sungen

D. 5

Wir warn so frölich aller weyß
Sam wers das irbisch parabeis
Het mich schier gar bey jn versessen.
Meins wider kummens gar vergessen.

Der Herr.

Dg sprach der Herr, Peter sag an
War nit danckbar jedermann
Bey solchem prassen vnd wolleben
Weyl ich auß milter hant hat geben
So vberflüssig gueten most
Fisch, Fögel der gleych anber kost
Wurdt sollichs mir zu lob erkandt

Petrus.

O Herr warlich im gantzen landt
Gedacht bey meim aybt kein mensch dein
Denn nur ein altes weyb allein
Der war hauß vnbe hoff abrunnen
Die schrie zu dir so vnbesunnen
Das jr gleych lachet jederman.

Der Herr.

Der Herr sprach Petre nun gehnau
Widerumb zu der hymel thor
Vnd hüt sein fleissig gleych wie vor
Als nun widerumb kam das jar
Sprach der Herr Petre wilt so far
Wider auff erdt zun freundn dein
Ein monat magstu bey jn sein
Hab ein gutten mut mit wie serdt

Petrus.

Petrus war fro vnd fur auff erdt
Wider zu seinen freunden nieder
Dacht im so baldt kumb ich nit wider
Ein monat zwey so will ich bursirn
Mit meinen freunden jubilirn
Als er nun kam herab zu landt
Die sach er gar viel anderst fandt
Da er sich lies zun freunden nieder
Kert er am dritten tage wieder
Inn Hymel vnd gar sawer sach

Der Herr.

Der Herr entpfinge in vnd sprach
Petre Petre, wie kumbst so bald
Sag an wie hat die sach ein gstaldt
Du kambst fert so bald nit wider

Petrus.

Petrus sprach Herr es hat sich sider
Gantz alles ding verkert auff erdt
Es ist nit kurtzweylig wie ferdt
Wann wein vnd brodt ist gar verdorben
Das arm volck ist schier hungers gstorben
Herumb im landt durch alle grentz
Regiret auch die Pestilentz
Darzu regirt auch in dem landt
Der krig, gfencknus raub mordt vnd prant
Derhalb lebt man nicht mehr im sauß
Jeder man trawrig pleibt zu hauß

Ihr zeyt mit wain vnd seufftzn vertreibn.
Drumb mocht ich nit mehr vnden bleibn
Weyl es so lanckweylig zu get

Der Herr.

Der Herr Petrum wider anredt
Sag Petre weyl denn gantz vnd gar
Das volck so hart geplaget war
Mit pestilentz hunger vnd schwerdt
Vnden vberal auf der erdt
Fraget noch nyemandt nit nach mir

Petrus.

Petrus sprach lieber Herr zu dir
Sewftzet vnd schreiet frw vnd spet
Jung vnde alt mit gmeinem gebet
Vnd bekennen ihr sünd vnd schuld
Vnd biten vmb genad vnd huld
Du wöllest jn genedig sein
Vnd ablassen den zoren dein
Weyl sie nun hertzlich zu dir schreyen
Mein Herr was witu sie den zeyen
Thu dein angsicht pald zu jn wenden
Solch schwere plag miltern vnd enden
Ich bit dich selb du wölst das than

Der Herr.

Der Herr sprach, nun Petre schaw an
Wenn ich thu auff mein milte handt
Vnd schaff dem volcke in dem landt

Gut rw vnd ein fribliche zeyt
Erhalt sie in gutter gsundheyt
Vnd gib jn gut fruchtbar jar
Wein vnd brayd vberflüssig gar
Das alle ding seint gantz wolfeyl
So wird das volck nur frech vnd geyl.
Vergist mein vnd meiner wolthat.
Von dem es doch als gutes hat
Erseufft in wolust, geitz, hoffärt
Vnd helt mir allzeyt widerpart
Inn vnmenschlichen vnd argen sünden
Vnd wo ich jn gleich las verkünden
Mein wordt das Ewangelium
So werden ihr doch wenig frum.
Die sich von sünden keren ab
Vnd reychet in mein milte gab
Welche ich jn gab auß gnaden
Mir zu vnehr, vnd in zu schaden.
Dieweyl sie also bleyben klebn
Darburch in eim sündlichen lebn
Auch dort zu ewigem verdammen.
Derhalb muß ich jn allensammen
Solch milte gab widerumb nemen.
Mit hunger, schwerdt vnnd sterben zemen
Weyl sie durch wolthat von mir fliehen
Muß ich sie beim har zu mir ziehen
Sie plagn, creutzign vnd krencken
Auff das sie auch an mich gedencken.

Bus thun, vnd sich zu mir bekeren
Ihr sündt bekennen vnd mich ehren
Als das warhafftig höhest gut
Das alle Ding zum besten thut
Schaw Petre da merckstu hiebey
Das solch Creutz ist ein Artzeney
Das sündig fleisch darmit zu dempffn
Vnd dem geyst darmit helffen kempffn
Das Gottes forcht in vns auff wachs
In warem glauben wünscht Hans Sachs.

Kampff Gesprech,
das Alter mit der Jugendt.

Einsmals ich inn der Rosenblü
Außgieng an einem morgen frü
Eh wann auffgieng die glentzend Sunn
Zu sehen an des Meyen wunn
Da fand ich Berg vnd tieffe Thal
Die Wäldt vnd Hayden vberal
So reichlichen mit Laub vnd Graß
Vberflüssig gezieret das
Gab als so vber süssen ruch
Ich dacht, Ach Gott wie on gebruch
On mangel, reich, schön, vnd vntadelich
Wie volkommen, wunsam vnd adelich

Seink HERR Gott deiner hende werck
Also kam ich an einem Berg
Durch ein grün blumenreiche Aw
Befeuchtet mit des Himels Taw
An ein wolschmeckend Rosen Hag
Das vol gererter blätlein lag
Das mich trug auffwertz an ein Holtz
Darinn hört ich lautreyſig ſtoltz
Die Vögel ſungen groß vnd klein
Also ſchlich ich gemach hinein
Nur fuß für fuß inn eim gebrecht
Vnd hett gelaſſen auß der echt
Die ſtraß, kam inn ein tieffe klingen
Die wilden Gemßlein ſah ich ſpringen
Hoch inn den Felſen auff vnd niber
Das hoch gewildt trabt hin vnd wider
Je lenger mehr ich mich vergieng
Mein Hertz zu klopffen anefieng
Gedacht, ich möcht durch mein ſpaziern
Verderben von den wilden Thiern
Hoch auff ein ſchrofen ich da ſtundt
Vnd ſah vmb mich ſo ferr ich kundt
In dem erſchein ſehr weit dort jnnen
Ein groß Tachwerk mit güldin Zinnen
Dem eilt ich zu biß das ich fundt
Verwachſen dick in einem grundt
Mit ſtauden, einen alten Tempel
Erbaut nach Heydniſchem Exempel

Mit seulen, nach Römischer art
Als der Tempel Diane wardt.
Mit Mermelstein vnd. bleyem Tach
Das daucht mich gar ein frembde sach
Weil ich an diesem wüsten ort
Von keim Tempel nie hett gehort.
Ich schlich hinnein, zu schawen ferr
Inn dem Tempel Behausung wer.
Kein Menschlich Bildt fundt ich darinnen
Jedoch sah ich drey Lampen brinnen
Vnd in dem Chor ein Thron bedeckt
Mit Teppich, vnd darauff gelegt
Drey Küß von rotem Sammat Tuch
Gut Weyrauch auff dem Altar ruch
Mein hertz bj sprung vor grossem wunder
Ich aber stellet mich besunder
Inn dem Tempel inn ein abseitn
Was da wolt werden zu erpeitn
Schmog mich also inn stillem lauschen
Inn dem hört ich mit stillem rauschen
Durch das Gestreuß in Tempel gan
Drey herrlich Göttinn wolgethan
Inn seiden grün die ein gezieret
Schön, Jung, zertlich Geliebtmasseret
Inn roter seyden war die ander
Geziert gantz köstlich mit einander
Viertzig järig, tapffrer gestalt
Die dritt in schwartz an Jaren alt

All drey sich sezten in dem Chor
Auff diesen Thron gemeldet vor
Vnd hetten ein vergulten Rocken
Daran die außerwelten Tocken
Spunnen, die Jüngst den Rocken hielt
Die ander zog den Faden milt
Aber die Alt brach jn entzwey
Ich dacht, das sindt die Göttin drey
Cloto, Lachesis, Antropos
Daruon Ouidius der groß
Schreibt, wie sie dem menschlichen leben
Anfang, mittel vnd endung geben
Ich dacht, was wunders will da werden
Nie liebers ich erlebt auff Erden
Nachdem sah ich hinein lautreissig
Trettein ein Jüngeling geschmeissig
In grünem Kleydt höflich zerschnitten
Geschmuckt nach Adelichen sitten
Mit Rosen krönt auff krausem Har
Ich sah wol da die Jugendt war
Durstig für die drey Göttin trat
Vnd sie gar trutzigklich erbat
Das von jn würde außgeschickt
In alle Reich ein schwer Edict
Das Alter von Menschlichem gschlecht
Zu treiben bey der höchsten echt.

Die ein Göttin sprach.

Ein Göttin sprach: Jugendt du weist
Das Keyserliche Recht, das heist
Niemand vnuerhöret verdammen
Kein vrtheil mög wir alle sammen
Jetzt fellen, doch verzeuch ein weil
Biß man verhör dein Gegentheil
Wie vnd warumb, wo vnd auch wenn
Auß dem ein wär vrtheil erkenn
In dem hört ich drey Cymbaln klencken
Die ich sah ob den Göttin hencken
Nachdem hört ich gemachsam scherffeln
Ein durch des Tempels Pforten serffeln
Ein vralten eißgrawen Mann
Gebucket an eim steblein gan
Zittrent, dürr vnd gerumpfen gar
Sein gantzer leib todtfärbig war
Derselb sich vor den Göttin neiget
Von den jm wardt baldt angezeiget
Wie jn die Jugendt wolt beklagen
Das man jn auß der Welt solt jagen.

Das Alter.

Das Alter sprach: Hie solt jr hören
Wie vnbillich sich thut entpören
Die tolle jugendt wider mich
Die doch nie wardt als gut als ich
Das ich mit Cicero beweiß
Der gibt Alter für Jugendt preiß

Doch folt jr fellen den fententz
Auß vnfer beyder Experientz
Klag an was klagst du vber mich.

Die Jugendt.

Jugendt sprach: Jch beklage dich
Wie Salinator dich beklaget
Vnd von dir wirdt so hart geplaget
Die blüendt Jugendt vnd betaubet
All jr freudt vnd wolluft beraubet
Jhr schön vnd sterck vnd alles guts
Jhr krafft vnd macht vnd freyen muts
Für das bringst du jr mit der zeit
On zal mancherley Brechligkeit
Groß Kopffweh vnd ein schwindlet Hirn
Ein kal Haupt, geruntzelte stirn
Tunckle augen, saufende Ohrn
Sinn vnd Gedechtnus halb verlorn
Ein bleichen Mundt voller zanlucken
Rinnend Bein, ein bogen rucken
Husten vnd reispern vbermassen
Böß trieffende Augen vnd Nasen
Zittrendt, vnluft, rewden vnd kretz
Alter sich an das sindt dein schetz
Die du Bringest der Jugendt her
Derhalb ist mein Bitt vnd beger
Das man dich sol des Lands vertreiben.

Das Alter.

Das Alter sprach: Wo wilt du bleibn
Wie vnlustig ist dein anfang
Wie gebrechlich ist dein außgang
Von Mutterleib nackend vnd hülfloß
Gantz dürftig, ellendt vnde bloß
Weinend, seuffznd, stumm, kranck vnd mat
Verdorben werst in deim vnflat
Wer Alter dir zu hülff nit kommen
Inn nöten sich dein angenommen
Mit wischen, waschen, baden, zwagen
Mit seugen, ätzen, legen, tragen
Mit Betten, kleyden vnd dergleichen
Zu notturfft all andern Handtreichen
Sag an was Brechen vnd gefahr
Erleidst biß in das zehend Jar
Derhalb bin ich Alter noch tüglicher
Wann du Jugend am Leib vermüglicher
On brechen wurd alt Metellus
Moses, Zeno vnd König Cyrus
Billich werst zu vertreiben du.

Die Jugendt.

Jugendt sprach: Ich nimm aber zu
An schön vnd gstalt, vnd bin auff Erdt
Bey allen Creaturen werdt
Subtil vnd zart Geliedtmasiret
On tadel röselicht gezieret.

Gleich wie des Mayen wun gestalt
Du bist gleich dem Winter kalt
Verderrt, verschmorret gleich sim Affen
Als Medusa schröcklich, vngschaffen
Des geht Jugendt dem Alter vor.

Das Alter.

Alter sprach: O du grosser Thor
Sag an, ist nicht dein schön anblick
Dir selb ein geferlicher strick
Dardurch Dina kam vmb ir Ehr
Lucretia vnd ander mehr
Was ist dein schön, sag an du Jugendt
Wann ein Bildt on Vernunfft vnd Tugendt
Ein reitzung zu laster vnd schandt
Vnd wandelbar gantz on bestandt
Felt wie ein Roß in jrer Blüt
Aber ein verstendig gemüt
Als ich das Alter hab in mir
Ist ein tausentfeltige zier
Hast du nicht Socratem den Weysen
Vom Gott Apollo hören preisen
Für Helenam das schöuest Weib
Weist nicht wie Salomo beschreib
Wie leiblich schön so eytel sey.

Die Jugendt.

Jugendt sprach: Ich bin doch darbey
Freundlich, lieblich, wunsam, holdtseltg
Den Göttern vnd Menschen gesellig

Jedermann begeret mey
Wie des Apffels discordie
So bist du feindtselig vnd grentisch
Seltzam, wunderlich, gronat, endtisch
Allzeit murrisch als ein Maußkater
Als ob Saturnus sey dein Vatter
Dein Beywonung die ist veracht.

Das Alter.

Alter sprach: Ja dasselbig macht
Du Jugendt bist vngschickt, vnachtsam
On sinn vnd witz faul vnd vnwachtsam
On fleiß, vnkünnend, vnuerstendig
Von allem guten gar abwendig
Vnd nur auff lauter böß geneiget
Wie Mose dir klärlich anzeiget
So dich darumb das Alter strafft
Ermant, lehrt, züchtigt, zeucht vnn zäfft
So wirdst du dann darob vnwillig
Meinst dir geschech vnrecht vnd vnbillig
Vnd wirst darob dem Alter feindt
Als in Neroni wol erscheint
Der Senecäm erwürgen thet
Der jn Kindtsweiß gezüchtigt hett
Wo das Alter nit strafft die Jugendt
Wüchs es auff in aller vntugendt
Wie man von den Sünn Eli list.

Die Jugendt.

Die Jugendt sprach: Die Jugendt ist

Weich, lindt, gelenk, left sich leicht biegen
Vnd thut sich vor der Ruthen schmiegen
Man zeucht jr baldt ab jr vnart
Du Alter heltst stät widerpart
Thust all ding mit gewalt vnd freflich
Wilt deiner ding sein gantz vnstreflich
Als du sichst an den zweyen Richtern
Susanne, den alten Bößwichtern
Alt Hundt sindt böß bendig zu machen
Des dörffst du auch zu deinen sachen
Der straff geleich so wol als ich.

Das Alter.

Das Alter sprach: Jugend merck du mich
Ich leb nach der Bescheidenheit
Findt ich an mir ein Brechligkeit
Straff ich mich selb, das ist die gut
Straff die jm der Mensch selber thut
Als Fabius jm sein vnthat
Meisterlich selb abzogen hat
Vnd sich fürbaß vbet in Tugendt.

Die Jugendt.

Zum Alter sprach wider die Jugendt:
Weist nit das ein alt sprichwort gicht
Alter helff für kein Thorheit nicht
Als Loth vnd Noe wol beweisen
Wiewol du dich selb hoch thust preisen
Samb hast kein Wasser nie betrübet
Was du in Jugendt hast geübet

Verbringſt du auch im Alter nur
Gewonheit iſt ein andre Natur
Weß wilt du dann erheben dich
Du biſt gleich ſo arg als ich
Biſt mir ein ſchwerer vberlaſt
Vnd warlich ein vnwerder Gaſt
All tag man deines Todts begert.

Das Alter.

Alter ſprach: Du biſt auch vnwerdt
Wann du biſt wüſt vnd vngeraten
Vnd lebſt ſchenblich in wort vnd thaten
Allein zu ſchaden vnd verderben
Das man dich auch ſicht geren ſterben
Wie Brutus der alt Römer frumm
Ließ Tytum vnd Tyberium
Beyd ſöhn würgen vmb jr ſchalckheit

Die Jugendt.

Jugendt ſprach: Ob ich etlich zeit
Mich gleich gröblich verbubet hab
Thu ich michs mit der zeit doch ab
Wie Africanus, wann noth heut
Werden auß Buben auch noch leut
Wann ich bin ſtarck vnd wol vermüglich
Zu Arbeit vnd Weißheit noch tüglich
Du aber thuſt nichts dann du ſöchelſt
An einer Hennen ſtatt vmbkröchelſt
Vnd nimpſt auch täglich immer ab
Wie Thitanus biß in dein Grab

All

All Hoffnūng ist mit dir versaumpt
Verwalten kanst kein herrlich Ampt
Bist auch zu keiner Arbeit nütz
Des ist man dein gar yberdrütz
Allein ist man dein sterbens hoffen.

Das Alter.

Das Alter sprach: Wie hast das troffen
Rümbst dich deiner Gsundheit vnd sterck
Die sind doch wandelbar das merck
Milo war starck, doch jm zu schaden
Bin ich mit schwachheit gleich beladen,
So bin ich dest stercker an sinnen
Welche dir Jugend noch zerrinnen
Apius blindt vnd also Alter:
War ein ordnlich weyser Stadthalter
Massinissa der König dergleich
Regiert vralt sein Königreich
Also das Alter schwach vnd kranck
Müssig sitzendt auff einer Banck
Ist nützer inn seinen geschäfften
Wann du Jugendt mit deinen krefften
Das du mich offt darumb thust neiden.

Die Jugendt.

Jugendt sprach: Des must du offt leiden
Das man dich darob schendt vnn schmecht
Vnbill must leiden wider recht
Jedem vnter den Füssen liegen
Vnd wie Diogenes dich schmiegen

E

Wann du bist forchtsam vnd verzagt
Ich bin der alle Kühheit wagt
Der sich an seinem feindt kan rechen
Vnd gwalt mit gegen gwalt kan brechen
Als Paris thet vnd Achilles.

Das Alter.

Alter sprach: Hör wie ich außmeß
Dein Kühheit vnd Großmütigkeit
Ist es ein frech verwegenheit
Die dich inn alles vnglück fürt
Am Marco Curcio man spürt
Hörst nit ein altes sprichwort sagen
Die guten Fechter wern erschlagen
Als man von Hectore auch list
Auff gantzer Häut gut schlaffen ist
Besser ist ein gedultig Mann
Wan der nit übersehen kann
Des bin ich ruhig vnd fein sittsam
Mit jedermann einig vnd friedsam
Das arg ich vberwindt mit gut
Doch wer mir freflich schaden thut
Rechtlich ich das an jm erhol.

Die Jugendt.

Jugendt die sprach: So merck ich wol
Du taugst auch nit zu feldt in Krieg
Zu erlangen Triumph vnd sieg
Allein wilt mit dein Feinden rechten
Vnd mit Feder vnd Tinten fechten

Vnd teglich auff dein Polster leist
Da ißt vnd trinkst, schlaffest vnd kreist
Ich muß mit Heldenreicher Handt
Beschützen beide Leuth vnd Landt
Als Romulus vnd Julius
Xerxes vnd Keyser Augustus
Hannibal vnd König Alexander
Deinthalb leg es als mit einander
Ehr, Leib vnd Gut auff einen tag.

Das Alter.

Das Alter sprach: Ach lieber sag
Hat nicht ein alter weyser Mann
Offt mehr wann Junger tausent than
An den Feinden mit listigkeit
Durch gut anschleg vnd sein Weyßheit
Durch Weyßheit hat der alt Cato
Gewonnen die Stadt Carthago
Quintus Fabius vnd vil mehr
Alter im Krieg erlangten Ehr
Nestor drey Menschen Alter hett
Den Aiagem man preisen thet
Der doch ein bhrümbter Fechter war
Also noch heut vnd Jmmerdar
Bist Jugendt offt im Krieg zu frech
Zu begierig, thumm vnd zu gech
Darburch du offt das schiff verfürst
Wie du bey Flaminio spürst
Mein Weyßheit ist vber dein sterck.

E 2

Die Jugendt.

Jugendt sprach zu dem Alter: Merck
An Weißheit geht mir auch nit ab
Weil ich in meinen Büchern hab
Philosophiam vnd auch sunst
Histori vnd auch ander Kunst
Zum Regiment vnd Policey
Hab ich ein gantze Liberey
Da mag ich alle ding erfaren.

Das Alter.

Alter sprach: Haben nicht vor Jaren
Die Alten deine Bücher gschriben
Inn jrem Alter vberbliben
Als Pythagoras vnd Plato
Valerius vnd Cicero
Tytus Liuius vnd all die
Gschichtschreiber vnd Philosophi
Die du mit vnuerstandt thust lesen
Ich hab inn mir der Weyßheit wesen
Durch die Erfarung langer zeit
Hab ich ein lautre Wissenheit
Ein guter redt, scharpffer verstendtnus
Auffmerckig vnd klarer erkenntnus
Derhalben wirdt ich fürgestelt
Dir Jugendt weit vnd ausserwelt
Aber Landt vnd Leut zu regieren
Durch Gsetz, Statut vnd ordiniren

Inn Friedt Eynigkeit zu erhalten
Das du Jugendt nit kanst verwalten
Weil man bey Salomoni list.
Weh dem Landt, welches König ist
Ein Kindt, wann es muß gehn zu grundt
Wardt an Jeroebam wol kundt
Vnd ander mehr jungen Regenten.

Die Jugendt.

Die Jugent sprach: Wz thust mich schendn
Obgleich das Regiment heltst du
Vnd hast auch grosse schetz darzu
So bist du doch geitzig vnd karg
Wie Tantalus vnd Mydas arg
Vnd fürchtest stett dir werd zerrinnen
Du kratzt vnd wilt noch mehr gewinnen
Vnn wird vil Volcks durch dich beschwerd
Vnd bist bey jedermann vnwerdt
Heist dich ein filtz vnd nagenranfft
Ich aber leb zertlich vnd sanfft
Bin milt vnd werd bey jedermann.

Das Alter.

Alter sprach: O Jugendt sich an
Wenn du so gar vnordnlich lebst
Inn vberfluß teglichen schwebst
Vnd dein Gütlich vnnütz verschwendst
Hauß vnde Hoff schendtlich verpfendst
Weist nicht wie es ist zu gewinnen
Endtlich aber so wirdst dus innen

E 3

Mit deinem schaden, schandt vnn. schmach
Wie dem verlornen Son geschach
So wirdst dann auch vnwerdt genug
Ich aber leb zimlich vnd klug
Fein messigklich nach der Natur
Die erhalt ich nach nottnrfft nur
Mit allen dingen frü vnd spat
Kein ordenlichen mit Fürrath
Wie man spricht: Mit vil helt man hauß
Mit wenig kompt man auch wol auß
Des bleib ich auch bey ehr vnd gut.

Die Jugendt.

Die Jugent sprach: Kein freud noch mut
Du in deinen Reichthummen hast
Sie sind dir selb ein schwerer last
Weil du jr selber nit geneust
Wie Ecclesiastes beschleust
So geneust sunst auch niemand dein
Dieweil du lebest, aber mein
Geneust man, wann ich bin Gastfrey
Ich halt Pancket vnd Gasterey
Mit köstligkeit vnd vberfluß
Wie Assuerus vnd König Artus
Des bin ich ehrentreich vnd löblich.

Das Alter.

Das Alter sprach: Du felest gröblich
Du meinst dein wirrtschafft bringt dir rhum
So bringt sie summa summarum

Nachredt, öffnung der Heimligkeit
Böse Begier vnd Trunkenheit
Kranckheit, neid, zoren vnd zwitracht
Armut, schant, schaden vnd mannschlacht.
Durch Wirtschaft Holofernes starb
Ammon dnrch Abfolón verdarb
Des bleib ich teglich inn meim Hauß
Und lauff nicht aller Luder auß
Leg mich schlaffen zu rechter zeit
Frü hör ich was man newes seit
Halt selten Gastung wann zu ehren.

Die Jugendt.

Jugendt die sprach: Du thust verzeren
Dein zeit einsam geleich eim Vncken
Der stets ligt in felster speluncken
Freundtlich wie Parmenides was
Der in des Berges Klüfften saß
Du hilff in dein gedancken schwer
Samb dir der Wein erfroren wer
Ich aber hab Gsellschafft in trewen
Die mich in nöten mag erfrewen
Mir rathen, helffen, leihen kan
Wie David war vnd Jonathan
Kein Gsellschaft du erleiden magst.

Das Alter.

Alter sprach: Jugendt hör du sagst
Von der Gsellschafft lieb, gunst vnd trew
Die doch bringt grosse affter rew

E 4

Die Gsellschafft helt dir keinen schutz,
Sie sucht nur jren eygen nutz
Vnd bringet dich nur vmb das dein,
Wardt an dem guten Thimon schein
Auch fürt Gsellschafft in angst vnd not.
Wie Catilina bracht sein Rott
Dergleichen noch teglich erscheint
Ich bin mir selb der beste Freundt
So bleibt mein Heimlichkeit verborgen
Vnd darff nit vmb ein andern sorgen
Bleib frembder laster vn nachteilig,

Die Jugendt.

Jugendt die sprach: Du bist langweilig
Wie Heraclitus, welcher saß
Weinendt, wenn als Volk frölich was
So thust du sawer sehen, muncken
Als ob du Essig habst getruncken,
Weist nit das ein trawriger Geist
Das Marck verdorrt, (Salomon weist)
Des niemandt geren ist vmb dich.
Viel kurtzweiliger freudt hab ich
Mit lauffen, steinstossen vnd springen
Mit ghradigkeit, fechten vnd ringen
Mit kempffen, stechen vnd Thurniern
Mit Waydwerg, spielen vnd hofiern
Mit schlittenfaren, Mummereyen
Mit tantzen vnd singenden Reyen

Vnd wer kan all kurtzweil gerechen
Darinn Jugendt lebt on gebrechen
Die sie erfrewet vberschwengklich.

Das Alter.

Das Alter sprach: Wie gar vergengklich
Sindt diese dein thörichte freuden
Der du dich thust frolockend' geuden
Die als der schein des blitz vergehnt
Lassen nach jn ein bitter endt
Tharentinus spricht nit vmbsust
Es sey nichts ergers dann wollust
Die des Menschen gemüt verderb
Daruon es alle Laster erb
Democritus blendt sein Gesicht
Vnd wolt die Thorheit sehen nicht
Der gantzen Welt freudt vnd gebär
Welche steckt vol Giffts vnd gefär
Des ist besser trawern dann lachen
Welches das Hertz kan besser machen
Wiewol Horacius auch spricht:
Zimliche freud die schaden nicht
Kurtzweil geh hin sollicher maß
Doch tapfferkeit erfreut mich baß
Das ich handel mit emsigkeit
Etwas da nutz vnd ehr an leit
Das ist ein kurtzweiliger Handel.

Die Jugendt.

Die Jugendt sprach: Es ist dein wandel

E 5

On alle Kurtzweil, freudt vnd glimpff
Du bist ein rechter wenden schimpff
Wie deine werck siub still, tockmeuserisch
So sein auch deine wort Cartheuserisch
So stillschweigend geleich samb der
Hypocrates dein Meyster wer
Redst du, so sein dein wort bissig
Ernstlich, scharf, heunisch vnd gar spissig
Ich bin leutselig, treib gut schwenck
Vil newer Mär, possen vnd renck
Ich sing vnd sprich kurtzweiligklich
Darumb man geren ist vmb mich
Vil trawerys wirdt dardurch zerstört.

Das Alter.

Alter sprach: Wer dich also hört
Leichtfertig sein in beinen worten
Der veracht dich an solchen orten
Salomon spricht: Glächter vnd schertz
Das wohnt in eines Narren Hertz
Auch so ist das schelten des Weysen
Für des Narren Gesang zu preisen
Vil wort zerstören gute sitten.
Vnd sundt durch jr Zungen verschnitten.
Ich redt selten vnd wol bedacht
Was ich will reden, häb ich acht
Mit wem ich redt, wo es hin treff
Inn spottes weiß ich niemandt äff

Sag gern von alten Geschichten
Die Jugendt mit zu vtterlichten
Freybanck spricht: schweigen ist gar gut
Reden besser wer jm recht thut
Symonides preiset das schweigen.

Die Jugendt.

Du tantzt nach deiner alten Geygen
Altfrenckisch, sindt dein werck vnd teiding
Gleich also sindt auch all dein Kleyding
Darinn du grumbselt thust her zocken
Inn gschmierten Peltzen vnd Filtzsocken
Dein Hosen liegen vmb dein Bein
Glat, wie die Kirch vmb den Tauffstein
Gleich Marcolpho dem ander Butzen
Wer dich ansicht, der mus dein schmutzen
Des bist bey jedermann verechtlich
Ich aber schmuck mich groß vnn prechtlich
Mit guter Kleydung, selben wath
Auff newe sitten schön vnd glat
Auff Welsch vnd Frantzösisch Mänter
Des zeucht man mich herfür vor dir
Das ansehen machen mein Kleyder.

Das Alter.

Das Alter sprach: O Jugendt leider
Außwendig bist geschmucket wol
Innwendig aller Tugendt hol
Heltst dich rhumrätig groß vnd prechtig
Als seist du reich, gwaltig, vnd mechtig

Muſt gar vil, drück vnd zwick erleiden
Zu groſſem Koſt dich laſſen nelben
Metellus, Pius war veracht
Der ſich zieret mit groſſem Pracht
Was hilffts das du dich ſchön auffſpreitzeſt
Dann ander leut zu vbel reitzeſt
Kleidſt du dich nach Knechtiſchen ſitten
Zerhaut, zerflammet vnd zerſchnitten
Als dann dein Geſider wol beweiſt
Was du für ein ſchandtvogel ſeiſt
Des bringt dein Kleydung nit vil ehr
Meiner Kleydung acht ich nit ſehr
Wann ſie iſt warm, weit vnd gering
Acht mich nit außwendiger ding
Mein Tugendt die mein Seel regieren
Die thut mich ſchwaches Alter zieren
Das ich den Weyſen bin ehrwirdig
Man grüſſet mich, iſt mein begierdig
Man weicht mir vnd gegn mir auffſtat
Man fragt mich vnd ſucht bey mir rath
Derhalb heiſt mich Ligurgius ehren
Für die Jugendt in ſeinen lehren
König Dindimus nacket, doch
Tugendthafft wurdt geprieſen hoch
Die Tugendt ſtudt der Ehr ein Angel.

Die Jugendt.

Die Jugendt ſprach: Du haſt ein mangel

Der vberwieget all dein Ehr
Gut, gwalt, weißheit vnd Tugendt mehr
Nemlich die freudt der liebe Brunst
Welche doch erlüstiget sunst
Auff Erdt all lebendt Creatur
Ob allen andern freuden pur
Die mich erlüstigt vnd erfrewet
Vnd all ander trawern zerstrewet
Solcher begierlicher Wollust
Du darben vnd geraten must
Des die schön Helena beklaget
Als sie wurdt alt vnd gar betaget
Inn dem so hab ich den vergang.

Das Alter.

Das Alter sprach: Lob, ehr vnd danck
Sag ich Gott vnd auch der Natur
Mit Sophocleti das ich nur
Dieser Wollüsten bin entladen
Welche bringt vnendtlichen schaden
Darinn Pyramus jung verdarb
Leander vnd Guiscardus starb
Vnd vil on zal auch vnser zeit
Lieb ist ein süsse Bitterkeit
Die nie kein Weiser hat gelobet
Sie ist ein sucht die wüt vnd tobet
Sinn vnd vernunfft sie dir verblendt
Leib, krafft vnd macht sie dir verschwendt

Dein Gmüt meinß du darinn zu üeben
So thuſt du es darein verjeren
Heltſt verderblich Wolluſt für gut.

Die Jugendt.

Jugendt ſprach: Ich hab freud vnd mut
Auch nicht allein in Bulerey
Sonder in der Eh bin ich frey
Fruchtbar in der Kinder geberung
Dardurch menſchlich gſchlecht hat ſein werung
Mit den Kinden hab ich mein raum
Du biſt wie ein vnfruchtbar Baum
Der nichts tregt wann diſtel vnd dorn.

Das Alter.

Das Alter ſprach: Ich hab geborn
Vil Kindt auch die erzogen hab
Ob gleich nimpt meitt geberung ab
Du haſt wolluſt vnd müh darzu
Bey tag vnd nacht gar wenig rhu
Dem allen ich entbroſthen bin.
Ein vber gute Meiſterin
Iſt die Natur, die mir hat gebett
Für die Wolluſt ein rüwig leben.
Das ich nach der vernunfft mag handeln
In züchten erbarlichen wandeln
Vnd mich von den jrdiſchen dingen
Kan auff zu den Himliſchen ſchwingen

Vnd meiner Seelen heyl betrachten
Darauff du thust gar wenig achten
Wolluſt vnd ſorg die jrren dich.

Die Jugendt.

Jugent ſprach: Alter mercke, Ich
Lieb mein Gemahel ſtät vnd frumb
So liebt er mich auch widerůmb
Das bandt der lieb erhelt vns wol
Du aber ſteckeſt trawerns vol
Wann dein Gmahel iſt ſchön vnd jung
Hat an deiner Keuſchheit nit gnung
Wenn du zu Bett dich ſtett thuſt meuln
Gleich Xenocrati einer ſeuln.
Wo dann dein Gmahel ſich erzeiget
Freundtlich vnd iſt zu lieb geneiget
Ob ſie gleich lieb hat Ehr vnd Zucht
Noch reitt dich leicht die Eyfferſucht
Und hüteſt hinden vnde vorren
Welch hut doch alle iſt verloren
Weil Dena auff ein Thuren hart
Verſchloſſen, doch geſchwengert ward
Argus auch hundert augen hett
Doch Jovem nit verhüten thet
Sag Alter wo bleibt hie dein rhu.

Das Alter.

Alter ſprach: Jugendt hör mir zu
Du biſt in gehligkeit gar müttſam
Erſoffen, frölich, vnbehütſam

Rhümeſt dich deines Wolluſt groß
Wie Kandaulos welcher bloß
Sein Frawen zeigt vnd kam darumb
Zu fall kompt offt ein Ehfraw frumb
Wo ſie ſich nit faſt zeuhet ein
Mein freudt ich geren hab allein
Laß mein weib nit weit ſchweiffen auß
Ladt nit vil fremkder Geſt ins Hauß
Dieweil die ſtatt offt macht den dieb
Ich halt ſie ehrlich, werdt vnd lieb
Zimliche hut die iſt auch gut
Hett Menelaus baß in hut
Die ſchön Helena thun bewarn
Mit Paridi wers nit gefarn
Es iſt mißlich zu weit vertrawen.

Die Jugendt.

Jugend ſprach: Darbey mag man ſchowen
Das du auch ſonſt durch den argliſt
In allen dingen mißtrew biſt
Weiſt nit wer alſo vbel traut
Der iſt entwicht in ſeiner Haut
Wie Dioniſius der arg
Der ſich hinter kein Menſch verbarg
Ich aber leiſt teglich mein trew
Darmit ich manchen Mann erfrew
Mit leyhen, Borgen vnd Bürg werden
Ich glaub vnd traw wag vil geſerden

Des helt man mich trew vnd dienstwillig
Dargegen dich verachtet billig
Weil du nit trawest (wie du sprichst)
Den Leuten weitter denn du sichst
Des bist vntrew vnd eygennützig.

Das Alter.

Alter sprach zu der Jugendt trützig
Dein trawen, leyhen vnd dein borgen
Wirdt dich mit der zeit lernen sorgen
So dich wirdt treffen das nachgreiß
Dieweil ein schlag wirdt niemandt weiß
Hett Abner Joab nit vertraut
Er hett in heimlich nit erhaut
Betriegens hab ich vil gesehen
Vnd ist mir selber vil geschehen
Des förcht verbrendtes Kindt das fewer
Vnd ist vndanck bey dir nit thewer
Wiewol ich bin von art senfftmütig
Barmhertzig, mitleydig vnd gütig
So traw ich doch nit jedem wol
Doch thu ich was ich billich sol
Das hembdt ist neher wann der Rock.

Die Jugendt.

Jugendt sprach: Du bist als ein Bock
Eygensinnig, Köpffig vnd stützig
Mit all deinem fürnemen trützig
Wie dann Papirus on not
Fabium vrtheilt zu dem Todt

Ich aber laß mich gütlich wenden
Wie Coriolanus thet enden
Des bin ich gutwillig vnd gütig.

Das Alter.

Alter sprach: Du bist wanckelmütig
Heut gfelt dir das, ein anders heint
Morgen bist du in beyden feindt
Vil newerung bey dir regiert
Der fürwitz dich gar wol betiert
Des must auch Keyser Nero sterben
Acteon als ein Hirsch verdorben
Ich aber bin auffrecht, bestendig
Ich wirdt nit als ein Rhor abwendig
Von jedem Windt der mich anbleßt
Als Quintus Sceuola wol lest
Sehen, den Sylla nit möcht nöten
Mit trowen Marium zu tödten
So großmütig, starck vnd standthaffe
Langmütig ist des Alters krafft
Mein heimligkeit bhalt ich beschlossen

Die Jugendt.

Jugendt sprach: Du bist ja verdrossen
Mit wort vnd wercken bist du wandern
Wie ein Karfreytag nach dem andern
Du kerst dich vmb wie ein Hewwagen
Es wer gut schnecken mit dir jagen
Du bist so langsam, faul vnd treg
Ich aber lauff hurtig mein weg

Wie Phöbus der die Sonnen fåret.
In wort vnd wercken man mich spüret
Runt, schnel vnn schwint frey vnn aufrichtig.

Das Alter.

Alter sprach: Du bist vnfürsichtig,
Vnbesunnen in wort vnd that
Verschmechst warnung vnd guten Rath,
Vnd gehst an wie ein blindes Pferdt
Des nembst du offt daran dein wert
Wie Icarus vnd Phaeton beyd
Sich fürten selb ein Hertzenleid
Durch ir gech vnuersunnenheit
Weißt nit gemach geht man auch weit
Eh ich aber ein sach anfang
Bedenck ich mittel vnd außgang
Wie, wo vnd wenn, wer vnd warumb
Biß ich all sachen vbersumb
Das mich nit stech der rew vorn
Nachrechn hat allmal spiel verlorn
Weil nun das Alter weißlich handelt
Inn aller sach fürsichtig wandelt
Ist es ob Jugendt preisens werdt.

Die Jugendt.

Jugendt sprach: O wie hart beschwert
Ist Alter dein Gemüt vnd Hertz
On krafft, wollust, kurtzweil vnd schertz
Dein leib gebrechlich kranck vnd mat
Der kein Hoffnung der Beßrung hat

Das dich bedunckt du trägst allda
Auff deinem ruck den Berg Etna
So bin ich frölich vnd gesundt
Schön, freundtlich, fruchtbar ring vnd rundt
Wer wolt dir lobes vor mir sprechen.

Das Alter.

Alter sprach durch leiblich gebrechen
Bleib ich im Gemüt vnbeschwert
Wie ein Triumphirendes Pferdt
Tritt ich her tapffer vnuerzagt
Wie Ennius der Poet sagt:
Weil ich Männlich zu allen stunden
So vil vnglücks hab vberwunden
So vil gefehrligkeit erlitten
Doch alles ehrlich hab durchritten
Bin meiner Trew vnd Ehr behalter
Auffrichtig blieben in das Alter
Derhalben bin ich gar vil ehrlicher
Wann du Jugend auch darumm herrlicher
Du weist nit was in künfftig Jaren
Dir noch vnglücks mag widerfaren
Schant, schad, armut vun kranckeit schwer
West du was dir zukünfftig wer
Du würdest hart so frölich sein
Ist gebrechlich der leibe mein
Nimpt es doch baldt mit mir ein end.

Die Jugendt.

Jugend sprach: Erst hast du bekennt

Das dein wesen hat kein bestant
Du must on das raumen das Landt
Der Tod geht dir nach auff der socken
Dich von dem Erdtrich abzupflocken
Ob du gleich bist reich vnd ehrlich
Gewaltig, Tugendtsam vnd Herrlich
So scheidt dich doch des Todtes weh
Wie Adam, Enoch vnd Noe
Ich Jugendt mag doch lenger leben
Inn freudt, Wollust auff Erden schweben
Weißheit vnd Tugendt vberkummen
Gewalt, ehr sampt deinen Reichthumen
Wie der Jung König Salomon
Schaw das Recht ich gewonnen hon
Wann du must mir das Erdtrich raumen.

Das Alter.

Alter sprach: Schaw thu dich nit saumen
Der Todt dir auch wie mir nachstrebet
Vil Vätter habn jr Söhn erlebet
Als Herr Paulus Africanus
Beid König Dauid vnd Cirus
Vnd ob du gleich lang lebest noch
Erlebest du vil vnglücks doch
Wer Priamus noch Jung gestorben
Er hett gesehen nicht verdorben
Sein reich, weib vnd kind vor sein augen
O Jugend, du kanst mir nit taugen

Doch ist aller vnser Kampff vergebens
Die drey Edlen Göttin des lebens
Die sollen hie vrtheiler sein:
Zwischen mir Alter vnd auch dein
Welches dem andern soll entweichen.

Die Jugendt.

Jugend sprach: O jr edlen reichen
Göttin des lebens außerwelt
Das vrtheil sey euch heimgestelt
Auff klag antwort vns zu entscheiden
Wer besser sey vnder vns beyden
Daß er den preiß allhie gewinn
Der ander theil deß landts endtrinn
Auff das menschlich geschlecht auff erd
Fürthin von jm bleib vnbeschwerd
Als nun beschlossen ward die red
Entwichen die parthey all bed
Jeder durch ein besonder Pförten
Auß dem Tempel mit wenig worten
Die drey Göttin sich da bedachten
Vnder einander sich besprachten.

Cloto die jüngest Göttin.

Cloto die Jüngest sprach: Nun secht
Weil jetzt auff Erd menschlich geschlecht
Ist so sinreich an allen enden
In hohen vnd niedern Stenden
In Stedten, dörffern, schloß vnn Märckten
Secht erstlich wie in den Handwercken

So künstlich arbeit kompt an Tag
Das schier nichts scherpfer werden mag
Von giessen, schnitzen, malen, drehen
Von schmiden, drucken, schneiden, neen
So artlich, künstlich vnd so gründlich
Wie es ist den verstending kündlich
Secht an manch zierlich schön gebew
Secht an die krieges rüstung new
Gschicklich ordnung zu fuß vnd Rossz
Secht an das new gewaltig geschoß
Secht an die Weißheit der Regenten
Die fein ordnung in Regimenten
Die gschickligkeit in dem grichtshandel
In kauffmanschafft so runden wandel
Secht an wann sind all künst erlesen
So klar vnd scharf am Tag gewesen
Singen, sprechen, Astronomey
Rechnen, messen vnd Poetrey
Allerley sprach nach rechter art
Secht an wann vor gelehret ward
So lautter, pur, in einer sumb
Gesetz vnd Euangelium
Als jetzt in dieser Jungen Welt
Auß dem allen hie obgemelt
Weil die jung Welt fürtrifft die alt
Fell ich mein vrtheil der gestalt
Das man die Jugend laß beleiben
Vnd thu das Alter gar vertreiben.

Die eltest Göttin Antropos.

Die Göttin Antropos darnach
Die Eltist, zu der Jüngsten sprach:
Du rhümbst die jungen Welt gar hoch
Welche ist gar vnlöblich doch
Schaw hab auff alle Handwerck acht
Wie böse arbeit wird gemacht
Auff lautter schein vnd den betrug
Schaw an den Pawern bey dem pflug
Wie er so vortheilhafftig ist.
Schaw an, wie lüg, vntrew vnd list
Wucher vnd alle schinderey
Sogar in allem handel sey
Frümbkeit vnd Tugent gar veracht
Die laster gehn mit aller macht
Jederman sucht sein eigen nutz
Schaw an wie mit hefftigem trutz
Die herrschafft sey zu krieg beweget
Schaw wie vnrechter gwalt sich reget
Schaw wie man raubet, brend vnd mörd
Schaw wie der vnder sich entbört
Schaw wie Gott also schröcklich plagt
Schaw wie vil man predigt vnd sagt
Sonst ander künst vnd weißheit lehrt
Wie wenig man sich daran kert
Schaw wenn es doch in allen landen
Vormals so vbel sey gestanden

Das

Das auch menschlichem gschlechte ich
Sein leben muß abbrechen sich
Ich lob noch die alt güldin Welt
Macht gut gülbin vnd silbern geld
Keiser, König, Hertzog vnd Fürsten
Liessen nach grechtigkeit sich dürsten
Die mehreten gemeinen nutz
Hielten ring Hof vnd guten schutz
Land vnd Leuthen hetten groß schetz
Machten doch nit sovil auffsetz
Deß war der gmein mann auch willig
Gehorsam, vnterthan vnd billig
Vnd wurden die Städt reich vnd gweltig
Der gmein mann war schlecht vnn einfeltig
Vnd sich der Arme sanfft erneret
Vnd kam dem nach wie man in lehret
War Gottsfürchtig in seinem handel
All disen hochlöblichen wandel
Ich mit allen alten beweiß
Derhalb gib ich lob, ehr vnd preiß
Der alten Welt mit sampt dem Alter
Die alles guten ist erhalter
Vnd vrtheil die jung Welt zu jagen
Mit sampt der Jugendt auß zuschlagen

Lachosis die mittel Göttin

Die mittelst Göttin Lachosis
Sprach: jr vrtheilt beid vngewiß

F

Wann wies vor taufent Jaren war
Ift es auch hewer diefes Jär
Was jetzt gefchicht, gefchach vor mehr
Was künfftig wirt, vergieng vorehr
Was mißbreuch mit der zeit entftehn
Mit der zeit fie wider vergehn
Was nützer ordnung je aufkam
Mit der zeit widerumb abnam
Dergleich all künft die man ift lefen
Sind vor auch an dem liecht gewefen
Derhalben mag auff gantzer erden
Nichts newes mehr erfunden werden
Deß mir Ecclefiafticus
Der ding fein zeugnuß geben muß
Deß fand man allmal böß vnd frumb
    Jugend vnd alter, darumb

      ich jr keins erwelen
      er deß Landts verzelen
      ftrafft fie beidefander
      fie mit einander

          befchlnffen

Zu
Die
Die gab

Das sie in dem Tempel erklungen
Nach dem beyde Parthey eintrungen
Für die Göttin mit reuerentz
Zu hörn den endlichen sentent.

Antropos spricht das end vrtheil auß.

Anfing die Göttin sprach besunder
Vns Göttin nimbt ein grosses wunder
Das jr beid seit ein einigs leben
Widerwertig einander streben
Einander begert zu vertreiben
Doch keins kan an das ander bleiben
Sag an Jugend ob dein geburt
Vrsprüngklich nit vom alter wurd
Hat dich das alter nicht ernehrt
Gezogen, züchtigt vnd gelehrt
Begerst du doch auch alt zu werden
Warumb verachst dann sein beschwerden
Wann du nun tritst in sein fußpfad
Wirst gleich haben was es jetzt hat
Dergleich du Alter sag on schwer
Kambst du nicht durch die Jugend her
Bist nit gewesen auch ein Kind
Vnredent, hülfloß, vnbesind
Hast all sein brechligkeit erlitten
Hast doch ehrlich hindurch gestritten
Vnd lebst jetzt der Weißheit vnd Tugend
Warumb verachst du denn die Jugend

F 2

Welche zunimbt von Tag zu Tag
Endlich auch dahin kommen mag
Das sie erreich das Alter künfftig
Als denn auch sey weiß vnd vernünfftig
Dir gleich in sitten vnd in Tugend
Jedoch hör du blüende Jugend
Weil du noch vnuolkommen bist
Dir weißheit vnd vernunfft gebrist
So laß dem ehrling Alter kranck
In allen diengen den vorgang
Halt es ehrlich wie du auff erden
Im Alter wilt gehalten werden
Wie das Jsocrates lehrt dich
Ihm vberhör vnd vbersich
Nimb an sein lehr vnd ebenbild
Vnd dein wollust vngstüm vnd wild
Halt selb im zaum vnd der bewarung
Auff das du durch lange erfarung
Außtreibest die wollust vergengklich
In Tugend werest vberschwengklich
Darauß dir lob vnd preiß erwachs
Das wündscht dir von Nürnberg
                        H. S.

Anno Salut: M. D. XXXIIII.
Vollend am Sonntag nach
      Obersten.

Von dem verlornen redeten Gůlbin.

Da ich wandert von Nürenberg
Gen Wien, vnd kam zum Kalenberg,
Von dem ich in mein jungen tagen,
So mancherley hett hören sagen,
Nemblich, das darauff wer ein Schloß
Von Heyden erbawt starck vnd groß,
Doch jetzund öd, zum theil zerstört,
Darinn man etwan sech vnd hört
Seltzam Gespenst vnd Fantasey,
Weil ich so nahend war darbey,
Gieng ich hinnauff in das alt Gmewer,
Da mir die seltzam Abenthewer
Zu stund, wie ich gieng ohn gefehr,
Im alten Gmewer hin vnd her,
Sah ich in Kolen, Staub vnd Kot,
Da ligen einen Gůldin rot,
Als ich mich eylend buckt nach jhm
Anfieng er mit Menschlicher stim:
Ach laß mich lign, ich bitt dich drumb.
Ich erschrack sehr, vnd sah mich vmb
Wer also redt, ich niemand sach.
Anfieng der Gůldin wider sprach;
Ach laß mich ligen, geh von mir,
Was nutzes mag ich schaffen dir.
Ich sprach: Du must mein Schatze sein.
Er sprach: Villeicht bring ich dir pein,

Wie ich vor manchem hab gethan.
Ich sprach: Wolauff vnd platz jhn an.
Er sprach: O leg ich noch vergraben,
Wie vil Herren soll ich noch haben,
Die mich hart peinigen vnd plagen.
Ich aber sprach: Nun thu mir sagen
Wie vil Herren hetst du dein tag,
Was litst für marter vnd für plag,
Das wolt ich hören wunder gern?
Er antwort mir: Ohn zahl jhr wern,
Ich kan dir sie nicht all benennen,
Doch will ich dir ohn gfär bekennen
Etlich namhafft, darmit beschieden
Wirdt dir, was ich habe erlieden.
Nun hör, erstlich von meim anfang,
Ertzweiß lag ich im Berg gar lang,
Biß mich die Ertzknappen vnd Buben
Mit scharpffen Bergkeysen außgruben,
Wurd darnach pucht mit Hämmern groß,
Zuschmeltzt im Fewer daß ich floß,
O wie hart wurd ich tribuliert,
Darnach geschieden vnd probiert,
Daselb ward ich am ersten feil,
Vnd wurd eim Bergkherren zutheil,
Der macht ein Betschier Ring auß mir,
O mein Gsell solt ich sagen dir,
Was schalckheit mit mir wurd vernitt,
Das ich mit grossem schmertzen litt,

Die vntrew, list, lüg vnd gefehr,
So mit dem Sigel brauchet er,
Beyde gen obern vñd gen vndern,
Du wurst dich treflich sehr verwundern,
Bald er starb, da wurd ich zerbrochen,
Vnd seim eltern Son zugesprochen,
Der macht auß mir ein gwunden Ring,
Welchen sein Bräut von mir entpfing.
Vnd steckt jhn an den Hertzfinger,
Da hört ich wynderliche dinger,
Von vbermut, preng vnd Hoffart
So mit mir braucht das Fräwlein zart,
Ich muß mich allzeyt sehen lassen,

Deß ich mich hart besch   hab,

In das Kloster ward
Allda ward ich mit H
Vnd zu e
Da hielt   d acht,
Denn   vil,
Mit   l,
Prangen
Man lie
Deß ich mich ga
Manch stinckend   mich anhaucht,
Von Knoblach,   isel vnd Brantwein,
Kürtzlich ein Krieg thet fallen ein,

F 4

Da man mich flöhnet in ein Statt,
Darinn man mich vermüntzet hat,
Ich wurd geschroten vnd zerschlagen,
Gepregt, nit halb kan ich dirs sagen,
Vnd wurd ein Güldin gut vnd schwer
Wolt Gott das ich noch also wer,
Wiewol ich litt einen zusatz,
Darnach kam ich ins Fürsten Schatz,
Da vnser etlich tausend lagen,
Von eim Finantzer ward ich abtragen,
Sampt meiner Gsellen bey vierhundert,
Vnser achtzig wurden außgsundert,
Die am gewicht ein außschlag hetten,
Und ließ darauß machen ein Ketten,
Der Goldschmidt auch finantzen wolt,
Behielt ihm das gemüntzet Goldt,
Nam ander Gold auch mit zusatz,
Zwölff Jar lag ich an seinem Schatz,
Ward darnach eim Wechßler zutheil,
Dem ward ich leichnam thewer feyl,
Der wag vnd auch probieret mich,
Lobt mich wie ich vil hielt am strich,
Da wechßlet mich ein Alchamist,
Zwar thewer gnug, der fromme Christ,
Der mich ist ein Etzwasser legt,
So bitter herb, vnd mich erschreckt,
Das mir schier all mein krafft entgieng,
Das ich wurd am gewicht so ring,

Bleib doch schwerer in meiner acht,
Denn man jetzund die Gülden macht,
Einer Bäwrin er mich zuschub,
Dieselbig mich vndert Erden grub,
Vnd legt auff mich ein grossen stein,
Ihr sorg vmb mich die war nit klein,
All tag kam sie vnd schawt zu mir,
Dreyßg Jar lag ich verborgen bey ihr,
Da that ich schimlen vnd ergraben,
Wann ich kundt gar kein lufft nit haben,
Sampt mein Gsellen, verlor mein Farb.
Als nun die alte Bäwrin starb
Ein Schatzgraber nach vns da grub,
Mit vil beschwerung vns erhub,
Vnd eh außgieng ein viertheil Jar,
Vnser keiner mehr bey jhm war,
Von eim Schuster ward ich gelößt,
Der sich mein wol frewet vnd tröst,
Hub mich zwey Jar lang fleissig auff
Zu groß war doch der Kinder Hauff
Dargegen der gewin zu klein,
Auch tranck er geren Bier vnd Wein,
Vnd kundt mich nit erhalten schlecht,
Gab mich zu wechseln seinem Knecht,
O wie hett der ein frewd mit mir,
Er schawt mich offt ein stund wol zwir,
Frölich er juchtzet, schrey vnd sang,
Ich dacht, der wirdt mich bhalten lang,

F 5

Jedoch wenn er kom zu dem Wein,
O so vergaß er gäntzlich mein,
Auch wolt er offt am Montag feyern,
Im Wirtshauß vnd beim spiel vmbleiern
In vierzehen tagen wurd ich jhm feyl,
Dem Meyster widerumb zu theyl,
Der sich doch mein gar bald verwag,
Gab mich eim Ledrer am Montag,
Der Lederer bhielt mich auch nit lang,
Vmb schuld thet jm ein Kauffman bang,
Der jhm doch bösen Kauff hett geben,
Must jhn doch zahlen wol vnd eben,
Dem wurd ich vnder dMüntz zutheil,
Vnd ward jhm in drey Jarn nit feil,
Wann das Gold kam in den auffschlag,
Vil Goldes sammelt er all tag,
Als er vnser drey tausent hett,
Auff Leiptzger Meß außreysen thet,
Ward er von den Schnaphanen gfangen
Ein groß Schatzung must er jhn laugen,
Ihm ward die sumb vnd zeyt genannt,
Da kam ich in der Rauber handt,
Das was ein wüste Galgenrott,
Bey jhn leyd ich auch grosse not,
Hielten offt tag vnd nacht im Halt,
Bey jhn bin ich so hart erkalt,
Ich kundt bey jhm kein rhu nit haben,
Bey einem Wirt sie mich außgaben,

Der hett ein Köchin wohlgethon,
Der wurd ich an jhrem Liedlon,
Bey der fünff gantzer Jar ich blieb,
Dieselb hett mich gar werdt vnd lieb,
In Seyden ich gewickelt lag,
Sie schawt offt zwölff mal mich ein tag,
Biß sie jhr machen ließ ein Schauben,
Da must sie mich auch fürher klauben,
Als mich nun der Gwandschneyder hett,
In ein Reitwetschger er mich thet,
Sampt anderm Goldt ein grosse meng,
Sein Hertz ward jm forchtsam vnd eng,
Jhn ant nichts guts, in kurtzen tagen
Wurd er in dem Speßhart erschlagen,
Das Gelt wurd zertheilt vnd zerstreut,
Eim Mörder wurd ich an der Beut,
Derselb mich in ein Ermel nehet,
Weiß nit wie sich das Glück vmbdrehet,
Er ward gfänglich vrtheilt zum Rad,
O wie stund ich in einem Bad,
Besorgt der Hencker wurd mich stossen,
Er aber jhm Wammes vnd Hosen
Abzoch, vnd seinem Knechte gab,
Der west gar nit von meiner Hab,
Vnd mich verkaufft am Tendelmarck,
Da wurd ich einem Bettler argk,
Der trug mich mit jhm siben Jar,
Eh wann er mein auch innen war,

O wie vil vnluſt ich erleyd
Von Spital Leuſen in dem Kleyd,
Biß eins tags als er lauſt ſein Gwand,
Er mich vernehet im Ermel fand,
Mit meins gleichen mehrt er mich täglich
Wann er kundt ſich ſtellen gar kläglich,
Samb hett er biß vnd jene plag,
Doch in eim Spital auff ein tag
Ward ich ihm von eim Dieb geſtoln,
Derſelbig mich verbarg verholn,
Jetzt vnders Tach, denn vnder dſtiegen,
Wie hart muſt er ſich mit mir ſchmiegen,
Biß er mich verſpielt auff ein nacht,
Ein Spitzbub mich zuwegen bracht,
Deſſelben Lockvogl muſt ich ſein,
Mit mir macht er ein groſſen ſchein,
Wo er ſpielt muſt ich vornen dran,
Auff das er luſtig macht den Mann,
Jedoch ward ich von jhm zu lezt
Bey einem Landfahrer verſetzt,
Der mich hart auff ein auge drucket,
Daß ich mich gleich hinwider bucket,
Der mich in dleng nit kundt erhalten,
Er gab mich zwechßlen einer alten
Begin, bhielt mich in groſſer ehr,
Hett ſunſt vil alter Güldin mehr,
In alte Lumpen ſie mich bund,
Vnd trug mich bey ihr alle ſtund,

Groß hunger, durst vnd frost sie leyd,
So vngern sie sich von mir scheyd,
In einer Kirchfart hats mich verlorn,
Da ward die alt schier vnsinnig worn,
Sie weint vmb mich schier ein gantz Jar,
Endlich ich doch gefunden war
Von einem armen Hirten hie,
Der war so reich gewesen nie,
Er dancket Gott vnd hub mich auff,
Vnd bracht mich hin mit starckem lauff
Zu seinem Freunde in die Stadt,
Der mich jhm abgewechselt hat,
In rechtem weg vnd trewen mut,
Daß es dem Hirten kam zu gut,
Also mich der fromb Mann behielt,
Er war nit karg vnd war nit milt,
Er braucht sein Gelt zu nutz vnd noth,
Zu ehr vnd frewd, vnd dancket Gott,
Wie glücklichs gieng, vnd was er gwan,
So hengt er doch sein Hertz nit dran,
Hett vns wie andern Haußrath lieb,
Auff dreyzehen Jar ich bey jhm blieb,
Biß eins Jars ein groß thewrung kam,
Da mich der Mann sampt sibend nam,
Vnd zu eim reichen Wucherer gieng,
Vmb vns mit grosser Bitt entpfieng
Von disem Wucherer ein Sümmer Korn
Erst meint ich Armer wer verlorn,

Wann vnser Gülbin etlich tauſet
Diſer Wuchrer zuſammen mauſet,
Vnd vns gar hertiglich verſchloß
In ein eyſerin Truhen groß,
Er ſchund vnd ſchabt wo er nur kund,
Gantz vnverſchambt diſer Geitzſchlund,
Zehen Jar hett er mich in hut,
Hett bey vns weder frewd noch mut,
O wie hört ich zu nacht offt wemmern,
Den filtz grißgramen, ſeuftzn vnd gemmern
Wie er mehr guts zuſamb möcht ſcharrn,
Offt dacht ich mir deß groſſen Narrn,
Er hat genug, hat doch kein rhu,
In dem da ſchlich der Todt herzu,
Er ſtarb vnd fuhr weiß nit wo hin,
Zwen Sön hett er die erbten ihn,
Vnd zwen Eyden die wurden rechten,
Vmb die groß Hab zancken vnd fechten,
Da wurd dem Gricht vnd den Juriſten
Von dem Gut auch gefüllt ihr Kiſten,
Wann ſie das Gricht lengten vnd bugen,
Vnd etlich Jar behuten vnd zugen,
Beyn Sönen ward ein panckatiern,
Ein Schlittenfahren vnd purſchiern,
Mit Jagen vnd mit Federſpiel,
Ohn zahl nehrtens der Heuchler vil,
Bald ward diß groſſe Gut verzehrt,
Samb hett mans mit Beſem abkert,

Vnd war in kurtz als sand zerstreut,
Eim Schmarotzer ward ich zur Beut,
Der zog mich stets vmb in dem Bentel,
Der sonst ohn Müntz war leer vnd Eytel,
Wo er ein Pfennig außgab dermaßen,
Must ich mich allzeyt sehen lassen,
Samb hett er Hauß vnd Stadel vol,
Bey jhm war mir auch nit gar wol,
Ein alter Mann hett jhm gelihen,
Der thet ihn vor Gericht vmbziehen,
Derselbig gab jhm an mir rauß,
Da kam ich in deß Alten Hauß,
Drey Monat vnd ein Jar gerab,
Da löst er mit mir Römisch Gnad,
Also ich in dem Aplas Kram,
Hinnein kam zu dem Bapst von Rom,
Da wurd ich einem Curtisan,
Eim wunder spitzfündigen Mann,
Er mich auff seinem Tisch offt klenget,
Mit seiner Wag schnellet vnd sprenget,
Spert mich ein zu andern Ducaten,
Bald wurd wir dem Kriegsvolck verraten.
Als man Rom stürmet vnd gewan,
Ward ich zu Beut einem Hauptman,
Derselbig acht das Gelt nit thewer,
Er gabs von jhm als werens Sprewer,
Eh er Deutschland erreichet nur,
Da stieß jhn an die Breun vnd Ruhr,

Elend vnd arm starb er dahin,
Wies Gelt her kam so gieng es hin,
Ich Güldin wurd zutheil seim Artzt,
Derselbig was der aller-hartst
Vnd messigst Mann, derselbig nun
Der gab mich seinem Eltsten Sun,
Solt auf der hohen Schul studiern,
Daselbst thet er mich verhoriern.
Bey schönen Frawen frech vnd geyl,
Da wurd ich einer Hurn zu theyl,
Darmit kaufft er ihm heimlich leyden,
Mit sehnen, eyfern, klaffn vnd meyden
Da sah vnd hört ich alle stund.
Wie sie die Gsellen äffen kund,
Ihr keim war sie trew oder hold,
Dann so weyt reicht sein Gelt vnd Gold,
Wer nimmer hett den ließ sie wandern,
Vnd gab ein Narren vmb den andern,
Sie bog mich zsamen an ein schnur,
Hieng mich an Hatß dieselbig Hur,
Zu locken in Fraw Venus dienst,
Darnach gab sie mich an Hauszienst
Eim alten Weib, das an dem endt,
Mich schuff in ihrem Testament
Eim listing Mann, ihrem Bormund,
Der wol heucheln vnd schmeicheln kund,
Vnd hett sie offt zu Gast geladen,
Sampt hundr güldin auß genaden,

Ihr Erben giengen neben hin,
Wiewol wir nit lang wehrten jhn,
Wann er fieng an ein Hauß zubawen,
Das jhn zwar seyt offt hat gerawen,
Die Werckleut jhn offt sehr betrugen,
Das, vnd mehr Geldtes jhm absugen,
Dar ward ich armer Güldin feyl,
Eim faulen Taglöhuer zu theyl,
Der war auch nit lang reich bey mir,
Er versoff mich ins Sommer-Bier,
Der Bierbrew mich vmb Gersten gab,
Einem Bawern gantz reicher Hab,
Den machet so vil Gelts vnd Golds
Gantz vbermütig frech vnd stoltz,
Er pocht vnd hadert wo er war,
Am Tantz erschlug er einen gar,
Man namb jhn vmb den todtschlag an,
Zu theil ward ich dem Edelmann,
Derselb ein loch durch mich thet fretten,
Hieng mich an ein vergulte Ketten,
Er war gut Edel vnd blut arm,
Die Schuldner machten jhm offt warm,
Derhalb Mich vnd die Kettn zu letzt
Zu pfandt eim reichn Jüdn versetzt,
Da ich erst grosse marter leyd,
Der Jud mich gar ringsweiß beschneyd,
Vnd erst ein Juden auß mir macht,
Als ich zu leicht ward vnd veracht,

Reib er mich erst mit Ohrenschmaltz,
Ich bsorget mich noch mehr gewalts,
Wann der Jud gab mich eim Mordbrenner,
Einem der aller ärgsten Männer,
Der brennet sehr vil Zimmer ab,
Vnd kurtzer zeyt sich doch begab
Das er ward gfangen vnd verbrennt,
Ich sorgt es würd mein letztes endt,
Wann ich stack in deß Bößwichts Latz,
Darnach ward ich deß Mönches schatz,
Der mich beichtweiß dem schalck abschrecket,
Mich heimlich in sein Kutten stecket,
Vnd bhielt mich im Kloster verborgen
Drey Jar mit heimlich grossen sorgen,
Jetzund hin, denn wider dar,
An keinem ort ich sicher war,
Förcht stäts es mercks der Guardion,
Zu letz sprang er mit mir daruon,
Vnd mich vmb einen Rock außgab,
Disem Grempler mich wechselt ab
Ein Kurner, dem gfiel ich am Korn,
Da wer ich schier verbrennet worn,
Ich war vil zu ring an der Wag,
Das war mein Glück, vber drey tag,
Da wurd er kranck, vnd thet mich schenken
Eim Pfaffen, seiner Seel zu dencken,
Dieweil er hett vil Müntz verbrennt,
Darmit berämet sehr die Händt,

Ihm ſiben Güldin Meß zuleſen,
Wie hett der Pfaff mit mir ein weſen,
Er wund mich in ein Facilet,
Offt greiff er ob er mich noch hett,
Weil er oft an dem Altar ſtan,
Eins tags thet er ſpatzieren gan,
Hieher in diſes öd Gebäw,
Deß ich mich noch von Hertzen frew,
Den Berg auff war ihm worden heiß,
Als er abwiſchen wolt den ſchweiß
Mit vorgemeltem Facilet,
Er mich verſellet vnd verzett,
Da tucket ich mich gar verholn
Vnder die Aſchen, Staub vnd Koln,
Auff daß er mich nit ligen ſach,
Als er heimkommen iſt darnach,
O wie ſoll er ſein Köchin ſchlagn,
Vermeint ſie hab mich ihm abtragn,
Schaw ſo hab ich dir kurtz bekennt,
Vil meiner Herrn mit namen gnennt,
Die ich hett ſeyd in achtzig Jarn,
Sampt dem vnglück ſo mir erfahrn,
Schrecken vnd angſt ſein iſt genug,
Drumb laß mich ligen biſt du klug,
Vnd nit mehr vnglücks auff dich lad,
Weil ich möcht ſein dein eygner ſchad,
Vil ich in ſorg vnd angſt hab bracht,
Vnd ihr auch vil zu Schälcken gmacht.

Ich sprach: Wie bist so forchtsam gar
Diogenes der sagt noch war:
Gold sey bleich, weil es hab vil feind
Die ihm hefftig nachstellen seind;
Sie brauchen dich wol allesander,
Doch einer anderst denn der ander,
Darumb Epimenides spricht
Von dir der Weyß also bericht:
Gold ist dem Geitzigen ein Pein,
Dem Milden doch ein zier allein,
Vnd dem Verräther ein Todschlag.
Auß dem man bschließlich mercken mag,
Du Gold bist weder böß noch gut,
An dem ligts der dich brauchen thut,
Einer vberkompt dich durch böß tück,
Einem andren zu vngelück,
Vnd thut mit Thorheit dich beschliessn,
Thut doch dein selbert nit geniessn,
Oder thut dich vnnütz verschwenden,
Den thut an Seel vnd Leibe schenden,
Ein ander vberkompt dich recht,
Vnd du Gold bleiben must fein Knecht,
Ihm dienen zu ehr, noth vnd nutz,
Zu frewden, Tugend, schild vnd Schutz,
Das ihm von dir als guts erwachs
Das wünscht dir von Nürnberg Hans Sachs.
Anno Salutis, M. D. XLIII.
Am ersten tag May.

Die wunderbarlich gut vnd böß Engenschafft deß Gelts.

Eins tags an einer Abendzech,
Vnder gar mancherley Gesprech
Fragt einer vns, ob keiner west
Was auff Erd wer das aller best?
Einer räth diß, der ander das,
Ihr meinung gantz gespalten was,
Einer ritt auff Brot, der ander auff wein,
Der dritte auff ein anders ein.
Diser sprach: Ihr habt alle gfelt,
Das best auff Erben ist das Gelt,
Gelt bringt Königlich Zepter vnd Kron,
Gelt einen Fürsten machen kan,
Gelt macht Grafen vnd Thurniers gnoß,
Gelt macht edel, gibt Wappen groß,
Gelt macht ein Bapst, vergibt die Sünd,
Gelt gibt Bistumb, Pröbsten vnd Pfründ,
Gelt regiert, herrschet vnd gebent,
Gelt hat vil Knecht vnd Dienstleut,
Gelt thut man Fron vnd Herren dienst,
Gelt gibt man Rennt, Gült vnd Erbzienst
Gelt gibt man Zehend, Zoll vnd Maut,
Gelt Stätt, Schlösser vnd Klöster baut,
Gelt rüst zu Büchsen, harnisch vnd wœr,
Darmit erlangt man preiß vnd ehr,

Gelt vermag zuführen groß Krieg,
Gelt gwint Ehr, Land vnd Leut mit sieg,
Gelt mannichen Tyrannen bindt,
Gelt Bündnuß vnd Friden gewint,
Gelt Rennet, stichet vnd Thurniert,
Gelt tantzet, schmuckt sich vnd purschiert
Gelt treibet Waidwerck, hatzt vnd paist,
Gelt macht die Herren kuchen faist,
Gelt speyset eines Keysers Tisch,
Gelt fecht Vögel, Wildpret vnd Visch,
Gelt fehret auch in das Wildbad,
Gelt heylet manchen grossen schad,
Gelt vil Häder vnd Todschläg richt,
Gelt vil schmach vnd mutwillens schlicht,
Gelt macht vil Gsellu, frewd vnd gunst,
Gelt lehret manche schöne Kunst,
Gelt Silber auß dem Bergweck hawt,
Gelt alle Meß vnd Jahrmärckt bawt,
Gelt durchfehrt beyde Land vnd Meer,
Gelt gibt ein freyen muth vnd ehr,
Gelt bringet aller kurtzweil vil,
Gelt macht singen vnd Seytenspil,
Gelt vil guter Heyrat beschleust,
Gelt manchem allmal wol ersprenst,
Gelt hilfft manchem auß grosser not,
Gelt ist auff Erd der jrrdisch Gott,
Summa summarum, gut vnd kurtz,
Gelt ist auff Erd die beste Wurtz,

Darumb sprich ich gleich wie vormals,
Gelt sey das best, vnd thu es alls.
Ich sprach: Du gibest one mittel
Dem Gelt auff Erd den höchsten Tittel
Sein grosse nutzbarkeit anzeigest,
Darneben sein böß tück verschweigest,
Die jm verdunckeln seinen Adel.
Er sprach: Am Gelt weiß ich kein tadel,
Weyst aber ein, so zeyg jn an.
Ich sprach: So hör mein lieber Mann:
Gelt vil Keyser thet verbannen,
Gelt macht auß Fürsten Tyrannen,
Gelt richtet an Krieg, Mord vnd Brand,
Gelt verderbet offt Leut vnd Land,
Gelt verheert öfft ein gantzes Heer,
Gelt bricht an Fürsten Trew vnd Ehr,
Gelt macht auffsetz vnd schinderey,
Gelt hatzet zu der Rauberey,
Gelt reitzt zu Wucher vnd zu Geitz,
Gelt verkaufft, vertzwert kern vnd Weitz,
Gelt felschet Eln, maß vnd Gewicht,
Gelt treibt vil vnraths am Gericht,
Gelt schlechte, rechte vrtheil krümbt,
Gelt lügen mit arglist verblümbt,
Gelt vil grosser Böswicht außbürget,
Gelt vil vnschuldig Leut erwürget,
Gelt machet manchen grossen Dieb,
Gelt kauffet vil Hürischer lieb,

Gelt raubt den Weibsbildern jr Ehr,
Gelt richtet an vil falscher Lehr,
Gelt treibet geistlich Symoney,
Gelt richt an manche Ketzerey,
Gelt zerreißt Klöster vnd vil Stifft,
Gelt vergibt mannichem mit Glifft,
Gelt jr vil in dem Meer ertrenckt,
Gelt vierteilt, rabbrecht, köpfft vnd henckt,
Gelt vrsacht auch vil haß vnd neids,
Gelt bringt vil schmeewort ehr abschneids,
Gelt macht Heuchler vnd schmeichler vil,
Gelt treibet fälsche Würffel spil,
Gelt erhelt manchen Trunckenpoltz,
Gelt machet hoffertig vnd stoltz,
Gelt machet vil der Gelehrten blind,
Gelt offt die frömbkeit vberwind,
Gelt vertreibt all sittliche Tugend,
Gelt felsche beyd Alter vnd Jugend,
Gelt vrsacht manche böse Eh,
Gelt bringt vnrhu, sorg, angst vnd weh,
Gelt macht niemand redlich noch frumm,
Gelt ist in summa summarum
Manchem ein vrsach zu der Höll,
In ewig leyd an Leib vnd Seel.
Sie sprachen all: Richt das falsch Gelt
An, so vil vnraths in der Welt,
So sey es verflucht vnd verdampt.
Da sprach ich zu jn allen sampt:

Gelt

Gelt das ist weder böß noch gut,
Es ligt an dem ders brauchen thut,
Wo derselb ist deß Geltes knecht,
So handelt er damit vnrecht,
Ju Laster ob dem Gut erblind,
Dargegen man ein Weysen find,
Der hencket sein Hertz nit daran,
Das Gelt muß jm sein vnterthan,
Zu ehren, frewden, not vnd nutz,
Vnd bleibt ein Herre seines Guts,
Behelt ein Ehrbarn Mannes muth
Wol dem der also braucht sein Gut,
Daß kein Laster jm darauß wachs,
Das wünschet zu Nürnberg H. Sachs.

Anno Salutis, M. D. XXXIX.
Am 11. tag Martii.

———

Die wunderbare wirckung des Weins im Menschen.

Eins Tags fragt ich ein glehrten Mann,
Bat jn, er solt mir zeigen an,
Wie mancherley eygenschafft het
Der Wein, weil er verkehren thet
Mancherley weiß des Menschen Hertz,
Zu zoren, freundschafft oder schertz,

G

Vnd ein jede Perſon ſchier ſunderlich
Deß deucht mir ſein natur gar wunderlich
Der gelehrt Mann ſprach: Haſt nie geleſen
Homerum, wie vor zeit ſey gweſen,
Circes eine Göttin hochgeehrt,
Welche die Menſchen hat verkehrt
In Hirſchen, Hund, bären vnd ſchwein,
Weſliche zu jr kehrten ein,
Wiewol jr Kunſt vnd Zauberey
War doch nur allzeit einerley
Getranck, darvon der zornig bald
Gewunn eines Bären geſtalt,
Der Neybig ward zu einem Hund,
Der forchtſam als ein Hirſch da ſtund,
Der vnkeuſch ward zu einem Schwein,
Der liſtig der muſt ein Fuchß ſein,
Der abenthewriſch ward zum Affen,
So wurd eins jeden gſtalt geſchaffen,
Wie jnnwendig ſein Gmüte was.
Schaw eben gleich ſollicher maß
Hat einerley Natur der Wein,
Für ſich ſelber allzeit allein
Zimlich getruncken vnd fein meßig,
Erfrewt das Hertz vnd iſt zuleßig,
Wie König David ſagen thut,
Der Wein iſt vnſcheblich vnd gut,
Saget Theognites der Weiß:
Meßig getruncken zu der Speiß,

Aber vnmeßiglich getruncken,
So zünd er an der Thorheit funcken,
Gleich wie der Circe zaubertranck,
Wenn er einschleicht in dem anfangk.
Vnmeßig, so läßt sein zukunfft
Auff die band der sinn vnd vernunfft,
Wie Anacharsis sagen thut:
Der erst Trunck sey gesund vnd gut,
Der ander Trunck, sey zu dem lust,
Der dritt sey zu der Laster wust,
Der vierdte Trunck sey allezeit
Dem Menschen zu vnsinnigkeit,
Wo der Wein vberhand gewinnet,
Macht er den Menschen gar entsinnet.
Pythagoras nennt Trunckenheit
Ein Figur der Vnsinnigkeit.
Der Weiß Eratestenes spricht:
Nemb vberhand des Weins Gewicht
So hat er die krafft wie das Fewer,
Betrübt den Menschen vngehewer.
Geleich als Aquilo der Wind
Das Aphricanisch Meer geschwind
Mit Wellen machet vngestümb,
Von grund auff grausam ümb vnd ümb,
Also erschütt der Wein das Gmüt
Deß Menschen auffweckt vnd zerrütt,
Denn offenbart der Mensch on schmertzen
Die geheimnuß auß grund seins hertzen.

Wie Eschiles der Weiß auch schreibt:
Ein palliert Ertz ein Spiegel bleibt,
Darinn der Mensch sein gstalt ersicht,
So sey der Wein auch anderst nicht
Denn ein Spiegel, der das Gemüt
Anzeiget, wenn er darinn wüt,
Plato spricht auch: Durch wein auff Erden
Deß Gmüts sitten eröffnet werden,
Worzu der Mensch sonst ist geneiget,
In Trunckenheit er das anzeiget,
Doch einer anderst denn der ander.
Wie dann schreibt der Poet Menander:
Der Wein schwecht die vernunfft vnd sinn,
Derhalb der Truncken wird darinn
Kindisch, öffnet in Trunckenheit
Auch seines Hertzen heimligkeit,
Deckt auff sein armut vnd affect,
Was im Hertzen verborgen steckt,
Durch die vernunfft vnd scham bedeckt,
Derselb in Trunckenheit auffweckt,
Vnd gibt sich herauß an den tag
Mancherley art nach deiner sag,
Worzu einer im Hertzen sust
Hat heimlich begier oder lust,
Der Musicus hebt an zu singen,
Der Fechter wil fechten vnd springen,
Der leichtsinnig treibt grabigkeit
Der frölich lacht mit allezeit,

Der fridsam lest jms alls gefallen,
Der still der hebt auch an zu kallen,
Der kurtzweilig der sagt von schwencken,
Der milt thut verheissen vnd schencken,
Der geitzig thut sein vortheil suchen,
Der vngedultig der thut fluchen,
Der kleinmütig der stellt sich kläglich,
Der tückisch der wird vnverträglich,
Der lennisch der thut jmmer muncken,
Der heuchler schmeichelt nach geduncken,
Der spötisch treibt sein fatzwerck sunderlich
Der eglisch wird seltzam vnd wunderlich,
Der spilsüchtig der wil nur spieln,
Der Buler schönen Frawen zieln,
Der hoffertig der thut sich rühmen,
Der geudisch sagt von sein reichthümen,
Der zornig wil nur stets rhumorn,
Der neydisch sticht hinden vnd vorn,
Der arg die Leut durch nachred scheub,
Der from all ding zum besten wend,
Also der vberflüßig Wein
Durch die einige natur sein
Macht er die Jungen vnd die Alten
So in mancherley weiß zerspalten,
Beyde es sey an Leib vnd Gut,
So öffnet der Trunck seinen mut,
Derhalb wir das alt Sprichwort han:
In trunckenheit kennt man den Mann,

G 3

Darinn er klärlich offenbart
Sein Hertzen verborgene art,
Also gschicht offt in Trunckenheit,
Das sonst nicht gschech in nüchterkeit,
Dariun manch Mann wird vberladn
Mit vnglimpff, sündn, schandn vnd schadn,
Ohn was Trunckenheit selber bringt,
Zu Kranckheit vnd zu Armut bringt,
Derhalb Gsell fleuch die Trunckenheit,
Vnd geh jr müßig allezeit.
Ich sprach: O gebt mir weiß vnd Lehr,
Durch was mittel ich mich abkehr
Von Trunckenheit vnd von dem Wein,
Weil zutrincken ist so gemein,
Beyde beß Reichen vnd den Armen.
Er sprach: Es ist wol zu erbarmen,
Daß Trunckenheit das schendlich Laster
Alles verderbens ein Ziechpflaster
Also hat vberhand genommen,
Wilt du desselbigen abkommen
So lehrt der Weiß Pythagoras:
Welcher Mensch wöll abkommen das,
Derselb gedenck nur offt daran,
Was er in Trunckenheit hab than,
Beyde mit wercken vnd mit worten,
So wird er sich deß an den orten
Schemen, vnd wird selber fortan
Der Trunckenheit gar müßig gan.

Auch lehrt Anarcharchſis der Weiß:
Wer Trunckenheit mit hohem fleiß
In ſeim leben wöll müßig gan,
Der hab acht auff ein truncken Mann,
Wie er mit halbem wind her ſegel,
Vnd hab ſo ſeltzam Taubn vnd egel.
Die Separtaner hetten ein Recht,
Daß ſie mit Wein füllten jr Knecht,
Vnd lieſſen denn jr Sön mit fleiß
Sehen der Vollen jr abweiß,
Die Trunckheit mit zuverſchmehen.
Schaw bey dem allen magſt du ſehen,
Wie die Trunckenheit iſt ſo ſchedlich,
Verächtlich, ſchendlich, daß ein redlich
Mann, Trunckenheit gar billich fleucht,
Vnd alle volle Krapffen ſcheucht.
Wie denn der Weiß Theognites
Schreibt: Es ſey ſchendlich vnd vngmeß
Daß ein voller truncener Mann
Bey den nüchtern ſoll wohnüng han.
Wann der weiß Plato ſpricht auch ſchlechts
Ein Truncner thu gar nichtſen rechts,
Er verführt in dem Feld das Heer,
Vnd verſenckt das Schiff in dem Meer,
Derhalb geh müßig allezeit
Der Truncknen vnd der Trunckenheit.
Wann Sophecles der ſpricht allzeit:
Es iſt die edle Meßigkeit

G 4

Ein vberkluge Meisterin,
Guter Rathschläg vnd wēiser sinn.
Bachillides schreibt: Daß der Jugend
Meßigkeit sey ein Schrein der Tugend,
Dardurch alls guts zunem vnd wachs
Im Menschling leben, wünscht Hanns Sachs

Anno Salutis, M. D. LIII.
Am 14. tag Decembris.

Die Vier wunderbarlichen Eygenschafft vnd würckung beß Weins.

Ein kurtzweiliger Spruch.

Eins mals ich einen Doctor fragt,
Vnd bat jhn faſt, daß er mir ſagt,
Von wann doch kem dem Wein die krafft,
Daß er üb die vier Eygenſchafft,
In dem er vberhand gewinnet,
Daß ſie werden anders geſinnet.
Die erſten macht er frölich, friedſam,
Gutwillig, milt, gütig vnd miedſam.
Die andern reitzt er zu Zorn,
Daß ſie wüten, zancken, rumorn.
Die dritten macht er alleſambt
Grob, wüſt, kindiſch vnd vnverſchambt.
Den vierdten iſt der Wein ein ſtewer,
Zu fantaſey vnd Abenthewer.
Er ſprach: Deß wil ich dich beſcheyden:
Es bſchreiben vns die weyſen Heyden,
Nach dem die Sündfluß was vergangen,
Da hat Herr Noa angefangen
Von allererſt zu pflantzen Wein,
Nun wolt die Erd vnfruchtbar ſein,
Da fand Noa der Alt den liſt,
Daß er die Erd thünget mit Miſt,

Also thüngt er nachmals die Erd,
Vnd erwischet auch ohn gesehrd
Den Mist von den viererley Thiern,
Die vmbloffen in den resiern,
Nemlich nam er den Mist von Schaffen,
Von Bären, Säwen vnd von Affen,
Damit er thünget sein Weinberg,
Nach der lenge vnd vber zwerg,
Vnd als der Wein nun zeitig ward,
Hett er diser vier Thiere art,
Damit er Noa selber quelt,
Dise vier art er noch behelt,
Nun sind von Gott all Menschen pur
Geschöpfft aus viererley Natur,
Von Lufft, Fewer, Wasser vnd Erdt,
Philosophia das bewert,
Was nun jeder Mensch mage sein,
Darzu übt jn die art im Wein.

Die erste Eygenschafft.

Erstlich, so ein Sangvinius
Der von dem Lufft hat sein einfluß
Den Wein trinckt vber die Mensur,
In dem würckt er deß Lambs Natur,
Daß er wird freundlich vnd gantz gütig,
Gutwillig, fridsam vnd senfftmütig,
Frölich, lachend vnd frewdenreich,
Singet mit Seytenspil dergleich,

Er ist kurtzweilig vnd gantz schimpflich,
In allen dingen gantz gelimpflich,
Bescheyden, trew mit leichtem sinn,
Jederman geren ist vmb jn,
Er ist milt vnd thut gern leyhen,
Auch ist er neyd, feindschafft verzeyhen,
In Trunckenheit übt er kein rach,
Zu zürnen gibt er kein vrsach,
vnd wo ist Hader ober zanck
Ist jm sein zeit vnd weil gar langk,
All ding er zu dem besten wend,
Daß zanck vnd hader nem ein end,
Kein fremde sach er auch verfisht,
Er vberhört vnd vbersisht,
Wie man jn schelt, schmech oder straff,
Beist er doch niemand wie ein Schaf,
Erbeut sich aller sach gutwillig,
Wil man jm aber zu vnbillig,
So trapt er ab hin in sein Hauß,
Auff daß kein Hader werd barauß,
Ob jn etlich auff Hader stercken,
Schweigt er, vnd lest sich gar nit mercken
Daheym bey seinem Haußgesind,
Er ist frölich mit Weib vnd Kind,
Vnd legt sich fridlich in sein Betth,
Acht nit wies auff der Gassen geht,
Frü wenn auffgeht der Sonnenglantz,
So ist jm sein Schafpeltz noch gantz,

Vnd find geruhet seine Glider,
So treibt er seinen Handel wider,
Vnd hat den Schafwein außgeschlaffen,
Das ist im Wein die art von Schafen.

Die ander Eygenschafft.

Zum andern, hat auß einfluß stewer
Colericus, die art vom fewer,
So der zu vil Wein henckt in schopff,
Bald steiget im die hitz in Kopff,
Vnd wird gantz grimmig wie ein Bär,
Zu hader, rach, steht sein beger,
Er wird bückisch vnd wetterleunisch,
Endig, trützig, frech, böß vnd heunisch,
Man schweig, red oder was man thut,
So hat er niemand nichts für gut,
Er poldert, zancket, schilt vnd gront,
Je mehr man sein darinnen schont,
Je mehr der Bärenwein sich regt,
Ein leichte vrsach jn bewegt,
So schlegt er drein, vnd gibt kein frid,
Er hab gleich recht oder nit,
Thut als sey er tobent vnd wütig,
An jm hilfft gar kein wort sensstmütig,
Er schlegt darein nur wen er sicht,
Vnd schonet keines Menschen nicht,
Etwan trifft er auch seines gleichen,
Der jm sein haut hilfft wol durchstreichen,

Vnd jrt darnach wirfft ab die Stiegen,
Daß er sich ducken muß vnd schmiegen,
Oder trifft er kein Haberman,
Daß er ohn Haber geht darvon,
Dann hebt sich auff der Gaß ein muffen,
Ein pöcken vnd herwider puffen,
Ein spreitzen vnd ein Degnstertzen,
Kompt einer der nit tregt ein Kertzen,
Der muß sich vberstürtzen lan,
Etwan trifft er auch seinen Mann,
Der jm redlich die Flöh abkehrt,
Vnd jm sein Bärenhaut erpehrt,
Daß er davon daucht wie ein Mauß,
Kompt er darnach heym in sein Hauß,
Dann hüt sich das gantz Haußgesind,
Sein Weib vnd seine kleine Kind,
Die müssen Bärenwein versuchen,
Da hebt er an ein schelten fluchen,
Nachmals ein schlagn vnd ein rauffen,
Daß jm das Haußgsind muß entlauffen,
Zu morgen frü eh daß es taget
Ist bey dem Richter er verklaget,
Wie er hab diß vnd jehnes gstifft,
Wann jn dann zeugnuß übertrifft,
Zwegt man jm denn mit scharpffer laugen,
Denn muß er an den Klaen saugen,
Biß er außricht die wandel sein,
Das ist deß Bären art im Wein,

Die dritte Eygenschafft.

Zum dritten, so mit vberfluß
Wein trincket der Flegmaticus,
Der von Waſſer hat ſein Natur,
So gwinnt er einer Saw figur,
Wann jm der Wein auffblet ſein wampen,
So wil er noch mehr freſſen, ſchlampen,
Mit zutrincken iſt jm auch wol,
Daß er wird truncken vnd ſtub vol,
Dann kan jn niemand heimhin bringen,
Erſt leſt er die Sewglocken klingen,
Vnd treibt grob vnverſchämbte wort,
Da wil er bulen hie vnd dort,
Biß etwan hin auff mittenacht,
So dann die ürten wird gemacht,
Kan er gar kaum die ſtubenthür treffen,
Etwan nimbt vberhand die heffen,
Daß er leſt hinder jm ein gſtanck,
Fellt etwan ab die Stiegen langk,
Kompt er dann auff die Gaſſen nider,
Erſt dorckelt er hin vnd herwider,
Samb ſein die Häuſer alle ſein,
Vnd bſult ſich im kot wie ein Schwein,
Ligt etwan ein weil in dem Miſt,
Wird irr, weiß dann nit wo er iſt,
Biß er heym lendet in ſein Hauß,
Da muß ſein Fraw jn ziehen auß,

Dann stinckt er wie ein Widhopff Nest,
Bringt sie jn in das Betth zu letzt,
Vnd deckt jn zu wol vnd genaw,
So gröltzt vnd fartzt er wie ein Saw,
Dann stößt jn an das Kellergschoß,
Vmb jn ein hauffen brocken groß,
Villeicht pruntzt er auch in das Betth,
Ein Saw wol bey jm narung hett,
Dann schlefft vnd schnarcht er wie eju schwein,
Biß daß der mittag stern erschein,
Wann er dann nötigs auff soll stehn,
So dünckt jn seiner Köpff sein zwen,
Hat sein sinn weder gantz noch halb,
Da sicht er wie ein gstochen Kalb,
Sein har gstrobelt, sein zän gar stumpff
Sein augen blaw, die Nasen kumpff,
Mit bleichem Antlitz, gschwolln schenckeln
Groß trück sind vmb die brust, ju enckeln,
Als denn ist er den tag kein nütz,
Dann daß er gröltz, außwerfft vnd rütz,
Jm schmeckt kein arbeit, tranck noch speiß
Das heist wein truncken nach Säuweiß.

Die vierdte Eygenschafft.

Der Melancolicus zum vierden
Hat der Erden Natur mit gierden
So der den Wein trinckt vngeschaffen,
Hebt an in jm die art deß Affen,

Wann jm der Wein steigt in das Hirn,
So thut er nichts denn fantaſirn,
Mit ſpringen vnd geradigkeit,
Oelpern, kelbern iſt er bereit,
Vnd was man ſolches fahet an,
So iſt er allmal vornen dran,
Seltzamer poſſen ſteckt er vol,
Die Leut kan er auffſetzen wol,
Durch ein Zaun kennt er ſeinen Mann,
Jedem ſchlegt er ein plechlein an,
Er tabert ſtets vnd iſt geſchwetzig,
Mit worten ſpöttiſch vnd auffſetzig,
Vnd iſt gantz liſtig, ſcharpff vnd ſpitzig,
Darbey vnruhig vnd fürwitzig,
Vnd ſtelt ſich darbey abenthewriſch,
Närriſch, kindiſch, dörfiſch vnd pewriſch,
Treibt auch kurtzweilig egliſch ſchwenck,
Wunderlich abgeriben renck,
Gut zotten, ſchnacken vnd hundsmucken,
Mit wort vnd werck in allen ſtucken,
Das Maul jedem auffſpreitzen kan,
Daß ſein muß lachen jederman,
Im heymgehn hat er auch kein rhu,
Wie er den Leuten ſchalckheit thu,
Vnd hengt an ſich ein völle Rott,
Die führet er durch Dreck vnd Kot,
Verſcheubt die Kärren vnd die Wägen,
Verſetzt am Marck prenten vnd ſchrägen,

Den Leuten für die Thür hofiern,
Daß man mit schauffeln muß palbiern,
Er richt an wunder seltzam spil,
Keiner schalckheit ist im zu vil,
Zur zeit die Schergen jn erschnappen,
Darnach mit im gen Loch einsappen,
Frü so sucht jn sein Weib vnd Kind,
Wenn man in dem Wirthshauß nit sind,
So sind man zuletzt in dem Loch,
Allda er zalen muß das gloch
Mit den vollen gesellen sein,
Das ist deß Affen art im Wein.
    Also hast du in kurtzer sum,
Von wann viererley art herkum
Im Wein, so er on maß wird truncken,
Wenn er anzünd der Thorheit funcken
In der Menschen vier qualitet,
Nach jedes art, darein er geht,
Auch bitt ich, nimb von mir zu danck
Die Lehr, in einem guten schwanck,
Doch wil ich dir in dem abschid
Dein frag erst stellen recht zu frid,
Wein ist von Gott geschaffen gut,
Wer jn fein meßig trincken thut,
Demselben erfrewt er sein Hertz,
Vnmeßig truncken bringt er schmertz,
Vnd blendet sinn vnd die vernunfft,
Setzt ein Mann in der Narren zunfft,

Daß er öffnet sein heimligkeit,
Die im Hertzen verborgen leit,
Ob er sey weibisch vnd kleinmütig,
Oder rhumorisch, doll vnd wütig,
Oder ein vnflat vngehewer,
Was in jm steck für abenthewer,
Vnd wann er meint man habs vergessen,
Wird es in arg jm zugemessen,
Darumb ein Biderman sich sol
Vor übrigem Wein hüten wol,
Daß jm darauß kein vnglück wachs,
Den rath gibt von Nürnberg H. Sachs.

Anno Salutis, M. D. XXVIII.
Am 7. Tag Septembris.

Erzählungen,
Schwänke und Fabeln.

Historia

Der schönen Magelona, eins Königs Tochter zu Neapolis.

In der Frantzosen Chronica,
Lißt man wie in Provincia
Ein mechtig reicher Grane saß,
Johan Cerifo genennt was,
Der hett ein Son mit seinem Weib
Hieß Petrus, schön gerad von leib,
Höflicher art, vnd Ehrenvest,
Mit Ritterspiel war er der best,
Wo man kempffet, stach oder rendt,
Man jhn für all ander erkennt.
Eines Tages er hören thet,
Wie das in Neapolis hett
Der mechtig König Magelon
Ein Adeliche Tochter schon,
Die Magelona war genennt,
Sein Hertz vnerkannt gen jr brennt,
Weil er hört das die Tugentmild,
Wer auff Erd das schönst Weibes bild,

So von Frawenleib wer geborn,
Darumb hett er die zart erkorn,
Vnd ein vrlaub begeren thet,
Daß er die Königreich vnd Stett
Beschawen möcht in weiter Welt,
Sein Vatter gab jm Gut vnd Geld,
Daß er sich bey jungen vnd alten,
Möcht Adelich vnd dapffer halten,
Sein Mutter jm vor allem ding
Zu letzt gab drey köstlicher Ring,
Der Edelgstein hett groffe krafft,
Darmit schied ab der Tugenthafft,
Auffs heimlichst die Raiß für sich nam,
In die Statt Neapolis kam,
Zu einem Wirte zog er ein
Gantz vnerkannt, das er allein
Möcht schawen der Jungfrawen zier.
Nun solt gleich werden ein Thurnier
Vom Königlichen Hofgesyd.
Petrus rüst sich darzu geschwind,
Mit Helme, Schilt, Harnisch vnd Spär,
Zween silbrin Schlüssel füret er
Auff dem Helm vnd der Renndeck sein,
Zog vnerkannt ind schrancken ein.
Der König vnd sein Tochter schan
Sahen vor der verschranckten Port
Auff eim geheuß dem Thurnier zu,
Petrus übt sich ohn alle rhu

Für ander all in seinem Stechen,
Thet Ritterlich vil Spär zerbrechen,
Vnd stieß offt Roß ur Mann ernider,
Ward bald zum treffen breytet wider,
Jederman auff den Ritter sach
Mit den Silbern schlüssel, vnd sprach:
Im stechen het er thon das best,
Doch wer er war gar niemand west,
Die schön Jungfrau Magelona
Preyset auch disen Ritter da,
Ir Hertz in lieb auch gen jm brennt
Heimlich, wiewol sie jn nicht kennt,
Als er von dem Thurnier zog ab,
Das glaid jm in die Herberg gab,
Alles Hofgsind, gab jm die Ehr,
Auch alle andre Herren mehr,
Nach dem der König auff den Sal
Petrum ließ laden zu dem Mal,
Vnd jn an seinen Tisch hin setzt,
Das er mit ehren wurd ergetzt.
Magelona zu Tisch auch saß.
Die gantz Englisch gebildet was,
Erst wurd entzünd jr beyder hertz,
In wütig flammender lieb schmertz,
Als nun das mal ein ende hett,
Magelona freundlich anredt
Den Ritter, vnd in lieb sich eyget,
Sich holdselig gen jm erzeyget.

Nach dem Petrus die gantze Nacht
Lag, vnd der Jungfraw nachgedacht,
Jr freundlich worten vnd augenblicken,
Darmit sie jn hett thun erquicken.
Dergleich die Jungfraw gantz vnd gar,
In süsser lieb erflammet war,
Nun het sie ein getrewe Ammen,
Der öffnet sie jr liebe flammen,
Die Amb jr solch lieb widerrieth,
Solt sie in lieb lan mercken nit
Gen einem vnerkandten Ritter,
Es möcht zu end jr werden bitter.
Magelona kehrt sich nit dran,
Bath jhr Ammen zu jm zu gan,
Vnd jre lieb an jhn zu werben,
Wo nit, sie müst vor liebe sterben.
Als die Amb disen ernst sach,
In einer Kirchen sie ansprach
Petrum, ir Jungfraw het mit jm zu reden
Etwas heimlichs zwischen jn beden.
Der Ritter die Botschafft entpfing,
Schickt Magelona die zwen Ring,
In rechter lieb, vnd auff den Tag,
Kam er heimlich auff jhr ansag,
Da eins dem andern frey bekennet,
Wie es in strenger liebe brennet,
Erst bekent er auff jr beger,
Wie er hiesse vnd wer er wer,

Doch

Doch thet er sambt wolt er heim reisen,
Magelona bath jn mit heissen
Zähern, das er doch bey jr blieb,
Schied er von jr in strenger lieb,
Müst sie auch jren Geist auffgeben;
Wann ohn jn möcht sie nit mehr leben,
Mit Armen jn die zart vmbfieng,
Ein Ketten an sein halß jm hieng,
Sprach: Damit ich in steter lieb
Mich dir zu eim Gemahel gieb.
Petrus sie da vermäheln thet,
Mit seinem Ring den er noch het,
Vnd mit jr einen anschlag macht,
Wie sie heimlich die ander Nacht,
Mit einander wolten daruon,
Still vnd heimlich vor jedermon,
Eh wann jr lieb würd offenbar,
Darburch sie kemen in gefar.
Auch wolt jr Vatter Magelon
Jr geben einen andern Man,
Des namen sie zu Nacht die flucht,
Frü warb die zart Jungfraw gesucht,
Der König aber ließ nach eylen,
Auff etlich straß in etlich Meylen,
Da man sie aber nirgend fund,
Der Königin vor leid geschwund,
Vnd auch dem König beyde samen,
In grosses hertzenleide kamen,

H

Petrus mit seiner Magelon
Ritten die gantz Nacht schnell daruon,
Im Holtz abwegs kein rechte straß,
Als es aber frü Tagen was,
Ward Magelona müt vnd mat,
Petrum ein weil zu ruhen bat,
Vom Pferd er sie abheben was,
Vnd setzt sich zu jr in das graß,
Jr Haubet neigt sie in sein schoß,
Der schlaff jr zart augen beschloß,
Vnd schlieff dahin gar sennft vnd leiß,
Der Ritter beschawet mit fleiß
Jr schön, darob verwundert sich,
In dem erblickt er heimelich,
Ein zendel rot zwischen jhrn Brüstes,
Da begert er zu sein wollüsten
Zuschawen was darinnen wer,
Sein drey Ring fund darinnen er,
Darbey merckt er jhr lieb nit klein,
Legt den zendel auff einen stein,
Vnd schawt weiter der schönen zu,
Wie sie da lag in süsser rhu,
In dem ein Falck in Lufft war schweben,
Der sah den roten zendel eben,
Meint es wer fleisch, mit vngstümm groß,
Herab er auß dem luffte schoß,
Zuckt auf den Zendel mit den Ringen,
Thet sich hoch auff ein baumen schwingen

Petrus erschrack deß vnfalls scharpff,
Fuhr auff mit stein zum Falcken warff
Ihn von ein Baum zum andern trieb,
Ließ schlaffen liegen sein Hertzlieb,
Zu letzt der Falck im Wald auffstund,
Auff ein Fels im Meer fliegen gund.
Petrus ans Meer gestatte lieff,
Fund endlich ein zerbrochen Schiff,
Auff dem fuhr er hinein das Meer,
Warff zum Falcken mit steinen sehr,
Der die Ring ins Meer fallen ließ,
Ein sturmewind das Schiff hin stieß
Ins Meer, da es fieng an zu sincken,
Petrus verwag sich zu extrincken,
Vnd befalch Gott sein arme Seel,
Sich erhub noch mehr vngefell,
Ein Raubschiff kam mit Moren gangen,
Welche namen Petrum gefangen,
Als er wolgfiel dem Schif Patron,
Wolt er jn schencken dem Soldon
Auff Alexandria zufuhr,
Dem Soldan er geschencket wur,
Bey dem ward Petrus wol gehalten,
Zu Hof von Jungen vnd von Alten,
Wann er war Adelich gestalt,
Gar höflich er dem Soldan alt
All Tag zu Tische dienen war,
Das weret auff sechs gantzer Jar,

Jedoch er beyde Tag vnd Nacht,
An sein Magelona gedacht,
Die er im Wald verlassen hett,
Eins mals vrlaub begeren thet,
Zu sein Eltern er heim begert,
Der Soldan jn guedig gewert,
Da rüst er sich auff die heimfart.
Hört fürbaß von der Jungfraw zart,
Als die Jungfraw im Wald erwachet,
Mit seufftzen sie weinet vnd achet,
Als Petrus nit mehr bey jr war,
Sie wand jr hend vnd raufft jr har,
Rüfft jm vnd sucht jhn vberal,
Im Wald hin vnd her, Berg vnd thal,
Meint wilde Thier, Bären vnd Löwen,
Die hätten jn zerrissen eben,
In leid den tag vngessen blieb,
Die Nacht mit wain im Wald vertrieb,
Frü kams vngferr in die Landstraß,
Da jr ein Fraw begegnen was,
Die gen Rom Kirchfart gehen wolt,
Magelona bat die, sie solt
Mit jr tauschen jr Kirchfart kleid,
Bald wurdens deß tauschs eynig beid,
Magelona die Tugentreich
Kleid sich einer Wellerin gleich,
Zog mit diser Frawen gen Rom,
Nach dem in Prouincia kam,

Samb Bilgrams weiß, gar vnerkand,
Kam in ein Spital in dem Land,
Darinn sie Spital Meisterin war,
Vnd fragt auch heimlich jmmerdar
Nach Petro dises Grauen Son,
Wo der wär? da west niemand von.
Nun lag der Spital nicht sehr weit
Von deß Grauen Hof zu der zeit,
Derhalb die Gräuin offt dar kam,
Kundschafft mit Magelona nam,
Deß Ritters Mutter, vnd jr sagt
Von Petro jrem Son jr klagt,
Wie er nun aussen wer fürwar
Verloren bis ins sibend Jar,
Forcht jr Son wer nit mehr bey leben
Sie het drey köstlich Ring jm geben,
Welche man het gefunden frisch
Vor langer zeit in eim Meerfisch,
Derhalb forcht sie er wer verdorben
Im Meer eins gwaltings tods gestorben.
Magelona die Ring wol kendt,
Jedoch dorfft sie sich an dem end
Gegen der Gräuin gar nit melden,
Forcht sie wurd sehr zürnen vnd schelten,
Samb sie jrs Sons tod vrsach wer,
Ir hertz das wurd jr heimlich schwer,
Tröst doch die Gräuin an den orten
Mit holdseligen süssen worten,

H 3

Sie aber war in tod betrübet,
In klag vnd leid sich heimlich übet,
Tag vnde Nacht, vnd dacht: O Gott,
Ist mein hertzliebes lieb denn todt,
Von deß wegen ich gar heimeleich
Verließ Neapolis das Reich,
Hab meiner Eltern huld verlorn,
Vnd Gott beweget auch in zorn,
Auch meine Eltern alle beyde
Bracht in das höchste hertzenleyde,
Solliches hab ich billich müssen
Mit disem grossen elend büssen,
Ir hoffnung war gar tod vnd ab,
Ins elend sich gleich gar ergab,
Vnd wartet im Spital der Armen,
Vnd krancken, thet sich ir erbarmen,
Das trieb sie fast auff siben Jar,
Biß Gott ir elend wenden war.
Hört weiter wunderliche ding,
Wie es dort Ritter Peter gieng,
Als er nun abgefertigt wur
Vom Soldan, vnd frölich abfur,
Vnd wölt heim in sein Vatterland,
In Prouincia obgenand,
Mit grosser schenck von dem Soldan,
So schied er ab von Babylon,
In die Insel Sagena kam,
Da stund man auß in Gottes Nam,

Darinn man süsses Wasser fund,
Das trug man in das Schiff zu stund,
Petrus der gieng ein weil spaziern,
In der öden Insel resiern,
Vnd kam auff einen Acker schön,
Da fund er rot, gäl, braun vnd grön
Blumen, darein er sich bald setzt,
Sich seins vnmuts ein klein ergetzt,
Vnd dacht gar inniglichen da
An seine schöne Magelona,
Vor sehnen vnd trawrigem schmertzen,
Fieng er an zu weinen von hertzen,
Die er so elend het verlorn,
In dem ist er gantz schläffrig worn,
Vnd vberweltigt in der Schlaff,
Da ein lieblicher Traum in kraff,
Wie Magelona das schön Bild,
Im brecht ein Krantz in diser Wild
In dem stund auff ein guter Wind,
Der Patron wolt abfahren gschwind,
Jederman eylet zu den Schiff,
Petrus solliches alls verschlieff,
In dem da stieß das Schiff von Land,
Nach dem erwacht Petrus zuhand,
Loff an den Port das Schiff nit fund,
Deß erschrack er von hertzen grund,
Vnd sank gleich dahin in onmacht,
In dem zween Vischer gen der Nacht

H 4

Lengten in diefer Infel ein,
Da fundens den Ritter allein
Halb tod ligen, den sie vmbgaben,
Vnd theten jn tröſten vnd laben,
Fürten jn gen Trapana dar,
Da ein herrlicher Spital war,
Darinn lag er neun Monat kranck,
Eins Tags thet er ans Meer ein gangk,
Da fund er ein Schiff, das zu hand
Wolt fahren in sein Vatterland,
Er ſaß kranck auff, vnd mit abfuhr
In Prouincia, vnd gleich wur
Gethan in diſen Spital, da
Die ſchön Jungfraw Magelona
War Spital Meiſterin benendt,
Jedoch gar keins das ander kendt,
Das elend het ſie gmachet hager,
Vngſtallt, hellich, dürr vnd mager.
Petrus ſich aber ſeufftzend klagt,
Ob dem vnglück das jn het plagt,
Lang zeit ſein frewd jm het zerſtört,
Als ſollichs Magelona hört,
Da erkennt ſie warhafftig das
Er jr hertzlieber Peter was,
Doch ſchied ſie vnerkennet ab.
Hört weiter wie es ſich begab,
Magelona die thet ſich kleiden,
In Purpur, Sammet vnd in Seiden,

In aller forme vnd gestalt,
Wie er sie dort het in dem Walt
Verlassen, vnd kam zu jm gangen,
Vnd thet also jr Red anfangen:
Hertzlieb sey frölich, wie gebürt,
Ich bin die du hast hingefürt
Auß meim Königreich, in das elend,
Die du verliest an wildem end,
Ich bin Magelona dein Gmahel,
In lieb vnd trew fest wie der stahel.
Ritter Peter frölich auffsprang,
Mit eim freundlichen vmbefang
Gab er jr ein kuß an den Mund,
Vor frewden jr keins mehr reden kund
Kein wort ein zeit, nach dem sie zsam
Sassen gar frölich beydesam,
Nach leng an einander beschieden
Was jr jedliches het erlieden
In dem elend auff slben Jar,
Nach dem wurden sie frölich gar,
Magelona kleid sich zuhand
Wider in jr Spital gewand,
Vnd gen Hof zu dem Grauen gieng,
Zu der Gräuin frölich anfieng,
Leget all ewer trawern hin,
Gut Batschafft ich euch bringen bin,
Ewer Son Petrus ist gfunden,
Kommt bald mit mir, schawt jn zu stunden.

H 5

Der Graff gar hoch erfrewet war,
Gieng mit der Frawen eylend dar,
Da funden sie in dem Spital
Petrum jren Son auff dem Sal,
Schön bekleidet, der mit verlangen
Von Vatter, Mutter wurd vmbfangen,
Darnach die schön Magelona,
Warff hin jr Spitalkleidung da,
Kam als eins Königs Tochter schon,
Nach dem sieng Ritter Peter on
Erzelet da von stück zu stück,
Ihr beyder glück vnd vngelück,
Das sie hetten erlitten beyde,
In liebe vnd darzu in leyde,
Der alt Graff führt sie alle dar,
In Kirchen für den hoch Altar,
Knyeten vnd danckten alle Gott,
Der jhn geholffen hett auß noth,
Vnd gabe sie in Gottes Namen,
Mit grosser frewd Ehlich zusammen,
Die frewd die war verkündet da
Im gantzen Land Provincia,
Das der jung Graff gefunden wer,
Nach dem hielt man in Wirrden her
Vierzehen Tag ein Fürstlich Hochzeit,
Mit grossem Pracht vnd Herrligkeit,
Mit Rennen, Stechen vnd Thurniern,
Mit Tantzen, Singen vnd Hofiern,

Als die Hochzeyt ein ende numb,
Abzog der Adel widerumb,
Petrus der thet in frewden schweben,
Mit seiner Magelona leben,
Die jhm ein jungen Son gebar,
Welcher darnach ein König war,
In Neapolis groß in Glori,
So end sich die lieblich Histori.

Der Beschluß.

Auß dem man hie drey stück soll lehren,
Erstlich das man auff zucht zu ehren
Die Eltern ziehen ihre Kind,
Und haben acht auff jhr Gesind,
Auff das jhr Töchter behüt seyen
Vor Kupplerey vnd Bulereyen.

Zum andern, das Jungfrawen fliehen
Sollen Mannsbilder sich entziehen,
Hüten das nicht die wütend lieb
Sie hinderschleich gleich wie ein Dieb,
Die sich verwegen durch vil blick,
Stürtz in schand, schad vnd vnglück.

Zum dritten, wen auch der vnfahl
Mit gwalt ist reytten vberal,
Das er darunder nicht verzag,
Wann Gott als vnglück wenden mag,
Wer jhn anrufft vnd jhm vertrawt,
Derselb auff einen Felsen bawt,

Das glück wider grün, blü vnd wachs,
Das wünschet zu Nürnberg H. Sachs.
Anno Salutis, M. D. LIIII.
Am 28. tag Februarij.

Im Schaßton Hans Vogels
Die zween ungeschaffene Reuter.

1.

Zu Florenz saß in dem Welschen Land
Ein Mahler Gietó genannt
Der conterfeyen kunte
Ein Menschen gleich als ob er lebt
Ein Vogel wie er im Luft schwebt
Den Fisch ins Meeres Grunde
Und alles schnell und runde
Nun aber war er von Person
Ein kurtzer bäuerischer Mon
Ein Nasen hackigt krume
Unförmlicher Geberd und Sitt
Statzet vnd unberedet mit
Hätt doch der Kunst den Ruhme
In der Welt um und ume
Auch war ein Jurist an dem Ende
Floreto Rabata genennte
Der in Juristerey

War wohl gelehrt und ganz kunstreich
Daß im Land war nit seines gleich
Man holt ihn weit vnd ferre
Ihn braucht manch großer Herre

2.

Doch vom Leib auch so ungestalt
Gleich wie man den Esopum mahlt
Kurz dölpet vnd eißgrabe
Mit einem breiten Angesicht
Sein Rück war krumm vnd hökericht
Doch was er reich an haabe
Eins Tages sich begabe
Daß er in großer Sonnenhitz
Hinaus ritte auf einen Sitz
Nun er gar übel saße
Zu Roß an Reudterisch Geberd
Und ward ihm auch hinkend das Pferd
Als er nun auf der Straße
Wieder im heimweg wase
Da kam ein sehr großer Platzregen
Nun fand Floreto unterwegen
Den Mahler obgenannt
Mit seiner Reuterey geziert
Ihm eben ganz gleich gestafiert
So rittens mit einander
Durchnetzet gar war ihr Gewand
Vom Regen beydesander.

3.

Und waren beyd mit Koth beftrebt
Das allenthalben an jhn klebt
Ihr felbſt mußten ſie lachen
Floreto ſprach mein Gieto
Wer dich jetzt reuten ſech alſo
Trief naß in allen Sachen
Beſprizt mit den Koth lachen
Glaubt nit daß du wärſt in der Welt
Der berühmtſt Mahler abgemeldt
Der Mahler ſprach mit Liſten
Wer dich auch ſehe meynte eh
Du könnteſt nit das A. B. C.
Hielt dich für kein Juriſten
Meynt du könnſt eh ſtall miſten
Alſo bezahlten ſie einander
Mit gleicher Münz beydeſander
Schreibt Bocatius
Hie ſieht man daß der Kunſten Schatz
In ſchlechtem Leib oft hat ſein Platz
Dem mans nit zu thut trauen
Darum man nit urtheilen muß
Nach dem äuſern Anſchauen

Dichts H. Sachs A. 1548. d. 10 Merz.

Schwanck.

Der vngehöret Pawer.

Hört am Rein ein Pawer saß,
Alt vngehöret was,
Der thet gen Pingen lauffen,
Ein feiste Saw was kauffen,
Wann er wolt Hochzeit halten
Auff Faßnacht mit seiner Alten,
Als er die Saw trieb her,
Eins Abends ohn gefehr
Sein Edelman mit Nam
Ihm auff der straß bekám,
Vnd grüst jn an dem ort.
Der Pawer jm antwort:
Junckher von Pingen her,
Meynt er, fragt wann trieb er,
Weil er vnghöret was.
Der Edelmann fürbaß
Den Pawern fragt auff traw:
Mein Heintz was gilt dein Saw?
Der Pawer meynt, er fragt
Nach der Hochzeit, vnd sagt:
Junckherr sie ist versprochen
Von heut vber drey Wochen,
Wils Gott, so wöll wir all
Tantzen mit reichem schall.

Deß lacht der Edelmann,
Vnd redt jn wider an:
Muß ich auff d'Hochzeit kommen?
Der Pawer hett vernommen
Er fraget an der stet,
Was die Saw golten het,
Dem Junckherrn antwort:
Drey Güldin vnd ein ort,
So redt er zu den sachen.
Der Edelmann muſt lachen,
Sprach: Hab dir drüß in Lappen,
Du ghörſt nit als Dildappen.
Der Pawer in dem ſtück
Vermeynt, er wünſcht jm glück
Zu ſeiner lieben Braut,
Vnd antwort vberlaut:
Gott geb euch noch ſo vil,
Junckherr ich wündſchen wil,
Wann glücks dörff wir wol beyd,
Schwer ich bey meinem Eyd.
Der Junckherr flucht dem Pawern,
Vnd ſaget zu dem Lawern:
Ja mein Dreck auff dein Maul.
Der Pawer war nit faul,
Meynt er bät jn auß gnaden,
Auff ſein Hochzeit zu laden,
Spach: Junckherr (gar vermeſſen)
Freylich müſt jr mit eſſen,

Euch ich nit auſſen laß.
Der Junckherr reit ſein ſtraß,
Vnd lacht, daß er muſt hoſſen,
Der vngereimbten poſſen,
Drumb wer nit wol gehöret,
Der iſt ſamb halber thöret,
Deß man doch in den ſachen
Nit ſpöttlich ſoll verlachen,
Das Alter thut man ſprechen
Das kompt mit vil gebrechen,
Macht all krefft ſchwach vnd mat,
Darbey jeder verſtat,
Daß nach deß Alters platz,
Iſt wol ein ſchwerer ſchatz,
Wie die Philoſophen ſagen,
Der auff dem ruck iſt tragen
Vil brechlichs vngemachs,
Deß auch entpfand Hans Sachs.

Anno Salutis, M. D. LVII.
Am 8. tag Octobris.

Schwanck,

Der Pfarherr mit den Ehbrecher Pawern.

Zu Poppenreut ein Pfarrherr saß,
Der voll der gutn schwencke was,
Er war mit Worten vnverbrossen,
Riß an der Predig seltzam bossen,
Er ließ ein Predig hin gar selten,
Die Ehbrecher gar hart zuschelten,
Eins mals er hin vnd wider sach
In der Kirchen, vnd darnach sprach:
Ich sich einen Ehbrecher hinnen.
Die Pawern mit trawrigen sinnen,
Welche am Ehbruch waren schuldig,
Waren ob dem wort vngedultig,
Vnd schmogen sich hinein die ecken,
Dachten der Pfarrer künd sie schmecken
Vnd dorfften niemand recht anschawen,
Dergleichen theten auch die Frawen,
Ein jedes bsorgt er meynet es,
Den nechsten Sontag war er reß
Mit worten noch runder vnd frecher,
Vnd sprach: Nun hör zu du Ehbrecher,
Die Wochen wil ich noch zugeben,
Vnd wo du besserst nit dein Leben,
So wil ich dich biß Sontag nennen,
Auff daß dich jederman muß kennen,

Wie du dein Eh brachst: gar vor langst,
Männicher Pawer schwitzt vor angst,
Vnd förcht er wurd zu schanden wern,
So würd jm denn daheymen schern
Sein Weib, mit also scharpffen worten,
Also bsorgtens an allen orten,
Jeder der meynet jn allein,
Er müst diser Ehbrecher sein.
Der Pfarrherr sprach sie weiter an:
Ich beut euch bey dem schweren Bann,
Daß jr Pawern, da auff vnd nider
Biß Sontag kommet alle wider,
Vnd stellt euch in der mitt zusammen,
So wil ich deß Ehbrechers Namen
Offentlich in der Gmeyn verkünden,
Vnd jn von wegen seiner sünden
In bann auch mit dem liecht verschiessen.
Damit der Pfarrherr thet beschliessen,
Da nun der Sontag wider kam,
Die Pawern stunden all zusam
Jnt Kirchen für den Predigtstul,
O wie manchem das Hertz entful,
Vnd zittert wie ein Espenlaub,
An frewden wurd er, matt vnd taub.
Als man das dritt geleutet hat,
Der Pfarrherr auff die Cantzel trat,
Vnd sprach: Jr Kinderlein in Gott,
Jr seit kommen nach mein gebot;

Darmit ein pengel färher zug,
Vnd darmit auff die Cantzel schlug,
Vnd sprach: schaut an den grossen pengel,
Den hat mir gsegnet heint ein Engel,
Darmit da künd ich niemand essen,
Werd ein rechten Ehbrecher treffen,
Nun schawet zu, vnd steht fein still,
Ein Ehbrecher ich treffen wil,
Zum wurff thet er den pengel zucken.
Die Pawern theten sich all ducken,
Beyde schuldig vnd vnschuldig.
Der Pfarrherr der ward vngedultig,
Sprach: Erst merck ich zu diser zeit,
Daß jr allsampt Ehbrecher seit,
Schämbt euch in ewer Hertz hinein,
Wie mögt jr sollich Buben sein,
Mit disem schwanck als ich versteh,
Hat er gemacht vil böser Eh,
Daß mancher Pawr Kiserbeß aß,
Wiewol es vmb Weynachten was,
Daß sie doch mit der zeit abgruben,
Doch weiß ich kein in diser Stuben,
Sampt mir behafft mit Ehling banden,
Wer wir vnter den Pawern gstanden,
Vnd hett der Pfaff den pengel zuckt,
Der sich auch nit hett niber duckt,
Auff daß er nit wer worden troffen,
Also hat sich die sach verloffen,

Vnd wurd ein ernst auß disem schwanck,
Der Pfarrherr verdient kleinen danck,
Man sol schwencken, daß darauß wachs
Kein schad noch vnwil, spricht H. Sachs.

Anno Salutis, M. D. LVII.
Am 25. tag Septembris

Fabel,
Die Ameis mit dem Grillen, wider die Faulen.

Esopus vns beschreibt ein Fabel,
Zu Lehr vns fürlegt die Parabel,
Wie ein Ameis zu Winters zeit,
Zog auß jr Hölen tieff vnd breit
Jr Koren, daß sie in dem Summer
Gesammelt hett mit sorg vnd kummer,
Zu trücknen an dem kalten lufft,
Weil es mit feuchte ward betufft,
Zu der kam ein hungriger Grill,
Er bat die Ameis hoch vnd vil,
Ihm auch von jrer speiß zugeben,
Daß er bleiben möcht bey leben.
Die Ameis sprach hinwider schon:
Wie hast im Sommer du gethon?
Daß du nit Speiß hast eingetragen.
Der Grill ward zu der Ameis sagen:
Ich war frölich vnd hab gesungen,
Hin vnd her durch die Zeun gesprungen.
Die Ameis lacht vnd sprach: Du gauch,
So sing vnd spring im Winter auch,
Die Speiß hab ich für mich gesammelt.
Au disem wort der Grill verstammelt.
Zog ab, vnd lid von hunger zwang,
Durchauß vnd auß den Winter lang.

Auß diſer Fabel ſolt verſtan
Bey der Ameis ein junger Mann,
Gantz arbeitſam, embſig vnd echtig,
Fleißig, genaw, klug vnd fürtrechtig,
Ordnlich auch mit zimlicher ſparung,
Darmit er vberkompt ein Narung,
Auff das, wenn er zu letzt wird alt,
Schwach, krafftloß wie der Winter kalt,
An ſinn vnd krefften jm geht ab,
Daß er denn ſein ergetzung hab
An ſeinem vorgewunnen Gut,
Von dem er ordnlich zehren thut.
Zum andern, verſteht bey dem Grillen,
Ein jungen Mann voller mutwillen,
Geſellſch, Bübiſch, faul hinleßig,
Vernaſcht, verſoffen vnd gefreßig,
Montag, Ehrtag zum Sontag feyert,
Vnd anderm Gauckelſpil nachleyert,
Daß jm doch tregt kein Brod ins Hauß,
Wart ſeiner Werckſtatt gar nit auß,
Weiſt nit wie er ſein Gut verpraſſet,
Wird von jm verſpott vnd verhaſſet,
Er ſey ein Filtz vnd Nagenranfft,
Es thut wol in der Jugend ſanfft,
Wenn aber kompt der Winter kalter,
Das ſchwach vnd vnvermöglich Alter,
Erſt wird jn nach der Sonnen friern,
So er ſein Handel iſt verliern,

Hat nit wie vor ein groß gewinnet,
Vnd daß jm hie vnd dort zerrinnet,
Hat kein Barschafft noch hinderhut,
Da jn wird reiten die Armut,
Vnd muß am Hungerthuch erst nehen,
Wie man das über tag thut sehen.
Derhalb heißt der Weiß Salomon
Die klein Ameysen schawen an,
Wie sie einsammelt in dem schnit,
Den faulen zu vermahnen mit,
Daß er in Jugend sparen lehr,
So sein sterck sich in schwech verkehr,
Daß er im Alter darvon zehr. H. S. S.

Anno Salutis, M. D. XXXVI.
Am 7. tag Septembris.

Fabel,

Fabel,

Mit der Löwin vnd jren Jungen.

Wer andern zufügt vngemach,
Den trifft zu letzt die Gottes rach,
Als diſer Löwin auch geſchach.

Ein Löwin hett zwey Wölfflein klein,
Im Wald in einem holen ſtein,
Eins tags loff ſie auß nach jr Speiß,
In dem da kam ein Jäger leiß,
Da er die jungen Wölfflein fund,
Erwürgets, vnd darnach ſie ſchuud,
Die Häut trug mit jm hin der Jäger.
Da kam die Löwin zu dem Läger,
Fand jr Wölfflein tod alle zwey,
Die Löwin thet ein kläglich gſchrey,
Sie lawert, weinet für vnd für,
Das hört ein Fuchs, kam bald zu jr,
Sprach: Schweſter wie thuſt alſo klagen?
Die Löwin gund jr leyd jm ſagen.
Bald der Fuchs jren ſchaden ſach,
Gar liſtiglich er zu jr ſprach:
Sag an, wie vil Jar biſt du alt?
Die Löwin ſprach hinwider bald:
Ich bin geleich alt Hundert Jar.
Der Fuchs ſprach: Sag mir an fürwar,
Von was Speiß haſt du dich genehrt,
So lang in diſem wildem gferd?

J

Die Löwin sprach: Mein Speiß die was,
Allein das Fleisch der Thier ich aß,
Als Hasen, Fuchs, Hirschen vnd Hinden,
Vnd was ich in dem Wald mocht finden,
Der fuchs sprach: sein die thier dein futer,
Sag, haben sie auch Vatter, Mutter,
So hast du auch jhr Mütter betrübet,
Wann jedes Thier sein Kinder liebet,
In aller maß du als die dein,
Wie offt hast du sie bracht in pein,
Wann du jhr Jungen hast gefressen,
Jetzt wirdt dir mit der Maß gemessen,
Wie du den andern hast gethan,
Daran solt du kein zweiffel han,
Die Götter haben dir gelohnet,
Gleich wie du niemand hast geschonet,
Also must du jetzt schaden leyden,
Wilt du der Götter straff vermeyden,
So merck was du nit geren hast,
Das dus ein anders auch erlast,
Auff das dir nimmer misseling,
Vnd dich aber ein stercker zwing,
Vnd Maye zeyt jhr Rosen bring. H. S. S.

Anno Salutis, M. D. XXXI.
Am ersten tag May.

Schauspiele.

Ein Faßnachtſpil, mit fünff Perſonen.

Der Teuffel nam ein alt Weib zu der Ehe.

Moſe der Jud tritt ein, vnd ſpricht:

Seit all gegrüſſet in gemein,
So da hier inn verſammlet ſein,
Ein Spiel zu hören vnd zu ſehen,
Das iſt vor langer Zeit geſchehen,
Iſt nun wol etlich tauſent Jar,
So lang, daß ſchier iſt nit mehr war,
Wie daß der Teuffel kam auff Erden,
Wolt heyraten, vnd auch Ehlich werden,
Vnd nam ein alt Weib zu der Eh,
Bey der jm ward gar bang vnd weh,
Von jrem reiſſen, zancken vnd ſchlagen,
Vnd entrann jr in kurtzen tagen,
Zu eim Artzt ſich verdiengen thet,
Vmb halben gwin, vnd an der ſtet
Mit dem Artzt in dem Land vmbzog,
Vnd wie einer den andern betrog,
Werd ihr alls hörn vnd ſehen ſein,
Doch wer das nit alls glaubt allein,
Mag demnach wol ein Bidermann ſein.

(Der Jud geht ab.)

J 3

Der Teuffel gehet ein, redt mit jm
       selbst, vnd spricht:
In der Hell mag ich nit mehr bleiben,
Mein zeit vnd weil darinn vertreiben,
Sonder bin herauff gfahrn auff Erden,
Vnd wil gleich auch ein Ehman werden,
Hab an mich gnommen ein Mannes leib,
O hett ich nur ein altes Weib,
Ich hab gehört wie in der Eh
All ding so wol vnd freudreich steh,
Deß wil ich mich auffs kürtzst vmmbschawen
Nach einer frommen alten Frawen,
Ein Junge die wer mir zu geil,
Ich bin auch alt auff meinem teil,
Ein Junge thet mir leicht kein gut,
Gleich mit seim gleich sich frewen thut,
Wie vns sagt das alt sprichwort klug,
Drumb ist ein Alte wol mein fug.
Schaw, schaw, dort knapt gleich eine her,
Die Dünckt mich aller weiß vnd her,
An Leib vnd gstalt, an schön vnd jugend,
An hertzen, frümmkeit vnd an tugend,
Sei sie mir gantz ehnlich fürwar,
Ich wil gehn zu jr schleichen dar,
Mit guten worten sie anreden,
Ob ein Eh würd zwischen vns heben.

   (Die Alt komt, tregt ein Kreutzlin vnd Grab-
stückel in Henden.)

J 3

Der Teuffel spricht:

Du mein liebe Alte, glück zu,
Was suchst du in der morgen frü
In disem Wald, an der Wegscheid?

Die Alt schawt vmb vnd spricht:

Ey schweig, vnd hab dir das hertzleid,
Du machst mich irr in meinem Segen,
Wann ich wolt nach dem Meyenrégen
Etlich Würtz graben vor der Mumien.

Der Teuffel spricht:

Ey so hab ich dich recht gefunnen,
Du suchest Würtz zu Zauberey,
Wiß ich bin auch geren dabey,
Wann ich kenn aller Kreuter krafft,
Wolt dir wol sein darzü diensthafft.

Zauberin spricht:

Ey lieber, wilt dasselbig than?

Der Teuffel spricht:

Ja, wenn du mich nemst zu eim Mann,
Wolt ich dir wol beflissich sein
In alle dem fürnemen dein,
Wann ich kann alle Zauberliß.

Die alte Her spricht:

So sag du mir vor wer du bist?

Teuffel spricht:

So wiß, daß ich der Teuffel bin.

Die alt Vnhuld spricht:

Ja wel, so wag ichs mit dir hin,
Jedoch daß du mich thust ernehren,
Vnd haltest mein alter in ehren,
Wann solliches alles bin ich werth.

Teuffel spricht:

Ich will thun was dein hertz begert,
Wenn all verborgen schätz auff Erden
Bring ich, vnd sollen dir all werden.

Die alte Her spricht:

Wenn, vnd wo wöll wir Hochzeit haben?

Teuffel spricht:

Heint draussen in dem Eudtengraben,
Auff einer grossen hohen Buchen,
Thu all dein Gespilen zusammen suchen,
Da wöll wir habn ein guten mut,
Wie man dann, auff Hochzeiten thut,
Tantzen vnd auch gantz frölich sein:

Das alt Weib spricht:

O ich weiß einen guten Wein
In eim Keller drinn in der Statt,
Darein will ich heint abend spat

Faren mit den Gespilen mein,
Bringen sechs grosser Krüg mit Wein,
Gäns, Endten, Hüner, Vögl vnd Fisch
Weiß ich zubereit gut vnd frisch,
In eur Speißkammer in eim Hauß,
Bring wir auch auff den Baum herauß,
Ich fahr hin, thu bald nachher kommen.
(Sie geht ab.)

Teuffel spricht:
Nun hab ich mir ein Weib genommen,
Die ist bucklet, so bin ich hincket,
Sie Busereint, so bin ich stincket,
Sie sicht heßlich, so bin ich scheußlich,
Sie sicht dückisch, so sih ich greußlich,
Sie kan kuppeln, zaubern vnd liegen,
So kan ich bscheissen vnd betriegen,
Es wird ein gschlachte Heyrat wern,
Man spricht, gleich vnn gleich gsell sich gern
Botz mist, ich het mich schier versessen,
Der Hochzeit auff dem Baum vergessen,
Ich wil gehn eilend faren nauß,
Braut vnn Hochzeitleut sind langst drauß.
(Er geht auß.)

Der Artzet komt, tregt ein Reitwetsch-
ger an eim Schwert, sicht sich vmb
vnd spricht:
Ich wolt hie Alch Wurtzel graben,
Darmit ich wolt die Krancken laben,

J 5

Bin schier zu einem Narren word,
Wann ich hör, stets mit meinen Ohrn
Sackpfeiffen vnd auch ein Schalmeyen,
Pfeiffen zu einem Tantz vnd Reyen,
Hie auff den äften, vmbher fpringen,
Die alten Weiber tantzn vnd fingen,
Vnd fich doch nichts, wo ich hin kumm,
In Endtengraben vmb vnd vmb,
Ich glaub, es find alt Trute fürwar,
Gen Berg ftehnd mir all meine Hår,
Wil eilen auß dem Wald hinauß,
Mich widerumb machen zu Hauß.
(Der Artzet geht ab.)

Die alt Teuffelbannerin kombt mit dem Teuffel, vnd fpricht:

Nun hör zu mein Mann Beltzenbock,
Fahr bald hin vber ftein vnd ftöck,
Vnd bring ein heimlichn fchatz mit Geldt,
Durch dein vethechfung obgemeldt.

Der Teuffel fpricht:

Mein Weib, dein red hab' ich vernommen,
Harr da, ich wil bald wider kommen.
(Der Teuffel fehrt ab.)

Die alt Zauberin fpricht:

Da hab ich einen rechten Mann,
Was ich ju heiß, das muß er than,

Er muß mir Geldts gnug tragen zu,
Darmit ich auch wol helffen thu
All anderen Gespilen mein,
Die all faul armé breckin sein.

Der Teuffel bringt ein Hafen, vnd spricht:

Schaw Weib, den schatz hab ich erhaben,
Der ward vor dreißg Jaren begraben.
Von einer altem Bewerin,
Das Geldt mit gar listigem sinn
Dem Bawren abgestolen hat,
Wenn sie Milch füret in die Statt.

Die Alt nimt den Hafen, schawt darein, vnd spricht:

O Gsell das Geldt wirdt nit lang stecken,
Fahr hin, vnd thu dich noch baß strecken,
Vnd bring vns noch ein solchen schatz.

Der Teuffel spricht:

Ja ich weiß einen Mönch, der hatt
Ein Beutel im Creutz ganz eingraben,
Der wird auch bald von mir erhaben.
(Der Teuffel fehrt dahin.)

Die Alt thut jm ein schnältz lein nach, vnd spricht:

Das, das, wird mir ein vestes spil,
Der Teuffel thut alls, was ich wil,

Vnd gib jm doch kein gutes wort,
Ich wil jn redlich an dem ort
Gar zu eim Windelwascher machen,
Muß mir meine schalckheit selber lachen,
Daß er so gar einfeltig ist,
An all betrug vnd hinterlist,
Ich wil jm die Seite noch baß spannen,
Wenn ich jn heßlich an thu zannen.

Der Teuffel komt, bringt ein Mönchs-beutel, vnd spricht:

Seh liebe Alte leer bald auß
Das Geldt, darmit thu halten hauß,
Kauff Hüner vnd Gäns, Vögl vnd Fisch
Daß wir nur wol leben zu tisch,
Vnd haben auch zu trincken Wein.

Die Alt zuckt den Beutel, vnd spricht:

Laß schawen, was für Müntz wird sein,
Der Mönch hats in Kloster abgstoln.
Schaw Narr, was bringst du an den kolk
Ich mein du Vnflat spottest mein,
Hab dir die drüß ins Hertz hinein,
Ich dürfft dirn Beutel wol stoßn ins maul
Du treger Teuffel, gar mistfaul,
Flugs troll dich, vnd bring mir rechts geld.

Der Teuffel hebt bede Heyd auff,
vnd spricht:

Das kän ich nit in weiter Welt,
Wann es ist jetzt nach Mitternacht,
Vber kein Schatz hab ich mehr macht,
Auff morgen znachts so gib mir frist,
Ich bring dir Geldt balds finster ist.

Sie machet mit jrer Gabel einen kreis
vmb den Teuffel, vnd spricht:

Ich wil dich das Schätz holen lehrn,
Vnd dich mit meiner Gabel bern,
Da dir dein Rück muß werden auch
Eben gleich so weich als der Bauch.

(Sie reissen einander in dem Kreis.)

Der teuffel springt herauß auß dem
kreis, vnd spricht:

Warumb schlegst mich so grausam vbel,
Du altes schendtliches sa vnd vbel,
Eh ich bey dir blib noch ein Jar,
Eh ich in das wild grörich fahr,
Daß du mich gesichst nimmer mehr.

Die alt bröwet jm mit der Gabel vnd
spricht:

Kom rein, daß ich dich besser ber.
(Der Teuffel stehet vor dem kreis, zeigt ir den Esel.)

Die alt Zauberin spricht:

Harr, harr da, ich wil zu mir ziln
Zwo meiner vralten Gespiln,
Wölln dich Teufel mit strickn vnn strangen
Wol draußn in weitem Velde fangen,
Du sollest mir zwar nit enttrinnen,
Fahr wo du wilt, ich will dich sinnen.

(Sie geht ab.)

Der Teufel kombt wider, setzet sich nider, vnd spricht:

Ey, ey, wie ist im Stand der Eh
So groß trübsal, angst, ach vnd weh
Die alt den tag küsst immer zu,
Bey der nacht het ich auch kein rhu,
Sie thet stets rötzen, hustn vnd kreissen,
Kratzen, jucken, scheissen vnd feisten,
Auch bißn mich Flöh, Wantzen vnd Leuß
Mich peinigtn Ratzen, Katzn vnd Meuß.
Ich muß einmal mich sehen vmb,
Daß nicht mein alter Flohbeutl kumm,
Vnd mich wider bring ins Schand,
Erst würd sie mir der streich nit sparn,
Was rauscht dort durch die stauden her,
Wie wenns mein altes Fiber wer?
Nein, nein, es ist ein alter Mann,
Den seh ich für ein Artzet an.

Der Artzet komt vnd spricht:

Gut Gsell, wie sitzst also betrübet,
Sag mir, was dich zu trawren vbet?

Der Teufel spricht:

Ich hab gehabt ein altes Weib,
Die hat hart geplagt meinen Leib
Mit kifen, zancken, rauffen vnd schlagen,
Daß ich jetzt kaum die haut kan tragen,
Der ich nun gleich entrunnen bin.

Der Artzet spricht:

Mein Freund, du solt gwiß habn vorhin,
Daß die Weiber sind alle wunderlich,
Vorauß die alten Weiber sunderlich,
Warumb thest dich nit baß vmbsehen?

Der Teufel spricht:

Die warheit wil ich dir verjehen,
Da ich die Alt heßlich beschawt,
Het ich jr der Dück nit vertrawt,
Daß sie so bitter böß solt sein,
Wenn sie hett einen zan allein,
Dacht sie kan mich je nit hart beissen,
Kann sich auch nit fast mit mir reissen,
Wann sie hat einen grossen Buckel,
Der hinden auff dem Alt je hucket,

Darzu war sie schwach, bleich vnd alt,
Vnd het sehr gar ein fromme gstalt,
Trug ein Patrnoster in der Hend,
Stellt sich einfeltig an dem end,
Vnd so ichs bey dem liecht beschch,
Sie ist vil böser denn ich,
Vol böser dück vnd arger list.

Der Artzt spricht:

Mein Gsell sag aber wer du bist?

Der Teuffel spricht:

So wiß, daß ich der Teuffel bin.

Der Artzt spricht:

Sag aber wo wilt du jetzt hin?

Der Teuffel spricht:

Zu meiner Alten wil ich nimmer,
Ich wolt eh ewiglich vnd immer
In eim wilden Gerörich sitzen.

Der Artzt spricht:

Sag du mir aber wilt du setzen
Nemen etwann ein' junges Weib?
Die dir erfrewen mög dein Leib?

Der Teuffel spricht:

Mein Mann, ich hab der Weiber gnung,
Ich wil weder Alt oder Jung,

Ich wil eh dienen einem Herren,
Mit jm reisen in weit vnd ferren
Landen, was treibst du für ein Handel?

Der Artzt spricht:

Im Land ich hin vnd wider wandel,
Vnd hab der Artzeney ein grund,
Vnd mach die krancken Leut gesund,
Mancherley Kranckheit glaub du mir.

Der Teuffel spricht:

O ich kündt gar wol helffen dir,
Wenn du mich auffnemst zu eim Knecht.

Der Artzet spricht:

Was wer dein hülff, verdeutsch mirs recht?

Der Teuffel spricht:

Da wolt ich in reich Herren faren,
Vnd sie besitzen, wie vor Jaren,
So must du mich denn rauß beschwern,
So würd mau dich zu lon verehrn
Mit zehen Thalern oder mehr.

Der Artzet spricht:

Das wer fast gut, bey meiner ehr,
Nun wilt du denn mein Knechte sein,
So gib mir drauff die trewe dein.

Der Teuffel spricht:

Doch daß du mir trewlich darneben
Den selben teil wöllst allmal geben,
Was wir verdienten alle beid.

Der Arzt beut jm die Hand, vnd spricht:

Das sey dir zugsagt, bey dem Eid.
Nun rhat, wo wöll wir erstlich nauß?

Der Teuffel spricht:

Drinn in der Statt, in eim Steinhauß,
Da wohnen zwen Jüden darinnen,
Die sehr groß Gut mit Wucher gwinnen,
Dergleich mit finantzen vnd liegen,
Sehr vil Leut bscheissen vnd betriegen,
Da wil ich in den einen fären,
Als denn so thu dich nit lang sparen,
Thu zu deß Jüden Hauß einlehren,
Vnd thu mich von dem besessnen bschwern,
So wil ich von jm faren auß,
Denn kom wir zsamm in Wald herauß,
Da teilst du denn den lon mit mir.

Der Arzt spricht:

Ist gut, fahr hin, ich folge dir.

(Sie gehn beid ab.)

Die zwen Jüden gehen ein, Mose
der Jud spricht:

Esaw nimme das Wucherbuch,
Vnd darinn einen Burger such.
Der ist Herman Winschling genand
Dem sind verstanden seine Pfand,
Dieselben wöllen wir verkauffen,
Vnd darmit mehren vnsern hauffen.

Esaw schüt den kopf, sicht heßlich.
Vnd Mose spricht zu jnn:

Hörst du nit Esaw, geh für dich.

Esaw der bsessen fehrt auff, vnd
spricht:

Schelm, Vnflat, laß zu stiben mich;
Fleuch, eh ich dich würg vnd erbeiß,
Mit den Zänen zu flecken reiß.

(Er knirschet mit den Zänen, samm wöll er auff in
fallen.)

Mose der Jud spricht:

Traun, mein Esaw sag du mir an,
Hat jemand dir ein leid gethan?

Esaw der bsessen zuckt ein messer,
und spricht:

Troll dich von mir, du Teuffel sech,
Oder ich stoß das Messer in dich.

Der Artzt gehet ein, vnd spricht:

Heil sey euch beiden auff dem Saal.

Mose der Jud spricht:

Mein Herr, wie komt jr auff dißmal,
So recht allhie zu vns herein,
Ich weiß nit wie der Vetter mein
Treibet so wunder schröcklich red.

Esaw der bsessen Jud spricht:

Jr küst mich auff das loch all bed,
Flugs trollt euch, oder ich wil euch fressen.

Der Artzt spricht:

Mein Mose, dein Vetter ist bsessen,
Wilt du, so wil ich jn beschwern?

Mose der Jud spricht:

O helfft, ich wil euch drumb verehrn
Mit zweintzig Thalern also bar,
Daß nur der Böß von jm auß fahr,
Vnd er jn laß wie vor mit thu.

Der Artzt beschweret jn, vnd spricht:

So schweigt vnd hört mit fleissig zu.
Geist ich beschwer dich bey dir par,
Bey Fledermeus, Hering vnd Lax,
Vnd daß du arger Beltzenbock
Ausfarest vber stein vnd stock,

Jn das wild gerörich hinauß,
Vnd raum mir eilend dises Hauß,
Gib mir antwort, wilt du das than.

Esaw der bsessen Jud spricht:

Ey was zeichst du mich, lieber Mann,
Daß du mich sobald treibest auß,
Von disem wollüstigen Hauß?
Darinn ich sitz in stiller rhu,
Ist nach meim wolgfalln grüstet zu,
Vol Wuchers, Raubes vnd Diebstal,
Biß an den First vol vberal,
Nun dein krefftig beschwerung hör ich,
Vnd fahr hin in das wild Gerörich.

Nach dem spricht Esaw:

Mir ist, sanm sey ich aufferwacht,
Mein Mose, was hab ich gemacht,
Mich dünckt, ich sey vngschickt gewesen?

Mose der Jud spricht:

Mein Esaw, weil du bist genesen,
So danck Gott, vnd schweig darzu still,
Den Artzet ich bezalen will,
Zweintzg Thalr ich euch versprechen han,
Da habt euch dreißg Thaler zu lon,
Zu grossem danck, habt preis vnd ehr,

Der Artzt nimmet das Geldt, vnd
spricht;

Schicket nach mir, dörfft ir mein mehr,
Alde, der frid sey disem Hauß.

Mose der Jud spricht:

Wir wölln euch gebens gleit hinauß.
(Sie gehn all auß.)

Der Teuffel gehet ein, vnd spricht:

Laß schawen, ob mein Eidgesell
Das Geldt gleich mit mir teilen wöll,
Er hat dreißg Thaler eingenommen,
Wann ich bin auß dem Hauß nit kommen,
Stund in eim finstern winckel dort,
Hab zelen sehen vnd gehort,
Wo er mich mit dem Geldt wil effen,
Ich wil jn bücktsch wider treffen,
Ich schweig, da thut mein Gsell her-gahn,
Wilt jetzund teilen vns den lon.

Der Artzt zelet die Thaler, vnd
spricht:

Die zweintzig Thaler haben wir,
Nem die zehen, gebüren dir.

Der Teuffel nimt das Geldt, vnd
spricht:

Hat dir der Jud denn nit mehr geben?

Der Artzt reckt zween finger auff,
vnd spricht:

Nein Gsell, als war als ich thu leben.

Der Teuffel spricht:

Gsell wo sol ich nun faren hin?

Der Artzt spricht:

Es trug dein Juden guten gwin,
Wie wann du in die Statt theilt wandern
Vnd führst dein Juden in den andern.

Der Teuffel spricht:

Ja wol macht dich zuß Juden Hauß,
Treib mich auch von dem andern auß.
    (Der Teuffel geht ab.)

Der Artzt lacht vnd spricht:

O du bist mir warlich on zweiffel,
Gar ein fromb einfeltiger Teuffel,
Der mein bettrug nit mercken thut,
Mit im wil ich gwinnen groß Gut,
Nun ich wil nach inb Statt hinein,
Der Jud wird nun besessen sein.
    (Der Artzt geht ab.)

(Esaw der Jud fährt dem Mose an einer grossen
Ketten ein, der schlecht mit Fäusten vmb sich.)

Esaw spricht:

O daß jetzunder der Artzt käm,
Sich meins Vetter Mose annäm,
Vnd hülff jm, wie er mir hat than,
Wolt jm auch geben guten lón.

(Der Artzt geht ein!)

Esaw spricht:

O Meister, wie komt jr so recht,
Mose mein lieber Vetter fecht,
Der hat die Kranckheit gleich wie ich,
Beschweret jn auch gleich wie mich,
Wil euch auch dreissig Thaler geben.

Der Artzt spricht:

Ja wol, so schweigt vnd mercket eben,
Ich beschwer dich Geist bey pir par,
Bey Flederwisch, Hering vnd Lar,
Daß du, du alter Beltzenbock,
Außfarest vber stein vnd stock,
In das wild Gerörich hinauß,
Vnd raumest mir bald dises Hauß,
Gib antwort mir, wilt du das than?

Mose der bsessen Jud spricht:

Heb dich du schendtlich loser Mann,
Laß mich mit rhu in disem Hauß,
Ich laß mich kein Dieb treiben auß,

Du

Du bist ein Dieb, hast mir verholn
Von dreißsig Thalern zehen abgstoln,
Darumb darffst du mit mir nit balgen,
Heb dich, du ghörst an liechten Galgen.

Der Artzet spricht:

Du arger Geist, mit disen dingen,
dörfftst du bald ein an Galgen bringen,
Ich muß gehn in dem Büchlein binnen,
Nach ein krefftiger bschwerung sinnen,
Dich böser Geist zu treiben auß.

(Der Artzet geht ab.)

Der bsessen spricht:

Nein, du bringst mich nit auß dem Hauß,
Du Küartzt, vnd diebischer Dieb,
Auff dein beschwern ich gar nit gib.

Der Artzet komt wider, vnd spricht:

Teuffel, dein alt Weib ist daniden,
Hat mich zu dir herauff beschiden,
Die ist her von dem Chorgricht kommen,
Hat mir jr Brief vnd sigel gnommen,
Hat dich gwonnen am Chorgericht,
Du must zu jr, vnd anderst nicht,
Jetzt komts herauff, besinn dich eben,
Was du jr wolst zu antwort geben.

K

Der Teuffel redt auß dem beseßnen,
vnd spricht:

Wie, wie, ist mein alts Weib kommen,
Hat ein Brief vom Chorgricht gnommen,
Doß ich muß wider zu der Alten,
Vnd mit jr wie vorhin haußhalten,
Ja wol, ja wol, da bleib ich nicht,
Mein Artzt sey ledig deiner pflicht,
Ich fahr dahin, mein lieber Gsell,
Wolt eh ewig sein in der Hell,

Da het ich villeicht besser rhu,
Alda mit wissn ich scheiden thu.

Esaw der Jud beschleust:

Ir Herren nemet vns den Schwanck
Nit zu verdrieß vnd zu vndanck,
Den wir zu kurtzweil habn gemacht,
Wie man denn jetzt thut zu Faßnacht,
An alles arges wie wir hoffen,
Habn Jüdn vnd alte Weiber troffen,
Nun frew wir vns daß dise Statt
Keinen Juden mehr in jr hat,
Die solch kurtzweil möcht habn verdrossen
So hoff wir auch, daß diser possen
Die alten ehrbarn frommen Frawen,
So auß rechter lieb vnd vertrawen
Irn Ehmännern sind vnterthan,
Auch darinn kein verdriessen han,

Dieweil vnd wir doch hie vermein
Die zänckischn vnd bösen allein,
Von den Salomon sagt in quel
Diß Weib sey bittrer denn die Hell,
Vnd besser sey wohnen vnd wachen
Bey Löwen, Schlangen vnn bey Drachen,
Denn bey eim solchen Weib in zorn,
Wenn sie ist recht entrüstet worn,
Achtet weder trew, lieb noch ehr,
Der Weib findt man hie keines mehr,
Wann sie sind all jenseit deß Bachs,
Da stifftens noch vil vngemachs,
Weit von vns hin, wündscht sie Hans Sachs.

Die Personen dises Spils.

Der Artzet	1.
Mose der Jud	2.
Esaw der Jud	3.
Das alt böß Weib	4.
Der Teuffel	5.

Anno Salutis, M. D. LVII.
Am 24. tag Septembris.

———

Ein Comedi mit acht Perſonen.

Eſopus der Fabeldichter, vnd hat fünff Actus.

Der Ehrnhold ſpricht:

Seit all gegrüſt jr Ehrbarn Leut,
Dieweil es iſt vor Faßnachtzeit
Da màn ſich braucht inſonderheit
Mannicher freud vnd frölichkeit,
So hab wir euch auch fürgenummen,
Ein Comedi zu vberſummen,
Von Eſopo dem Fabeldichter,
Ein weiſen vernünfftigen Richter,
Der vnter ſein Fabeln allzeit
In ſchimpff anzeigt Kunſt vnd warheit,
Nicht allein in Fabelgedichten,
Sonder in all ſeinen Geſchichten,
Wie ſchimpfflich auch war jr anſehen,
Doch durch klaren Verſtand geſchehen,
Vnd reichen zu eim guten end
Der wort etliche hie benent
Wie jr ſie ſchwanckweiß hören werd,
Wie ſie ſtehnd in ſeim Buch erklert.
Nun ſchweigt, ſeit ſtill, werd jr in nehen

Kurtzweilig Schwenck hören vnd sehen,
Die von Esopo sind geschehen.

(Ehrenbold geht ab.)

Mercator der Menschenkauffmann geht ein, redt mit im selbst, vnd spricht:

Ich hab sie kaufft in Phrygia
Etliche schöne Jüngling da,
Die ich widerumb wil verkauffen,
Weil sie müssen zu fussen lauffen,
So werden sie müd, mat vnd hellig,
Gar vnansehlich vnd vnfellig,
Weils auch haben zu tragen vil,
Drumb Mietpferd ich bestellen wil,
Auff daß sie all haben zu reiten,
Weil Samuo noch liegt gar von weiten,
Da wir hineilen auff den Marck,
Auff daß die Jüngling frisch vnd starck
Bleiben, vnd thewr sind zuverkauffen
Daß ich Geld lös ein grossen hauffen
Dort komt ein Mann, den kenn ich wol,
Den ich vmb Mietpferd fragen sol.
Zenas, glück zu, für meine Knaben
Solt ich etliche Mietpferd haben
Sie vnd jr Gerhet zu tragen,
Kanst helffen, thu mirs nit versagen.

K 3

Zenas der Herr Esopi spricht:

Mein Mercator ich hab kein Pferd
Hinzuleihen, nach deim Begerd,
Do hab ich ein Leibeigen knecht,
Wer dir derselbig nütz vnd recht,
Den wolt ich dir zu kauffen geben.

Mercator spricht:

Laß schawen den, ist er mir eben,
Ich kauff dir den bei glauben ab,
Führe auch mit auff den Marck hinab.

Zenas spricht:

Esope, Esope, kom rauß.

Esopus komt vnd spricht:

Was wilt du mein, jetzt bin ich drauß,
Darffst mein nit, geh ich wider nein,
Im Hauß wird es mir wermer sein.

Zenas spricht:

Schaw Mercator, das ist der Knecht,
Kauff, ich will dir jn geben recht.

**Mercator schawt den höckerichten
vngschaffnen Esopum sawer an, vnd
spricht:**

Ey von wann bringst du das Meerwunder.
Mich dünckt eben er sey besunder

Aller Meerwunder ein Trommeter,
Wie ein Beltz auf sein ermeln steht er,
Hat ein groß maul, auffgschwollen Backen,
Ich glaub er könn nichts denn strohacken,
Hat ein grossen aufgschwollen Bauch,
Als sey er ein grosser Weinschlauch,
Mit grossen schenckeln dick vnd kurtz,
Er ist ein rechter Kleyenfurtz.
Meinst, ich wöl solchen Vnfurm kauffen,
Ich müßt mit solcher Wahr entlauffen,
Derhalb zeuch ab, ich wil sein nit.
   (Der Kauffmann wil abgehen.)

Esopus zupfft jn, vnd spricht:

Verzeuch ein weil, das ist mein bit,
Bleib, man sol bessern dir dein lohn,
Kömst erst, du blibst ein weile stohn,

Mercator spricht:

Dildapp bleib bei deim Herren stehn,
Vnd laß mich meinen weg hingehn.

Esopus helt jn vnd spricht:

Wilst gehn, warumb blibst vor nit drauß,
Weil du nichts kaufst in disem hauß,
Du werst mit ehrn wol draussen bliben.

Mercator spricht:

Das verpafelt Pfennwert thut mir nit lieben,

      K 4

Solt ich dich kauffen an dem end,
Ein Säwmarckgrempler man mich neñt
Du bist vnflätig vnd vngstalt
Eben wie man Marcolfum malt,
Wie ein Schewsal gelidmasirt
Vnd ein Schüßlkorb proporcinirt
Wo ich mit dir zu Marck würd stahn,
So wird mein spotten jederman.
Drumb laß mich gehn in Henckers nam
Darff solch Gattung nit in mein Kram,
Drumb troll dich bald, ich darff nit dein.

Esopus spricht:

O ich wolt dir wol gar nütz sein,
Wenn du mich kauffest, gelaub mir.

Mercator spricht:

Was nutz mag ich haben von dir?

Esopus spricht:

Hast freche Kinder in deim Hauß,
So stets lauffen auff Gassen nauß,
Den mich zu eim Zuchtmeister setz,
Die werden fürchtn mich zuletz,
Mich halten für ein Faßnachtputzen.

Mercator lacht vnd spricht:

Ich muß gleich deiner abweiß schmützen.

Zenas wie thewr achtst den vnlust,
Den vngeschaffen Suppenwust,
Daß ich nit vnkaufft köm von dir?

Zenas spricht:

Sag, ob du nit wilst geben mir
Dreiffig silberne Pfund für jn,
So nem jn vmb drey Häller hin
Daß ich nur des Freßlings abkum.

Mercator gibt jm drey Häller, vnd
spricht:

So hab die drey Häller drumb.
Esope nun bist jetzund mein,
Nun kom, so wöln wir hinein
Auch zu deiner Mitgsellen hauffen,
Die ich auch sampt dir wil verkauffen,
Zu Samno in der groffen Statt,
Da es morgen ein Jarmarckt hat,
Da ein Natürlich Meister wohnt,
Wellicher Xantus ist genant,
Zu dem raisen vil junger Gsellen,
Welche bey jm studiren wöllen.

(Sie gehnd beid ab.)

So gehn sein zwei Gsellen ein, der
Harpffenschlager spricht:

Potz quinta, schaw nur an von ferr,
Was hat doch kauffet vnser Herr

P 5

Für ein vngestalte Person,
Er sicht gleich wie ein Paphion,
Er wirds ewiglich nit verkauffen,
Die Leut werden davor entlauffen,
Wo hat vnser Herr hingedacht?

Grammaticus spricht:

Wann her hat er den Wehrwolff bracht,
Er sicht gleich wie ein alter Han,
Weder gatzen noch Eyer legen kan,
Glaub er hab weder witz noch sinn,
Er hat je all sein tag vorhin,
Nie kauffet ein solchen vnfurm,
Weiß nit, ists Mensch oder ein Wurm.

Der Kauffmann tritt ein mit Esopo, vnd spricht:

Ir Gsellen, jr mögt wol billich trawren,
Ewer vnglück thut mich selbst tawren,
Daß ich kein Mietpferd an mag kommen
Das Ghret zu tragen, vnd darumben
Müst jr die Bürden selber tragen,
Wir müssn gen Samno, eh es ist tagen,
Teilt die bürd auß, so wöl wir gehn,
Vns taug nit müssig hier zu stehn,
Zu eim Ghülffen habt ihr auch den.

(Sie nemen die korb vnd Bürden vnd gehnd herumb, darmit ab.)

Actus 2.

Xantus der Natürlich Meister geht ein,
redt mit sich selbst, vnd spricht:

Heut ist ein grosse Jahrmeß hie,
Ich seh aber kein Kauffman hie,
Welcher hat feil Leibeigen Knecht,
Eins dörfft ich wol, der köm mir recht,
In meim Hauß poßlarbeit zu than,
Ich wil gen wieder heimwärts gahn
Wil ober ein stund kommen herwider,
Ob Leibeigen Knecht kömen siber.

(Er geht ab.)

Mercator komt mit dem Harpffen-
schläger, Grammaticus vnd Esopo,
vnd spricht:

Legt da alle Bürdegerhet nider,
Vnd stell sich hie zu Marck ein jeder,
Schickt euch, wir haben nit zu beiten.
Grammatice steh auff die recht seiten,
Vnd nem das Buch in deine heud,
Darbey wirst wolglehrt erkent,
Etwann dich kaufft ein weiser Mann,
Du Harpffenschläger steh hinan,
Auff die linck hand, mit deiner harpffen,
Daß man dich erkenn für einen scharffen
Harpffenspiler, daß dich mit wirz
Ein Burger kauff zu dem Hofirn.

Du Esope auch fürher tritt,
Stell dich in dieser zweyen mitt,
Daß ich dich auch verkauff mit jr,
Wirst mir nit tragen grossen gwin,
Du bist ein höflichs vnflätlein,
Wie im Hauß ein vnheimlich Schrätlein.

(Esopus stellt sich in die mitt.)

Der kauffman greift jn an, vnd spricht:

Ey lieber steh doch nit so bucklet,
So höckricht, kropffet vnd so hucklet,
Steh fein gerad, wie dise zwen.

Esopus zuckt sein Achsel, vnd spricht:

Ey wilt du mich erst lernen stehn,
Du müst vor dreissig Jarn sein kommen,
Mich eh vnter dein hend habn gnommen,
Ich steh gleich wie ich gwachssen bin.
Wie wenn du mich noch eh gebst hin,
Denn die zwen graben an der spitz,
Jr thun hat weder sinn noch witz,
Ob gleich mein Leib ist vngestalt,
Hab ich der sinn doch mannigfalt.
Derhalb so sorg du nicht für mich,
Sonder für die zwen, vnd für dich.

Xantus der Natürlich Meister komt,
geht für sie auff vnd nider, redt mit
ihm selbst, vnd spricht:

Diser Kauffman ist on all sinn,
Daß er stellt zu den schönen hin
Disen wüsten krummen vnflat,
Darmit er gleich entstellet hat
Die andern wolgestalten zwen,
Ich wil gleich zu jm anhin gehn,
Forschen vnd fragen was sie künnen,
Was Kunst jeder hat angenommen.

Xantus fragt den Harpffenschlager,
vnd spricht:

Sag von was Lands du bürtig bist?

Harpffenschlager spricht:

Herr von Cappadocia wist,
Da bin ich Ehlichen geborn.

Xantus Philo. spricht:

Was Kunst bist du gelehret worn?

Harpffenschlager spricht:

Harpffenspielen hab ich gelehrt,
Darmit so hab ich mich genehrt,
Hab mit schönen Frawen hofirt,
Was mich dein Mund sonst heissen wird,

Das kan ich alls nach rechter art,
Hurtig vnd rund zu aller fart.

(Esopus thut ein lauten lacher.)

Grammaticus spricht:

Weß mag nur vnser Mitgsell lachen,
Daß er so weit auffreißt sein Rachen,
Daß man jm wol, wer hett gewett,
All seine Zän gezelet hett,
Wie hat er so ein weite Goschen,
Zwen hettn wol Habern darinn droschen.

Harpffenschlager spricht:

Er hat nit glacht, er thut zanklaffen,
Die kelt gibt jm so viel zu schaffen,
Daß ers maul so anangl auffreißt,
Frag jn halt selb, auf daß vns weist.

Grammaticus spricht:

Mein schöner Knab weß hast gelacht,
Vnd so ein weite Goschen gmacht?

Esopus spricht:

Ey ey, an Galgen du wüste Saw,
Dein weite Waffel selb anschaw,
Laß mich lachen vnd weine du,
Vnd hab die drüß auffs Maul darzu,
Du grober Esel verspottest mich,
Vnd bist doch gröber vil denn ich.

Xantus zum Mercator spricht:
Wie wilt den Lautenschlager geben?
Weil ers alls. kan, wer er mir eben.

Mercator spricht:
Den gib ich dir vmb tausend Pfennig,
Gib jn nit neher vil noch wenig.

Natürlich Meister spricht:
Nein, nein, der ist mir zu thewer.
Wil eh eins Knechts gerhatn hewer

Philophus spricht zum Grammatico:
Mein Son von wann bist bürtig da?

Grammaticus spricht:
Ich bin geborn in Lidia.

Philosophus spricht:
Warmit kanst dienen vberauß,
Wenn ich dich kauffet in mein Hauß?

Grammaticus spricht:
Grammaticam hab ich studirt,
Vnd alls was man mir schaffen wirdt,
Das kan ich alls, sey was es wöll,
Daran mir nichtsen fehlen söll.
                    (Esopus lacht aber laut.)

Harpffenschlager spricht:
Ey Herr wie thut der aber lachen?

Grammaticus spricht:

Geh, frag die vrsach diser sachen,
Du fahrst wie ich an einen stock,
Er heist dich ein stinckenden Bock,
Sein Zung ist rasch zuspot vnd hon.

Esopus spricht:

Du Einmaul schaw dich selber an.

Philosophus spricht:

Mercator ernenn mir die summ,
Wie gibst mir den Grammaticum?

Mercator spricht:

Vmb dreytausent Pfenning auß lieb
Ich dir den Grammaticum gib.

Philosophus spricht:

Dise zwen mir zu thewer sein,
Zu Knecht werd ich der kauffen kein,
So sicht der dritt so vngeschaffen,
Gleich eim vnkönnenden Maulaffen,
Wenn ich mit disem heim thet ziehen,
So solt mein Weib wol vor im fliehen,
Wann sie ist wol so zart vnd spech.
Doch wil ich fragen in der nech,
Von wann er sey, vnd was er kan,
Wann offt ein vngstalte Person

Fürtrifft die schönen mit Weißheit,
Mit tugenden vnd nußbarkeit.

Xantus tritt zu Esopo, vnd spricht:
Du schöner Knab, Gott grüsse dich.

Esopus spricht:

Geh weg, laß vnbekümmert mich.

Natürlich Meister spricht:

Ich hab dich grüst, gfellt es dir nit?

Esopus spricht:

Sey auch gegrüst geh hin darmit,
Vnd mich hie vnuerspottet laß.

Philosophus spricht:

Ey eh muß dich besprachen baß,
So ich dich anderst kauffen soll,
Du stellst dich gleich samm seyst du vol,
Sag, von wann du geboren bist?

Esopus spricht:

Von meiner Mutter leib das wist.

Philosophus spricht:

Das frag ich nit, sonder die Statt,
Darinn sie dich geboren hat.

Efopus fpricht:

Das weiß ich nit, ob fie mich vorn
Oder hindn im Hauß hab geborn,
In Stuben, Kammer oder Dennen.

Philofophus fpricht:

Das frag ich auch nit, thu mir nennen
Dein Vaterlande oder Statt,
Darinn fie dich geboren hat?

Efopus fpricht:

Ja frägft du das, wiß ich bin da
Geboren im Land Phrygia,
In dem Weiler Armenio.

Philofophus fpricht:

Sag mir, wie heift dein Vatter do?

Efopus fpricht:

Mein Vatter heift eben wie ich.

Philofophus fpricht:

Wie heift du denn, befcheide mich?

Efopus fpricht:

Ich heiß gleich wie der Vatter mein,
Ein Namen han wir beid allein.

Philofophus fpricht:

Wie heiffet ir denn beidefander?

Esopus spricht:

Es heisset einer wie der ander.

Philosophus spricht:

Du bist seltzamer antwort gar.

Esopus spricht:

Ich bin heut, wie ich gester war.

Philosophus spricht:

Wenn ich dich kauffet, zeig mir an,
Was du in meinem Hauß köndst than?
Was hast gelernt, laß wissen michs?

Esopus spricht:

Ich kan auff gantz Erdboden nichts.

Philosophus spricht:

Weil du nichts kanst, wo hast denn gnommen

Esopus spricht:

Vberal, wo ichs hab ankommen.

Philosophus spricht:

Auß was vrsach hast nichts gelehrt
Sag mir, wer hat dir das gewehrt?

Esopus deut auff die zwen, vnd spricht:

Schaw das sind vrsach dise zwen,
Die zu nechst thun neben mir stehn,

Die können§ all§ vollkommer maſſen,
Vnd haben mir nichts vberlaſſen,
Daß ich etwas zu lernen het,
Wie ſie deß haben dich beredt,
Sie können§ all§, drumb kan ich nichts,
Hab ich nit war, ſo widerſprich§.

Grammaticus ſpricht.:

Jetzund find ſich an diſer That,
Was diſer vor gelachet hat,
Vnſer beider, daß wir vns ſehr
Haben gerhümt, wir köndten mehr,
Denn wir je kundten alle beid.

Harpffenſchlager ſpricht:

Auß dem merck ich bey meinem Eid,
Diſer nit gar einfeltig iſt,
Sonder ſtecket vol ſchwinder liſt,
Wiewol er vngſtalt iſt von Leib,
Drumb ich kein ſchwanck mit im mehr treib,
Er gibt vmb ſich gar ſeltzam ſchmitz,
Hat mehr denn wir beid ſinn vnd witz.

Philoſophus ſpricht zu Eſopo:

Wilt du daß ich dich kauffen ſol?

Eſopus ſpricht:

Daſſelb beſinn dich ſelbert wol,
Wilt mich ſo zeuch dein Riemen gar,
Zehl vmb mich auff dein Geld ſo bar.

Philosophus spricht:

Sag aber, wenn ich dich thet käuffen,
Wolst du mir nit heimlich hin lauffen?

Esopus spricht:

Darumb würd ich dich nit rhat fragen.

Philosophus spricht:

Du thust vernünfftig redn vnd sagen
Bist aber je vngstalt, muß ich sehen.

Esopus spricht:

Die gstalt deß Leibs thu nit ansehen,
Sonder des Menschen gmüt vnd sinn,
Da findst den rechten schatz darinn.

Philosophus spricht:

Mercator wie gibst du mir den,
Der da ist in der mitte stehn.

Mercator spricht:

Du bist je ein blinder Kauffman,
Weil du wol hest zirlich Person,
Vnd wilst doch käuffen disen Schlüffel,
Ein vngehobetten groben Püffel,
Kauff der zweyr ein, daran hast mehr
Denn deß Hundkopffs preis, lob vnd ehr.

Philosophus spricht:

Der Knecht ist gut gnug, gehört doch
Den Maidn vnd Kuchn, vmbs Ofenloch,

Sag mir nur an, wie gibst du den,
Vnd behalt dir die schönen zwen?

Mercator spricht:

Wilt jn haben in vollem kauff,
So zel mir sechtzig Pfenning auff,
So sey er dein, vnd führ jn hin,
Fro bin ich, daß ich sein loß bin.

Xantus Philo. zelt das Geld, auff, vnd spricht:

Nun bist mein, folg zu fussen mir.

Esopus spricht:

Du sagst recht, nun geh ich mit dir
Auff den Füssen, nit auff dem Kopff,
Sonst meint man, ich wer ein Holtztopff,
Vnd weil du gehest, ich auch geh,
Vnd bald du stehest, ich auch steh,
Doch schaw, dz du nit werdst geschmecht,
Wenn du heimbrinstg dein schönen Knecht,
So er deinr Frawen ist zu schlecht.

(Sie gehn alle ab.)

Actus 3.

Die Haußfraw Xanti geht ein, vnd redt mit jr selb, vnd spricht:

Mein Herr hat mir verheissen schlecht,
Er wöll mir ein Leibeigen Knecht

Kauffen, der mir sampt meinen Meiden
Im Hauß sol dienen gar bescheiden,
Holtzhawen vnd das Wasser tragen,
Kehrn vnd heitzen, was man thut sagen,
Daß die Maid deß williger seyen,
Weil wir haben vil Gastereyen.

**Philosophus gehet ein, kehrt sich vmb
vnter der Thür, vnd spricht:**

Esope bleib heraussen stahn,
Ich will meim Weib dich zeigen an,
Wenn ich dir ruff, so komm auch mit.

Esopus spricht:

Geh nur hinein, ich halt dich nit,
Ich merck du fürchst die Frawen dein,
Du wirst der Herr im Hauß nit sein.

**Philosophus tritt zu seinem Weib,
vnd spricht:**

O Weib ich hab gekauffet mir
Den allerschönsten Knaben dir,
Der dir sol in dem Hauß allein
Ghorsam vnd vuterthenig sein,
In allem was man jn heist than,
Den Maiden vnd dir zuuor an,
Fort wirst du mein billich verschonen,
Mit mir nicht mehr zancken vnd gronen,

Samm dir vnd auch den Maiden dein
Der Haußarbeit zu vil werd sein.
Esope kom rein zu der Frawen,
Vnd laß dich augenscheinlich schawen.
(Esopus hinckt hinein.)

Die Fraw wendt sich von jm, vnd spricht:

Ey, ey, wo hast du hin gedacht?
Was hast für ein Vnzifer bracht,
So knappet, höckricht vnd so hincket,
So pusereinet vnd so stincket,
Sahen jn sitzn auff einr Thorseulen
Die Hund soltn sich zu tod wol beylen,
Wie sicht er so windschelch vnd grimm,
Die Maid werden fliehen vor jm,
Auch vnser kleines Kind besunder,
Nur mit jm in die Hell hinunter,
Daß jn allein ein Teuffel faul
Werffe dem andern in das Maul,
Ich mag den Knecht im Hauß nit haben,
Du sagest von dem schönsten Knaben,
Hab dirn, ich mag nit bey im wohn.

Philosophus spricht:

Ey du hast jm zu vil gethan
Deß spöttischen hons mit dem Knecht,
Er wird dir nur angenem vnd recht,
Daß du jn nicht mehr von dir laßt.

Die

Die Fraw sagt:

Ich weiß, daß du mich allzeit haſſt,
Vnd eines andern Weibs begerſt,
Derhalb du mich alſo erſehrſt,
Weil du nit offentlich haſt macht,
Haſt mir den Hundskopff einher bracht,
Daß er mich auß dem Hauß ſol treiben,
Ich wil kurtzumb nit bey jm bleiben,
Drumb gib mir her mein Morgengab,
Wil deß Tags von dir ziehen ab.

Philoſophus ſpricht:

Weil wir noch waren auff der ſtraß,
Kundſt du wol ſchwatzen vbermaß,
Nun ſo es jetzt not thut kurtzumb,
So ſtehſt ſtillſchweigend wie ein ſtumm.

Eſopus ſpricht:

Herr hat dein Fraw ein ſolchen ſit,
Warumb ſtillſt dus mit Fäuſten nit?

Sein Herr ſagt:

Knecht ſchweig, du würdeſt ſtreich verdien
Sichſt nit, daß ich jr gar hold bin,
Habs lieber dann mein eigen Leib.

Eſopus ſpricht:
Iſts war, vnd haſt ſo lieb dein Weib?

Sein Herr ſagt:
Ja ich habs lieb, warumb deß nicht.

L

Esopus sagt, vnd schreyet:
Hört zu, was wunders da geschicht,
Xantus ist ein Philosophus,
Ist doch mit Lieb in vberfluß
Mit seinem eigen Weib behangen,
Als in den Fußbanden gefangen.

Kehrt sich hernach zur Frawen, vnd
spricht:

Du Fraw, aber dich bitte ich,
Wolst gutwillig hie hören mich,
Du woltst zum Knecht ein Jüngeling
Jung, wolgestalt, schön aller ding,
Wolkönnend angestrichner zir,
Der schmeichlen künd vnd dienen dir,
Daran du deinen lust möchtst sehen,
Vnd hülff auch seinen Herren schmehen.
Du güldner mund Euripidis
Deß weisen Mann, wie hast so gwiß
Gesagt, es sind groß vngestümm
Im Meer vnd Wassern vmb vnd vmb,
Armut sey auch ein groß beschwerd,
Auch Kranckheit, vnd schand hie auff erd,
Doch sey nichts schwerers eins manns leib
Denn ein zornig vnd böses Weib.
Derhalb beger fort nit zu haben
Zum Knecht ein schönen jungen Knaben,
Es möcht deim Herrn reichen zu schand.

Die Fraw spricht zornig:
Schaw wie treibst du so groß spot vnd tand,
Du bist nicht allein vngeschaffen,
Sonder mit hon spöttischem klaffen,
Ich wil gleich auß dem Hauß gahn.
(Die Fraw geht trawrig ab.)

Philosophus spricht:
Schaw den hader richtst du jetzt an,
Daß mein Fraw ist entrüstet worn.

Esopus spricht:
Es weicht nit bald der Frawen zorn,
Biß vier vnd zweintzig stund vergehnd,
Als denn sie wider frölich send.

Philosophus spricht:
Nun so schweig du nun dalling still,
Wann du weist je, es ist mein will,
Daß du solst dienen vnd nit habern
Mit vnnützen worten zu dabern.

Esopus spricht:
Hast mich doch selber heissen reden,
Drumb sag ich euch die warheit beden.

Philosophus spricht:
Kom ich wil zu Zona dem Meister
Zu Gast, daselben ist ein feister
Capaun, den wil ich helffen essen,
Da hab ich mich heimlich vermessen
Meinr gutwilligstn ein bißlein schicken,

L 2

Darmit jr freundschafft zu erquicken,
Die du jetzt hast gemachet schwach.
Nem, das Körblein, vnd folg mir nach,
Ob ich wider jr huld empfach.

(Esopus nemt das Körblein, vnd geht dem Herrn
nach auß.)

Actus 4.

Die Fraw des Philosophi gehet ein,
setzt sich, vnd spricht:

Wie sieng ich an ein list mit dem,
Daß ich deß schendlichn Knechts abköm,
Er ist gespöttisch vnd verschlagen,
Thut mir wol offt die warheit sagen,
Der ritt danck jms, vorhin ichs weiß,
Er macht mir offt vor ängsten heiß,
Nun mag ich je bey jm nit bleiben,
Er muß mich, oder ich jn vertreiben.

Esopus geht ein mit dem Körblein
verdeckt, vnd spricht heimlich:

Mit dieser speis mag ich wol sprechen,
Mich an meins Herren Weib zu rechen,
Weil sie gantz hässig auff mich sicht,
Vil habers beim Herrn mir zu richt,
Daß er mich täglich an thut schnarren,
Macht jn meinthalben zu einem Narren.

Die Fraw ſpricht trotzig:

Was redſt du aber wider dich,
Du Fantaſt biſt halb ynſinnig,
Was thuſt im Körblein tragen nan?

Eſopus ſpricht:

Fraw bie ſach geht dich gar nit an.

Eſopus rüfft dem Hund, ynd ſpricht:

Zencklein kom her, der Herre dein,
Hat dir der gutwilligſten ſein
Her gſendt das feiſt biech von dem Koppen,
Das thu in dein feiſt Bäuchlein ſchoppen,
Von ſeinetwegen, wenn er kum,
So dancke jm freunblich darumb,
Wehzegel mit dem Schwentzel dein,
Zeig dich die gutwilligſten ſein.

(Das Hündlein nagt das biech ab. Eſopus geht
ab.)

Die Fraw ſpricht:

Der Knecht hat ſo vil angetriben,
Daß mich mein Herr nit mehr thut lieben,
Hat den Hund vil lieber denn mich,
Wie ich mit meinen augen ſich,
Weil er gen mir iſt grob ynd hert,
Sol jm mein lieb auch ſein verſpert.

L 3

Ir Herr komt, setzt sich zu ir, greiffet
sie freundlich an, vnd spricht:

Grüß dich Gott meins Hertzn Trösterin,
Wie sitzst du so trawriger sinn,
Sag an, wer hat betrübet dich?

Die Fraw stößt jn weg, vnd spricht:

Geh hin, vnd laß zufriden mich.

Der Herr sagt:

Mein Fraw das zimt dir nicht zu than
Also gen dein Ehlichen Mann,
Sonder du solt jm freundlich sein.

Das Weib ruckt von jm vnd spricht:

Geh weg, schmeichel der Hündin dein,
Der du denn hast dein speis gesendt,
Darbey ich klerlich hab erkent,
Du hast den Hund lieber denn mich.

Ir Herr sag::

Den Hund hab nit gespeiset ich,
Sonder dich, mein liebs Weib zu wissen.

Das Weib sagt:

Dein Knecht mir geben hat kein bissen,
Sonder dem Hund mit schmeichlerey.

Der Herr rüfft:

Esope kom, sag wie im sey,
Wem hab ich gschickt die speis zu hauß?

Esopus spricht:

Du befalchſt mit fleiß vberauß,
Deiner gutwilligſten zu bringen.

Der Herr ſagt:

So biſt du nachkommen den dingen?

Esopus spricht:

Ja ich habs geben deinem Hund,
Der iſt dir gutwillig all ſtund;
Thuſt jn gleich ſchelten oder ſchlagen,
Thuſt jm ein freundlich wort zu ſagen,
So laufft er widerumb zu dir.

Der Herr ſpricht:

Du ſchlack, ich hieß dichs bringen jr,
Mein Weib ſol bringen diſe ſpeiß.

Esopus spricht:

So muſt du gſagt habn ſolcher weiß,
Bring die Speiß meinem Weib allein,
Vnd nit der gutwilligſten mein,
Wann dein Weib nit gutwillig iſt,
Sonder widerſpenſtig all friſt,
Mit eim wort machſt du ſie zerrütt,
Jr lieb vnd freundtſchafft gar verſchütt.

Die Fraw ſpricht zornig:

Weil du dein Knecht beheltſt im Hauß,
So wil ich ſelbert gehn hinauß,

Wiberheim zu dem Vatter mein,
Dich laſſen bey dem Knecht allein.

(Die Fraw geht truzig ab.)

Philoſophus ſchreyt, vnd laufft jr
nach auß, vnd ſpricht:

Bleib da liebs Weib, vnd ſey doch ſtill,
Den Knecht ich hefftig ſtraffen will.

Eſopus ſpricht:

O lieber laß nur lauffen auß,
So habn wir alle rhu im hauß,
Durch ſie hebt ſich ſonſt mancher ſtrauß

(Eſopus geht auch ab.)

Actus 5.

Philoſophus komt vnd ſpricht:

Mein Liebe Gmahel die iſt hin,
Deß ich betrübt im hertzen bin,
Was ich auffs freundlichſt jr zuſchreib,
Noch komt nit widerumb das Weib,
Verheiß jr groſſe gab zu ſchenken,
Noch wil das Weib nit zu mir lenken
Weiß nit, wie ichs zu wegen brecht,
Jetzt komt der vnglückhafftig Knecht

Eſopus komt, der Herr ſpricht:

Schaw du Böſswicht haſt triben auß
Mir mein liebs Weib auß meinem Hauß,
Die kan ich nit mehr zu mir bringen.

Esopus spricht:

O Herr sorg nit, mit diesen Dingen
Kan ich vmbgehn gar meisterlich,
Daß sie selb nit wird saumen sich,
Wird dir selber lauffen zu Hauß.

Xantus der Philosophus spricht:

Kanst du dasselbig richten auß,
So spar kein fleiß, kost was es wöll.

Esopus spricht:

Zwey hundert Pfenning mir zu stell,
Darmit will ich gen Marck hin lauffen,
Koppen, Hasen vnd Hüner kauffen,
Vnd darnach mit lauffen hinauß
Für ihrs Vatter ewrs Schwehers Hauß,
Wo sein Maid oder Knechte fragen,
Was werden wöll, so will ich sagen,
Wie jr wölt nemen ein ander Weib,
Was gelts, wo dein Weib aussen bleib.

Xantus gibt jm Geld, vnd spricht:

Seh hab dir Geld, kauff reichlich ein,
Bringst mir wider die Fräwen mein,
So tregt es dir ein newes Kleid.

Esopus nimt das Geld, vnd spricht:

Albe mit wissen ich abscheid.
(Sie gehnd alle beyd ab.)
L 5

Esopus komt wider, tregt ein Hasen
    vnd Hüner im Korb, vnd schreyet:

Hat man nit feil Hüner vnd Gäns,
Rebhüner, Vögel, dergleichen gebens,
Daß mans meim Herrn zu Tische trug,
Dem wolts ich thewer zalen gnug.

Harpffenschlager geht herauß, vnd
    spricht:

Esope was wird bei deim Herrn,
Für ein köstliche Malzeit wern.

Esopus spricht:

Er wird morgen deß tags seim Leib
Nemen ein ander Ehlich Weib,
Weil die erst ist geloffen hin,
War gar ein stolze zanckerin,
Drum wird er eine andre begaben,
Vnd morgen mit jr Hochzeit haben,
Mein lieber kom auch auff den tag,
Vnd zu Tantz auff der Harpffen schlag.

Harpffenschlager spricht:

Was wird sein erst Weib darzu jehen?

Esopus spricht:

Sag was sie wöll, ich laß geschehen.

Harpffenschlager spricht:

Ich will gehn nauff, vnd will jrs sagen.

Esopus spricht:

Da thu ich eben gar nichts nachfragen,
Weiß sies so ists mir Kyrieleis,
Wo nit, so ist es Christeleis,
Sie sehs gleich vngern oder gern,
So wird morgen die Hochzeit wern.

(Sie gehnd beid ab.)

Philosophus komt, vnd spricht:

Was wird mein Knecht nur richten auß,
Bringt er mein Weib wider ins Hauß,
So ist er vil gscheiber wann ich,
Weil ich lang hab bemühet mich,
Hab dennoch gar nichts auß gericht
Sie hat mir wöllen kommen nicht,
Bringt er, so halt ich vil daruon
Hör, hör, es klopffet jemand an.

(Philosophus thut auff.)

Die Fraw geht ein, vnd spricht:

Ja, ja, ja, ja, ist das die sach
Dem du lang hast getrachtet nach,
Left mich dein Galgenschwengl vmbtreiben
Mit spot in deim Hauß nit zu bleiben,

Daß du dir nemst ein ander Weib,
Sollichs aber fol deinem Leib
Nach deim Fürschlag zu gut nit werden,
Dieweil ich noch hie leb auff Erden,
So muſt zu eim Weib haben mich.

Philoſophus ſpricht:

Von hertzen geren hab ich dich,
Wenn du mir liſt dein jähen zorn,
So werſt mir lieb vnd auſſerkorn,
Für alle Weib auff Erderich.

Die Fraw ſagt:

Zu manchem zorn reitzt du mich,
Mit deinem vnflätigen Knecht.

Philoſophus ſpricht:

Nun ſchweig, ich wil im thun gar recht,
Mein Weib, vnd ſey nur guter ding,
Ich wil ſchawen, daß ich fürbring
Ein vrſach noch in kurtzen tagen,
Den Knecht mit Ruten hart zu ſchlagen,
Daß im ſein hon vnd ſpot vergeh,
Darmit wir habn ein gute Eh,
Darumb wolauff laß vns hinauß
In den Garten ins Sommerhauß,

Darmit all zwietracht nem ein end
Sich aller krieg zu fride wend,
Darauff gib mir dein rechte händ.

(Sie gibt im ir Hand, er vmbfecht sie. Sie
gehnd alle beide ab.)

Der Ehrnhold kommt vnd beschleust

So end sich die Comedi mit,
Doch ist vnser hoch fleissig bit,
An die Ehrbarn züchtigen Frawen,
Die dem Schimpffspiel zu theten schawen,
Wellns vns zum ergsten nit anschlagen,
Weil wir vom bösen Weib thetn sagen,
Weil es der Text also hat geben,
Weil die bösen Weiber nit mehr leben,
Sind wol gstorben vor hundert Jaren,
Die also Herrn in Häusern waren
Doch habns vns gelassen da hinden
Weiber von jren Töchtern vnd Kinden,
Mit den wir jetzund halten hauß
Sind fast jr Mütter art durchauß,
Deß ist aller Männer begern,
Daß sie ein wenig gschlächter wern,
Darburch gut rhu vnd frid aufwachs
Im Ehlichn Stand, das wünscht Hans Sachs

Anno Salutis, M. D. LX.
Am 23. Tag Novembris.

Die Personen dieser Comedi:

Ehrnhold.

Xantus der Natürlich Meister.

Albina sein Gemahel.

Esopus der Fabeldichter.

Zenas ein Herr Esopi.

Mercator ein Kauffmann.

Harpffenschlager ⎫
Grammaticus ⎬ zween Knechte.

Erklärungen.

Die Orthographie, welche Hans Sachs befolgt, ist ganz die des sechzehnten Jahrhunderts, wie sie sich in Luthers Werke findet.

Er kennt keine andern Unterscheidungszeichen, als Comma und Punct; nur zuweilen setzt er den Doppelpunct. Er schreibt immer zu Anfange eines Worts v für u als

vnd vnn — und

in der Mitte und am Ende hingegen

daruon — darvon,

r schreibt er immer mit einem h, als

rhümen rhu.

Noch muß bemerkt werden, daß das so oft wiederkehrende Wann Denn oder Indem bedeutet.

Inhalt.

Dichtungen.

Hans Sachs und sein Ehweib.

Hans Sachs' Dichterweihe.

Hans Sachs.

Eine

Auswahl für Freunde

der

ältern, vaterländischen Dichtkunst,

von

Johann Adam Göz,

vormaligem Studien-Rector.

Zweytes Bändchen.

Mit einem Titelkupfer, H. Sachs's Dichterweihe darstellend.

Nürnberg,
bei Bauer und Raspe
1 8 2 9.

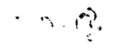

Erklärung des Titelkupfers.

———

Hans Sachs steht an einem Sonntagsmorgen, sinnend auf Lieder, in seiner Werkstätte. Es nähert sich ihm die personificirte Historia, Mythologia, ein Mittelwesen zwischen einer altteutschen Frau und einer Göttin, die ihn traulich am Arm faßt, während die Muse des Gesangs, seitwärts stehend, den Kranz empor hält, um ihn damit zu bekränzen.

———

Obgleich Hans Sachs selbst diese Auswahl seiner Gedichte, im ersten Bändchen, mit seiner Lebensgeschichte und seiner dichterischen Laufbahn, die freylich nur nackte Wahrheit und durchaus keine Dichtung enthält, eröffnete: so stehe doch hier ein kurzer Ueberblick seines Lebens, um so mehr, als bey ihm der Dichter den Menschen, und der Mensch den Dichter durchbringt, und beyde in der innigsten Wechselwirkung stehen und sich gegenseitig erklären *).

Der 5te Nov. 1494 war der Tag, an welchem die Muse des Gesangs über der Wiege des neugebornen Knabens freundlich lächelte. Es war ein trauriges Jahr, denn es herrschte in demselben in Nürnberg und in der Umgebung ein großes Sterben durch eine bösartige Seuche,

A 3

---

*) Mit lobenswerthem Fleiß hat Ranisch in seiner historisch-kritischen Lebensbeschreibung Hanns Sachsens (Altenburg 1765. 8.) Alles gesammelt, was er nur irgendwo über ihn auffinden konnte. Seine Schrift ist daher ein sehr brauchbares Repertorium.

an der selbst seine Aeltern erkrankten, aber glück-
lich wieder genaßen.

Sein Vater, ein ehrsamer Schneidermeister,
gab ihm eine sorgsame Erziehung. Schon mit
dem 7ten Jahre seines Alters schickte er ihn in
eine von den lateinischen Schulen, deren Nürn-
berg damals mehrere hatte. Hier lernte er, wie
er selbst sagt,

— — — Puerilia
Grammatica vnd Musica,
Nach schlechtem Brauch dieselber Zeit,
Solchs alls ist mir vergessen seit.

Doch nein; er vergaß sie nicht, diese Pueri-
lia. Sein offener Kopf scheint vielmehr die Ge-
genstände jenes noch so dürftigen Unterrichts
schnell aufgefaßt, und in sich gestaltet zu haben.
Diese Puerilia waren die Grundlage, auf die
er in der Folge seine so unermeßliche Belesenheit
baute, und wodurch er auch sein so glückliches
Singorgan übte und ausbildete.

In seinem 15ten Jahre wurde er einem Schuh-
macher-Meister in die Lehre gegeben. Da ihn
von früher Jugend an die Ermahnungen, und
noch mehr, das Beyspiel seiner Aeltern, Recht-
lichkeit und frommen Sinn eingeflößt hatten: so
gewann sich der fleißige, bescheidene und anstellige
Schusterjunge die Liebe seines Meisters und der

gesammten Schuhmacher-Zunft so sehr, daß er nach zwey Jahren Lehrzeit zum Gesellen gesprochen wurde. Nun konnte er ungehinderter in den Mußestunden, die ihm von dem Betriebe seines Handwerks frey blieben, seiner Neigung und dem innern Drang seines Herzens folgen.

Damals nämlich blühte noch in Nürnberg der Meistergesang, und mancher rechtliche Bürger, der dem Vereine der Meistersänger angehörte, sann in seiner Werkstätte, während seiner Arbeit, auf Lieder in einem der gefeyerten Töne älterer Meister, oder auch in einem eigenen, von ihm selbst erfundenem, Tone, die er dann in der Sangschule oder auch öffentlich, absang. Hans Sachs, in welchem schon als Knabe der Funke der Poesie geglimmt hatte, fühlte sich mächtig von einem Vereine von Sängern angezogen, die ihm als Handwerker nahe standen, und in deren Kreis er hoffen konnte, einst selbst mit Ehren auftreten zu können. Leonhard Nunnenbeck, ein Leineweber in Nürnberg, war der Mann, der ihn im Technischen des Meistergesangs, das heißt, in der Tabulatur, unterrichtete. Wahrscheinlich übertraf der Jünger mit seinem ersten, stillen Versuche, am innern Gehalte und Geiste, schon den Meister, der seine ganze Kunst in die genaue Kenntniß jener Tabulatur setzte.

Schon in seinem siebzehnten Jahre begab er

sich auf die Wanderschaft, wo er nicht bloß seiner Profession nachreiste, sondern überall die Sang-schulen der Meistersänger, wo er sie nur ir-gendwo fand, besuchte. Er hatte der Muse des Gesangs so ganz sein Herz geschenkt, daß er ein-zig in ihrem Umgange die Freude seines Lebens suchte und fand. Die Richtung seiner Wander-schaft war südlich über Regensburg, Passau und Salzburg nach Tyrol, wo er zu Inspruck, nach seiner eigenen Aussage, eine Zeitlang in die Dienste Kaiser Maximilians als Waidmann trat. Wahrscheinlich benutzte der junge, kräftige Mann mit offenen Sinnen und reger Wißbe-gierde, die sich ihm darbietende Gelegenheit, das Leben und Treiben des kaiserlichen Hofes auf der Jagd kennen zu lernen. Von Inspruck aus ging er nördlich bis Cölln und Aachen. Vorzüglich verweilte er in den Städten, in denen er Sang-schulen fand. Sein erster Bar, den er in sei-nem zwanzigsten Jahre dichtete, und mit dem er zu München Schule hielt, gewann den Beyfall der Merker; es war ein Loblied Gottes (Glo-ria Patri, Lob und Ehr), im Tone Marner's, eines schwäbischen Edelmannes und sehr geschätz-ten Meistersängers.

Nach einer fünfjährigen Wanderschaft kehrte er endlich in seinem 22sten Jahre, nach dem Wil-len seines Vaters, in sein heimathliches Nürnberg zurück, erwarb sich das Meisterrecht, und verehlichte sich mit Kunigunde Kreuzerin, der einzigen Tochter eines wohlhabigen Bewohners in Wendelstein, unweit Nürnberg. Nun begann er seine bürgerliche und dichterische Laufbahn, in der er von seinem 22sten Lebensjahre bis in sein 78stes muthig fortschritt. Er lebte von nun an, wie sein Handwerksgenosse und gewißer Maßen Geistesverwandte, Jakob Böhm, gleichsam ein doppeltes Leben. Während er nämlich in seiner Schuster-Werkstätte mit genügsamer, anspruchloser Emsigkeit arbeitete, lustwandelte sein Geist in den Räumen der Vorzeit und der Phantasie. Beyde Männer, Hans Sachs und Jakob Böhm *), so unvergleichbar sie sonst mit sich sind, haben doch Das gemein, daß sie unaufhörlich strebten, die Hervorbringungen ihres fruchtbaren Geistes nicht nur in sich auszubilden, sondern auch schriftlich außer sich darzustellen.

A 5

*) Es verdient beachtet zu werden, daß aus seiner Schuster-Werkstätte der erste teutsche Volksdichter, der claßischen Werth behält, hervorging, und daß in einer Schuster-Werkstätte sich auch die Keime der Naturphilosophie zur schönsten Blüthe zuerst in Deutschland entfalteten.

sich auf die Wanderschaft, wo er nicht bloß seiner
Profession nachreiste, sondern überall die Sang=
schulen der Meistersänger, wo er sie nur ir=
gendwo fand, besuchte. Er hatte der Muse des
Gesangs so ganz sein Herz geschenkt, daß er ein=
zig in ihrem Umgange die Freude seines Lebens
suchte und fand. Die Richtung seiner Wander=
schaft war südlich über Regensburg, Passau und
Salzburg nach Tyrol, wo er zu Inspruck, nach
seiner eigenen Aussage, eine Zeitlang in die
Dienste Kaiser Maximilians als Waidmann
trat. Wahrscheinlich benützte der junge, kräftige
Mann mit offenen Sinnen und reger Wißbe=
gierde, die sich ihm darbietende Gelegenheit, das
Leben und Treiben des kaiserlichen Hofes auf der
Jagd kennen zu lernen. Von Inspruck aus ging
er nördlich bis Cölln und Aachen. Vorzüglich
verweilte er in den Städten, in denen er Sang=
schulen fand. Sein erster Bar, den er in sei=
nem zwanzigsten Jahre dichtete, und mit dem er
zu München Schule hielt, gewann den Beyfall
der Merker; es war ein Loblied Gottes (Glo=
ria Patri, Lob und Ehr), im Tone Marners
eines schwäbischen Edelmannes und sehr ste
ten Meistersängers.

Nach einer fünfjährigen Wan
er endlich in seinem 22sten Ja
len seines Vaters, in s

berg zurück, erwarb sich das Meisterrecht, und
verehlichte sich mit Kunigunde Kreuzerin,
der einzigen Tochter eines wohlhabigen Bewoh-
ners in Wendelstein, unweit Nürnberg. Nun be-
gann er seine bürgerliche und dichterische Lauf-
bahn, in der er von seinem 22sten Lebensjahr
bis in sein 78stes muthig fortschritt. Er lebte
von nun an, wie sein Handwerksgenosse und ge-
wißer Maßen Geistesverwandte, Jakob Böhm,
gleichsam ein doppeltes Leben. Während er näm-
lich in seiner Schuster = Werkstätte mit geziem-
mer, anspruchloser Emsigkeit arbeitete, ham-
delte sein Geist in den Räumen der ingenu-
der Phantasie. Beyde Männer, Hans Sachs
und Jakob Böhm *), so _____
sonst mit sich sind, haben doch Das gemein, daß
sie unaufhörlich strebten, die Schönheiten _____
ihres fruchtbaren Geistes nicht allein aus sich zu
bilden, sondern auch _____
stellen.

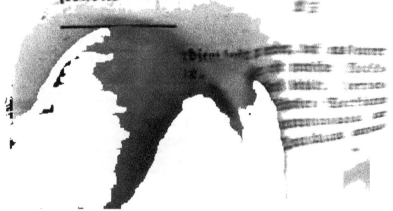

Hans Sachs war ein glücklicher Ehemann und ein sehr geachteter Bürger, und erwarb sich durch den fleißigen Betrieb seines Handwerks sein reichliches Auskommen. Beydes erhielt ihm jene frohsinnige Behaglichkeit, die aus jeder seiner Dichtungen hervorblickt, und machte es möglich, daß er der fruchtbarste aller Dichter, die je gelebt haben, werden konnte *). Seine Kunigunde, mit der er 41 Jahre lebte, und die er noch im 25sten seiner Ehe mit ihr besang, war wirklich die Muse, die ihn zu Liedern begeisterte. In dieser so glücklichen Ehe war der einzige herbe Schmerz, daß er seine ganze Nachkommenschaft, zwey Söhne und fünf Töchter, durch den Tod verlor. Nur von seiner ältesten Tochter sahe er Enkel. Aber gewohnt, in jedem Ereigniß seines Lebens die Schickung Gottes mit frommer Ergebung zu verehren, kehrte er bey jedem Todesfalle von seiner stillen Trauer bald wieder zur Heiterkeit zurück, die ein Hauptzug seines Charakters war.

Er las, schrieb und dichtete unermüdlich, und erlebte noch in seinen besten Jahren die Freude, einzelne seiner Gedichte durch wiederholte Abdrücke, nicht nur in den Händen seiner Mit-

---

*) Er übertrifft vielleicht an Fruchtbarkeit selbst den Spanier Lope de Vega.

bürger, sondern in ganz Teutschland verbreitet
zu sehen *). Er war gleichsam der Repräsentant
der Meistersängerschaft, und lieferte mehr Bar,
als alle Meistersänger zusammen. Und doch, was
merkwürdig ist, legte er auf diese Bar nie ei-
nen großen Werth, und scheint wirklich mehr aus
dankbarer Gefälligkeit, weil er aus jener Schule
hervorgegangen war, als aus wahrer Neigung
die Verbindung mit den Meistersängern unterhal-
ten zu haben. Wenigstens wollte er keinen seiner
Bar, durch den Druck vervielfältigt, und noch we-
niger, unter seine Werke aufgenommen wissen.

In seinem 66sten Jahre traf ihn der harte
Schlag, daß ihm seine so geliebte Kunigunda,
mit der er so glückliche Jahre gelebt hatte, durch
den Tod entrissen wurde. Tief schmerzte den
Greis der Verlust der Gefährtin seiner Jugend
und seines Alters, und er drückte seine Wehmuth
in dem wunderlichen Traum von seiner
lieben Gemahel Kunigunda Sachsin aus.
Aber er ermannte sich. Der noch immer rüstige
Mann, dessen Herz zur ehelichen Liebe geschaffen
war, ging nach einigen Monaten eine zweyte

---

*) Es lassen sich mehr als zweyhundert einzelne
Abdrücke seiner Schwänke mit Holzschnitten
auffinden. Georg Merkel in Nürnberg
druckte in einem Jahre (1553) über dreyßig
derselben.

Verbindung ein, und ehlichte eine Barbara
Harscherin, deren Reize er in dem künstlich
Fraven Lob mit so naiver Treuherzigkeit be-
singt. Er scheint mit dieser zweyten Gattin nicht
minder zufrieden und glücklich gelebt zu haben.

Erst mit dem 64sten Jahre seines Alters be-
gann er, seine sämmtlichen Gedichte, geistliche
und weltliche, zu sichten, und die, welche er des
Aufbewahrens werth hielt, zu ordnen, und von
1558—61 in drey Foliobänden herauszugeben.
Ob er aber gleich in der Vorrede des dritten
Bandes versicherte, daß er seine dichterische Lauf-
bahn schließen, und sein 66 Jar vnd alter
mit Gottes gnaden nun zu rhu setzen wolle:
so vermochte ein so rastlos thätiger Geist, dem
Dichten, selbst während der Arbeit in seiner Werk-
stätte, und Lesen und Schreiben in den Feyer-
stunden, zum Lebensbedürfnisse geworden war,
durchaus nicht seinem innern Drange zu wider-
stehen. Er betrieb daher nicht bloß mit Aemsig-
keit noch in seinem hohen Alter sein Handwerk,
sondern er trug den ganzen Psalter, die Sprü-
che Salomons sammt dem Prediger, und
den Sirach, in sein gewohntes Versmaß über,
und dichtete noch manchen Schwank und manches
kurzweilige Fastnachtsspiel *).

---

*) Seine schönste Periode setzt man gewöhnlich
in die Jahre 1530 — 1558. Allein, diese An-

Aber endlich ließ die so lange-immer straff angezogene Sehne am Bogen nach, und verlor ihre Schnellkraft. Mit dem 78sten Jahre seines Alters trat eine allmähliche Abnahme, seiner geistigen und körperlichen Kräfte ein. Er saß zuletzt, in sich gekehrt und unbekümmert, was, um ihn vorging, am Tische, und hatte die Bibel oder eine alte Chronik aufgeschlagen vor sich liegen. Wer zu ihm einging, den grüßte er mit einem sanften Kopfneigen, ohne ein Wort zu sprechen *). Puschmann, sein dankbarer Schüler, beschreibt seinen Zustand im folgenden Bar, der freylich ganz werthlos wäre, wenn er nicht Hans Sachs beträfe:

---

gabe wird durch seine Werke widerlegt. Viele seiner spätern Dichtungen haben ganz noch das frische Colorit der früheren. Die Güte seiner Gedichte scheint daher mehr von seiner jedesmaligen Geistesstimmung, in der er sich eben befand, wenn er dichtete, als von seinem Lebensalter abgehangen zu haben. Der Greis hatte noch ganz das Feuer, und selbst die muthwillige Laune des jungen Mannes.

*) Das Haus, in welchem er die meiste Zeit seines Lebens lebte und auch starb, am Spital-Kirchhofe, das jetzt Gasthaus zum Hans Sachs genennt wird, hat, wie Albrecht Dürers Wohnhaus, in der neuern Zeit eine gewisse Celebrität gewonnen, und wird von Fremden häufig besucht.

In dem Saal stund unedet bedecket
ein Tisch mit seiden grüne
An selben saß
ein Alt Mann, was
Grau vnd weiß, wie ein Daub dermaß,
der hett ein'n großen Bart fürbas;
in ein'm schönen großen Buch las
mit Gold beschlagen schön.

Das lag auf ein'm Pult eben
vor ihm auf dem Tisch sein
vnd an Bancken darneben
viel großer Bücher fein;
die alle wohl beschlagen
da lagen,
die der Alt Herr ansach.

Wer zu dem alten Herren
kam in den schönen Saal
Und ihn grüsset von ferren,
den sach er an dißmal,
Sagt nichts, sondern thut neigen
Mit Schweigen
Gegen ihm sein Haupt schwach,
kann sein Red vnd
Gehör begunt
Ihm abgehen, auch Sinnesgrund *).

*) Sieh. Adam. Puschmanni Elogium reuerendi
uiri Joannis Sachsen Norimbergensis. 1576.

In diefem Zuftande blieb er über drey Jahre, bis endlich am 19ten Januar 1576 ein fanfter Tod fein edles, frommes Leben endigte.

———

Faffen wir die Momente feines innern Lebens als Dichter zufammen, fo ergeben fich folgende Puncte:

Hans Sachs ftand an der Gränze des Mittelalters, das durch die Kirchenreformation in eine neue, vielbewegte Zeit, überging. Seine Wanderfchaft und feine Bildung zum Meiftersänger fallen noch in das letzte Jahrzehent des Mittelalters, und tragen daher fichtbare Spuren der Rohheit an fich; fein Leben hingegen als Bürger und Volksdichter gehört fchon jener neuern, die alte verdrängenden, Zeit an, in der eine fo wunderbare und plötzliche Umwandlung der Meinungen und Anfichten, in kirchlichen und bürgerlichen Verhältniffen, in ganz Teutfchland, vornehmlich in den Reichsftädten, unter allen Volksclaffen, fich kund that. Hans Sachs war ein junger, feueriger Mann von 23 Jahren, als die Kirchenreformation auch in Nürnberg begann. Daß er ihr mit Herz und Mund beytrat, läßt fich von feiner geraden, biedern Sinnesart und von feinem redlichen, frommen Gemüth erwarten. Er hatte den Reformator felbft in Augsburg zwey=

mal gesehen, und sammelte sich mit Eifer seine
sämmtlichen Schriften. Man irrt wohl nicht,
wenn man behauptet, daß seine eigentliche Bil-
dung zum Volksdichter in jene Zeit einer allge-
meinen Gährung der Köpfe in Teutschland ge-
setzt werden müsse. Gewiß wurde er durch Lu-
thers und dessen Zeitgenossen Schriften, selbst
im Bereiche seiner Produktionen, über Manches
aufgeklärt, und lernte dadurch die Beschränkt-
heit der Meister=Sängerschaft einsehen. Ulrich
Huttens teutsche Gedichte scheinen vornemlich
auf ihn eingewirkt zu haben. Wenigstens

> Die Wittenbergisch Nachtigall
> Die man yetzt höret überall,

ist ganz in Huttens Manier gedichtet. Die-
ses Gedicht, und dann noch eines, in welchem
er Luthers Tod betrauert, sind die einzigen über
die Kirchenreformation, die er in seine Schriften
aufnahm. Die prosaischen Dialogen, die er auf
jene Nachtigall folgen ließ, führte er zwar
in der Reihe seiner Schriften mit auf, wollte
sie jedoch nicht weiter verbreitet wi˘en. Sie
hatten, selbst nach seiner Ansicht, nur einen Zeit-
werth. Er wollte erbauen, belehren und ver-
gnügen, nicht aber durch Parteysucht erbittern *).

---

*) Von diesen Dialogen, deren sieben, nach
seiner Angabe, gewesen waren, haben nur

Es hatte sich zu jener Zeit eine Lesewuth der Gemüther, beynahe unter allen Volksclassen,

vier bisher aufgefunden werden können, und diese gehören unter die größten Seltenheiten.

Der erste ist überschrieben:

Disputation zwischen einem Chorherrn vnd Schumacher, darinn das Wort Gottes vnd ein recht christlich Wesen verfochten würt. Hanns Sachs. MDXXIIII. Auf dem Holzschnitt sind ein Schuhmacher, der ein Paar Pantoffeln in der Hand hält, ein Chorherr und eine Frau, abgebildet.

Der zweyte:

Ein gespräch von den Scheinwerken der Geistlichen vnd irer gelübden, damit sye zur verlösserung des Bluts Christi vermeynen seelig zu werden. Hanns Sachs, Schuster. Der Holzschnitt stellt einen alten Mann, nebst einem am Tische sitzenden Jüngling vor, der Essen und Trinken vor sich hat, und den zwey zur Thüre hereintretende Bettler um eine Gabe aufsprechen.

Der dritte:

Ein gespräch eines Evangelischen Christen mit einem Lutherischen, darinn der ergerlich Wandel etlicher, die sich lutherisch nennen, angezeigt vnd brüderlich gestrafft wirt. 1524. Hanns Sachs. Auf dem Holzschnitte sind zwey bey einander sitzende Bürger, nebst einem dritten, der zur Thüre hereintritt und einen Rosenkranz in der

an der selbst seine Aeltern erkrankten, aber glück=
lich wieder genaßen.

Sein Vater, ein ehrsamer Schneidermeister,
gab ihm eine sorgsame Erziehung. Schon mit
dem 7ten Jahre seines Alters schickte er ihn in
eine von den lateinischen Schulen, deren Nürn=
berg damals mehrere hatte. Hier lernte er, wie
er selbst sagt,

— — — Puerilia
Grammatica vnd Muſica,
Nach ſchlechtem Brauch dieſelber Zeit,
Solchs alls iſt mir vergeſſen ſeit.

Doch nein; er vergaß ſie nicht, dieſe Pueri=
lia. Sein offener Kopf ſcheint vielmehr die Ge=
genſtände jenes noch ſo dürftigen Unterrichts
ſchnell aufgefaßt, und in ſich geſtaltet zu haben.
Dieſe Puerilia waren die Grundlage, auf die
er in der Folge ſeine ſo unermeßliche Beleſenheit
baute, und wodurch er auch ſein ſo glückliches
Singorgan übte und ausbildete.

In ſeinem 15ten Jahre wurde er einem Schuh=
macher=Meiſter in die Lehre gegeben. Da ihn
von früher Jugend an die Ermahnungen, und
noch mehr, das Beyſpiel ſeiner Aeltern, Recht=
lichkeit und frommen Sinn eingeflößt hatten: ſo
gewann ſich der fleißige, beſcheidene und anſtellige
Schuſterjunge die Liebe ſeines Meiſters und der

gesammten Schuhmacher-Zunft so sehr, daß er
nach zwey Jahren Lehrzeit zum Gesellen gespro-
chen wurde. Nun konnte er ungehinderter in den
Mußestunden, die ihm von dem Betriebe seines
Handwerks frey blieben, seiner Neigung und dem
innern Drang seines Herzens folgen.

Damals nämlich blühte noch in Nürnberg
der Meistergesang, und mancher rechtliche Bür-
ger, der dem Vereine der Meistersänger ange-
hörte, sann in seiner Werkstätte, während sei-
ner Arbeit, auf Lieder in einem der gefeyerten
Töne älterer Meister, oder auch in einem eige-
nen, von ihm selbst erfundenem, Tone, die er
dann in der Sangschule oder auch öffentlich, ab-
sang. Hans Sachs, in welchem schon als Kna-
be der Funke der Poesie geglimmt hatte, fühlte
sich mächtig von einem Vereine von Sängern an-
gezogen, die ihm als Handwerker nahe standen,
und in deren Kreis er hoffen konnte, einst selbst
mit Ehren auftreten zu können. Leonhard Nun-
nenbeck, ein Leineweber in Nürnberg, war der
Mann, der ihn im Technischen des Meisterge-
sangs, das heißt, in der Tabulatur, unterrichtete.
Wahrscheinlich übertraf der Jünger mit seinem er-
sten, stillen Versuche, am innern Gehalte und
Geiste, schon den Meister, der seine ganze Kunst
in die genaue Kenntniß jener Tabulatur setzte.

Schon in seinem siebzehnten Jahre begab er

sich auf die Wanderschaft, wo er nicht bloß seiner Profession nachreiste, sondern überall die Sang= schulen der Meistersänger, wo er sie nur ir= gendwo fand, besuchte. Er hatte der Muse des Gesangs so ganz sein Herz geschenkt, daß er ein= zig in ihrem Umgange die Freude seines Lebens suchte und fand. Die Richtung seiner Wander= schaft war südlich über Regensburg, Passau und Salzburg nach Tyrol, wo er zu Inspruck, nach seiner eigenen Aussage, eine Zeitlang in die Dienste Kaiser Maximilians als Waidmann trat. Wahrscheinlich benutzte der junge, kräftige Mann mit offenen Sinnen und reger Wißbe= gierde, die sich ihm darbietende Gelegenheit, das Leben und Treiben des kaiserlichen Hofes auf der Jagd kennen zu lernen. Von Inspruck aus ging er nördlich bis Cölln und Aachen. Vorzüglich verweilte er in den Städten, in denen er Sang= schulen fand. Sein erster Bar, den er in sei= nem zwanzigsten Jahre dichtete, und mit dem er zu München Schule hielt, gewann den Beyfall der Merker; es war ein Loblied Gottes (Glo= ria Patri, Lob und Ehr), im Tone Marner's, eines schwäbischen Edelmannes und sehr geschätz= ten Meistersängers.

Nach einer fünfjährigen Wanderschaft kehrte er endlich in seinem 22sten Jahre, nach dem Wil= len seines Vaters, in sein heimathliches Nürn=

berg zurück, erwarb sich das Meisterrecht, und verehlichte sich mit Kunigunde Kreuzerin, der einzigen Tochter eines wohlhabigen Bewohners in Wendelstein, unweit Nürnberg. Nun begann er seine bürgerliche und dichterische Laufbahn, in der er von seinem 22sten Lebensjahre bis in sein 78stes muthig fortschritt. Er lebte von nun an, wie sein Handwerksgenosse und gewißer Maßen Geistesverwandte, Jakob Böhm, gleichsam ein doppeltes Leben. Während er nämlich in seiner Schuster-Werkstätte mit genügsamer, anspruchloser Emsigkeit arbeitete, lustwandelte sein Geist in den Räumen der Vorzeit und der Phantasie. Beyde Männer, Hans Sachs und Jakob Böhm *), so unvergleichbar sie sonst mit sich sind, haben doch Das gemein, daß sie unaufhörlich strebten, die Hervorbringungen ihres fruchtbaren Geistes nicht nur in sich auszubilden, sondern auch schriftlich außer sich darzustellen.

A 5

---

*) Es verdient beachtet zu werden, daß aus seiner Schuster-Werkstätte der erste teutsche Volksdichter, der classischen Werth behält, hervorging, und daß in einer Schuster-Werkstätte sich auch die Keime der Naturphilosophie zur schönsten Blüthe zuerst in Deutschland entfalteten.

Hans Sachs war ein glücklicher Ehemann und ein sehr geachteter Bürger, und erwarb sich durch den fleißigen Betrieb seines Handwerks sein reichliches Auskommen. Beydes erhielt ihm jene frohsinnige Behaglichkeit, die aus jeder seiner Dichtungen hervorblickt, und machte es möglich, daß er der fruchtbarste aller Dichter, die je gelebt haben, werden konnte *). Seine Kunigunde, mit der er 41 Jahre lebte, und die er noch im 25sten seiner Ehe mit ihr besang, war wirklich die Muse, die ihn zu Liedern begeisterte. In dieser so glücklichen Ehe war der einzige herbe Schmerz, daß er seine ganze Nachkommenschaft, zwey Söhne und fünf Töchter, durch den Tod verlor. Nur von seiner ältesten Tochter sahe er Enkel. Aber gewohnt, in jedem Ereigniß seines Lebens die Schickung Gottes mit frommer Ergebung zu verehren, kehrte er bey jedem Todesfalle von seiner stillen Trauer bald wieder zur Heiterkeit zurück, die ein Hauptzug seines Charakters war.

Er las, schrieb und dichtete unermüdlich, und erlebte noch in seinen besten Jahren die Freude, einzelne seiner Gedichte durch wiederholte Abdrücke, nicht nur in den Händen seiner Mit-

---

*) Er übertrifft vielleicht an Fruchtbarkeit selbst den Spanier Lope de Vega.

bürger, sondern in ganz Teutschland verbreitet zu sehen *). Er war gleichsam der Repräsentant der Meistersängerschaft, und lieferte mehr Bar, als alle Meistersänger zusammen. Und doch, was merkwürdig ist, legte er auf diese Bar nie einen großen Werth, und scheint wirklich mehr aus dankbarer Gefälligkeit, weil er aus jener Schule hervorgegangen war, als aus wahrer Neigung die Verbindung mit den Meistersängern unterhalten zu haben. Wenigstens wollte er keinen seiner Bar, durch den Druck vervielfältigt, und noch weniger, unter seine Werke aufgenommen wissen.

In seinem 66sten Jahre traf ihn der harte Schlag, daß ihm seine so geliebte Kunigunda, mit der er so glückliche Jahre gelebt hatte, durch den Tod entrissen wurde. Tief schmerzte den Greis der Verlust der Gefährtin seiner Jugend und seines Alters, und er drückte seine Wehmuth in dem wunderlichen Traum von seiner lieben Gemahel Kunigunda Sachsin aus. Aber er ermannte sich. Der noch immer rüstige Mann, dessen Herz zur ehelichen Liebe geschaffen war, ging nach einigen Monaten eine zweyte

---

*) Es lassen sich mehr als zweyhundert einzelne Abdrücke seiner Schwänke mit Holzschnitten auffinden. Georg Merkel in Nürnberg druckte in einem Jahre (1553) über dreyßig derselben.

Verbindung ein, und ehlichte eine Barbara
Harscherin, deren Reize er in dem künstlich
Frauen Lob mit so naiver Treuherzigkeit be-
singt. Er scheint mit dieser zweyten Gattin nicht
minder zufrieden und glücklich gelebt zu haben.

Erst mit dem 64sten Jahre seines Alters be-
gann er, seine sämmtlichen Gedichte, geistliche
und weltliche, zu sichten, und die, welche er des
Aufbewahrens werth hielt, zu ordnen, und von
1558—61 in drey Foliobänden herauszugeben.
Ob er aber gleich in der Vorrede des dritten
Bandes versicherte, daß er seine dichterische Lauf-
bahn schließen, und sein 66 Jar vnd alter
mit Gottes gnaden nun zu rhu setzen wolle:
so vermochte ein so rastlos thätiger Geist, dem
Dichten, selbst während der Arbeit in seiner Werk-
stätte, und Lesen und Schreiben in den Feyer-
stunden, zum Lebensbedürfnisse geworden war,
durchaus nicht seinem innern Drange zu wider-
stehen. Er betrieb daher nicht bloß mit Aemsig-
keit noch in seinem hohen Alter sein Handwerk,
sondern er trug den ganzen Psalter, die Sprü-
che Salomons sammt dem Prediger, und
den Sirach, in sein gewohntes Versmaß über,
und dichtete noch manchen Schwank und manches
kurzweilige Fastnachtsspiel *).

*) Seine schönste Periode setzt man gewöhnlich
in die Jahre 1530 — 1558. Allein, diese An-

Aber endlich ließ die so lange immer straff
angezogene Sehne am Bogen nach, und verlor
ihre Schnellkraft. Mit dem 78sten Jahre seines
Alters trat eine allmähliche Abnahme, seiner geisti-
gen und körperlichen Kräfte ein. Er saß zuletzt,
in sich gekehrt und unbekümmert, was, um ihn
vorging, am Tische, und hatte die Bibel oder
eine alte Chronik aufgeschlagen vor sich liegen.
Wer zu ihm einging, den grüßte er mit einem
sanften Kopfneigen, ohne ein Wort zu sprechen *).
Puschmann, sein dankbarer Schüler, beschreibt
seinen Zustand im folgenden Bar, der freylich ganz
werthlos wäre, wenn er nicht Hans Sachs beträfe:

---

gabe wird durch seine Werke widerlegt. Viele
seiner spätern Dichtungen haben ganz noch das
frische Colorit der früheren. Die Güte seiner
Gedichte scheint daher mehr von seiner jedes-
maligen Geistesstimmung, in der er sich eben
befand, wenn er dichtete, als von seinem Le-
bensalter abgehangen zu haben. Der Greis hatte
noch ganz das Feuer, und selbst die muthwillige
Laune des jungen Mannes.

*) Das Haus, in welchem er die meiste Zeit sei-
nes Lebens lebte und auch starb, am Spital-
kirchhofe, das jetzt Gasthaus zum Hans Sachs
genennt wird, hat, wie Albrecht Dürers
Wohnhaus, in der neuern Zeit eine gewisse
Celebrität gewonnen, und wird von Fremden
häufig besucht.

In dem Saal stund unedet bededet
ein Tisch mit seiden grüne
An selben saß
ein Alt Mann, was
Grau vnd weiß, wie ein Daub dermaß,
der hett ein'n großen Bart fürbas;
in ein'm schönen großen Buch las
mit Gold beschlagen schön.

Das lag auf ein'm Pult eben
vor ihm auf dem Tisch sein
vnd an Bancken darneben
viel großer Bücher sein;
die alle wohl beschlagen
da lagen,
die der Alt Herr ansach.

Wer zu dem alten Herren
kam in den schönen Saal
Und ihn grüsset von ferren,
den sach er an dißmal,
Sagt nichts, sondern thut neigen
Mit Schweigen
Gegen ihm sein Haupt schwach,
kann sein Red vnd
Gehör begunt
Ihm abgehen, auch Sinnesgrund *).

*) Sieh. Adam. Puschmanni Elogium reuerendi
uiri Joannis Sachsen Norimbergensis. 1576.

In diesem Zuſtande blieb er über drey Jahre, bis endlich am 19ten Januar 1576 ein ſanfter Tod ſein edles, frommes Leben endigte.

———

Faſſen wir die Momente ſeines innern Lebens als Dichter zuſammen, ſo ergeben ſich folgende Puncte:

Hans Sachs ſtand an der Gränze des Mittelalters, das durch die Kirchenreformation in eine neue, vielbewegte Zeit, überging. Seine Wanderſchaft und ſeine Bildung zum Meiſterſänger fallen noch in das letzte Jahrzehent des Mittelalters, und tragen daher ſichtbare Spuren der Rohheit an ſich; ſein Leben hingegen als Bürger und Volksdichter gehört ſchon jener neuern, die alte verdrängenden, Zeit an, in der eine ſo wunderbare und plötzliche Umwandlung der Meinungen und Anſichten, in kirchlichen und bürgerlichen Verhältniſſen, in ganz Teutſchland, vornehmlich in den Reichsſtädten, unter allen Volksclaſſen, ſich kund that. Hans Sachs war ein junger, feueriger Mann von 23 Jahren, als die Kirchenreformation auch in Nürnberg begann. Daß er ihr mit Herz und Mund beytrat, läßt ſich von ſeiner geraden, biedern Sinnesart und von ſeinem redlichen, frommen Gemüth erwarten. Er hatte den Reformator ſelbſt in Augsburg zweymal gesehen, und sammelte sich mit Eifer seine sämmtlichen Schriften. Man irrt wohl nicht, wenn man behauptet, daß seine eigentliche Bildung zum Volksdichter in jene Zeit einer allgemeinen Gährung der Köpfe in Teutschland gesetzt werden müsse. Gewiß wurde er durch Luthers und dessen Zeitgenossen Schriften, selbst im Bereiche seiner Produktionen, über Manches aufgeklärt, und lernte dadurch die Beschränktheit der Meister-Sängerschaft einsehen. Ulrich Huttens teutsche Gedichte scheinen vornemlich auf ihn eingewirkt zu haben. Wenigstens

    Die Wittenbergisch Nachtigall
    Die man yetzt höret überall,

ist ganz in Huttens Manier gedichtet. Dieses Gedicht, und dann noch eines, in welchem er Luthers Tod betrauert, sind die einzigen über die Kirchenreformation, die er in seine Schriften aufnahm. Die prosaischen Dialogen, die er auf jene Nachtigall folgen ließ, führte er zwar in der Reihe seiner Schriften mit auf, wollte sie jedoch nicht weiter verbreitet wi en. Sie hatten, selbst nach seiner Ansicht, nur einen Zeitwerth. Er wollte erbauen, belehren und vergnügen, nicht aber durch Parteysucht erbittern *).

---

*) Von diesen Dialogen, deren sieben, nach seiner Angabe, gewesen waren, haben nur

Es hatte sich zu jener Zeit eine Lesewuth
der Gemüther, beynahe unter allen Volksclassen,

vier bisher aufgefunden werden können, und
diese gehören unter die größten Seltenheiten.

Der erste ist überschrieben:
Disputation zwischen einem Chorherrn vnd
Schumacher, darinn das Wort Gottes vnd ein
recht christlich Wesen verfochten würt. Hanns
Sachs. MDXXIIII. Auf dem Holzschnitt sind
ein Schuhmacher, der ein Paar Pantoffeln in
der Hand hält, ein Chorherr vnd eine Frau,
abgebildet.

Der zweyte:
Ein gespräch von den Scheinwerken der Geist-
lichen vnd irer gelübden, damit sye zur ver-
lesterung des Bluts Christi vermeynen seelig
zu werden. Hanns Sachs, Schuster. Der
Holzschnitt stellt einen alten Mann, nebst ei-
nem am Tische sitzenden Jüngling vor, der
Essen vnd Trinken vor sich hat, vnd den zwey
zur Thüre hereintretende Baisülser um eine
Gabe ausstrecken.

Der dritte:
Ein gespräch eines Evangelischen Christen mit
einem Lutherischen, darinn der ergerlich Wan-
del etlicher, die sich lutherisch nenen, angezeigt
vnd brüderlich gestrafft wirt. 1524. Hanns Sachs.
Auf dem Holzschnitte sind zwey bey einander
sitzende Bürger, nebst einem dritten, der zur
Thüre hereintritt und einen Rosenkranz in der

in Teutschland bemächtigt, die der in unsern
Tagen gleich kam, ja sie vielleicht noch über-

Hand hält, abgebildet. Eine Stelle aus die-
sem Dialoge, die Arnold in seiner Kirchen-
und Ketzerhist. 2 Buch XVI. Cap. §. 4. S. 152
anführt, ist zu wichtig, um nicht hier zu
stehen:

Wenn ihr Evangelisch wäret, so thätet ihr
die werck des Evangelii. Darum wenn ihr
aus dem Evangelio gebohren wäret, so verkün-
det ihr das Evangelium euern mitbrüdern hold-
selig, und führet einen gottseligen wandel, wie
die Apostel. Wenn ihr Lutherische so züchtigen
und ungereichten wandel führet, so hätte eure
lehre ein besser ansehen vor allen Menschen,
die euch jetzund Ketzer nennen, würden euch
Christen heissen. Aber mit dem Fleischessen,
rumoren, Pfaffenschänden, badern, verspotten,
verachten und allen unzüchtigen wandel habt
ihr Lutherische selber der Evangelischen lehre
eine grosse Verachtung gemacht. Es liegt ley-
der! am Tag. — Man sieht, daß der Schuster
mit Umsicht und Besonnenheit, und dann wie-
der mit Freymuth urtheilte.

Der vierte:
Ein Dialogus des Inhalt ein Argument der
Römischen wider das christliche Häuflein, den
Geiz auch anders, öffentliche Laster u. f. w. betr.
Noch wird eine Schrift unter dem Titel:
Unterweisung der ungeschickten vermeynten Lu-

traf. Nur hatte sie eine andere Richtung. Man
warf sich auf die kirchliche Polemik, und
konnte nicht satt werden, Invectiven gegen die
Mönche, die Klöster und die römische Curie, zu
lesen. Eine Menge von Flugschriften, in Prosa
und in Versen, dialogisch und abhandelnd, über-

therischen, so in eusserlichen Sachen zu erger-
niß ihres nechsten freundlich handeln. Hannß
Sachs, aufgeführt, von der es ungewiß ist, ob
sie einer von jenen Dialogen sey.

Nur einer Rüge wegen, die sich Hans
Sachs von dem nürnbergischen Magistrate zu-
zog, kann hier der Schrift erwähnt werden:

Ein wunderlich Weissagung von dem Bap-
stumb, wie es ihm bis an das Ende der Welt
gehen sol, yn Figuren oder gemelde begriffen,
gefunden zu Nürnberg ym carteuser Closter
und ist seer alt.
Ein vorred Andreas Ossanders.
mit guter verstentlicher auslegung durch ge-
leerte Leuthe verklert. Welche Hans Sachs yn
Deutsche reymen gefasset, und darzu gesetzt hat.
Im MDXXV Jare.

Weil diese Schrift eine Invective gegen den
römischen Hof enthielt, so erhielten Andreas
Ossander, Hans Sachs, und selbst der Buch-
drucker und wahrscheinliche Verleger, Hannß
Guldenmund, einen nachdrücklichen Ver-
weis vom Magistrate.

schwemmte damals das teutsche Reich. Ulrich
von Hutten überſetzte ſich ſelbſt, und ließ ſich
überſetzen, damit ſeine Flugblätter in Proſa und
Verſen, dem Adel, der nicht Latein verſtand,
und dem Bürger, lesbar würden *). Man muß
es daher dem guten Hans Sachs Dank wiſſen,
und ſich ſeiner wahrhaft freuen, daß er mit ſei-
nem Geiſt und Gemüthe in ſeinen Gedichten ganz
die entgegengeſetzte Richtung genommen, aller Par-
teywuth entſagt, und bloß durch heitern Scherz
zu vergnügen, aber auch durch ſtrafenden Ernſt
das Laſter zu züchtigen, und überhaupt alte Sitte
und Ehrbarkeit auf jede Weiſe zu empfehlen ge-
ſucht hat.

Gott, die Natur, die Liebe, die Freund-
ſchaft, die eheliche Zärtlichkeit, die mannigfachen
Verhältniſſe des Menſchenlebens, und die Irrun-
gen in demſelben, von ihrer ernſten und lächer-
lichen Seite aufgefaßt, und dann die Kunde der
Vorzeit in ihrem ganzen Umfange — waren
theils die Quellen, aus denen er ſchöpfte, und
theils die Gegenſtände, über die ſich ſein from-
mes Gemüth, ſeine immer rege Phantaſie, und
dann wieder ſeine muthwillige, ſchalkhafte Laune,
in ſo reicher Fülle ergoß. Auch auf die Gefahr

*) Man ſehe Ulrichs von Hutten ſämmtliche
Werke, von Münch. 5t. Th. Leipz. 1825.

belächelt zu werden, behaupte ich breist, daß
wohl schwerlich je ein Dichter die Universalität er-
reicht hat, die wir mit Recht an Hans Sachs
bewundern. Die Menge und Mannichfaltigkeit
seiner Werke wäre kaum begreiflich, wenn man
nicht wüßte, daß er von seinem 20sten Lebens-
jahre bis in sein 78stes unablässig dichtete, und,
daß bey ihm, im eigentlichsten Verstande, Alles,
was er je sah, hörte und las — die Erfahrun-
gen seiner frühern und spätern Jahre, kurz, Al-
les, was ihn berührte, zum Gedicht wurde.

Seine Belesenheit war wirklich unermeßlich,
und erregt Erstaunen. Er hatte von der Bibel
an Alles gelesen, was nur in teutscher Sprache
vorhanden war, und war vielleicht selbst des La-
teinischen so weit kundig, daß er ein Buch in
dieser Sprache nothdürftig verstehen konnte. Meh-
rere Stellen in seinen Schriften begünstigen diese
Vermuthung. Die römische Götterlehre hatte er
ganz inne, das unzählige seiner Gedichte bewei-
sen, in denen er Götter und Göttinnen, und
immer nach ihrem wahren Charakter, auftre-
ten läßt.

Hans Sachs hat sich in allen Dichtungs-
arten versucht. Seine lyrischen Gedichte, deren
er eine Unzahl lieferte, gehören, nach seinem
ausdrücklichen Ausspruche, nicht dem Publicum,
sondern der Sangschule, an. Er schieb, troz

seiner bürgerlichen Beschränktheit; genau das In-
teresse des Publicums, wenn ich so sagen darf,
von dem der Sangschule. Ausgenommen aber
müssen seine geistlichen Lieder werden, deren er
mehrere zum kirchlichen Gebrauch dichtete, und
unter welchen das Lied:

    Warum betrübst du dich mein Herz?
einen so hohen Rang behauptet *).

---

*) Dieses Lied, von dem drey lateinische Ueber-
   setzungen, und dann eine griechische, eine fran-
   zösische, eine holländische und eine niedersäch-
   sische, vorhanden sind, und der fünfte Psalm,
   der gleichfalls zu kirchlichem Gebrauche bestimmt
   war, werden ihre Stelle hier rechtfertigen.

    Warum betrübst du dich, mein Herz,
  Bekümmerst dich, und trägest Schmerz,
  Nur um das zeitlich Gut?
  Vertrau du deinem Herren Gott,
  Der all Ding erschaffen hat.

    Er kan und will dich lassen nicht,
  Er weiß gar wohl, was dir gebricht,
  Himmel und Erd ist sein.
  Mein Vater und mein Herre Gott,
  Der mir beysteht in aller Noth,

    Weil du mein Gott und Vatter bist,
  Dein Kind wirst du verlassen nicht,
  Du väterliches Herz!
  Ich bin ein armer Erbenkloß,
  Auf Erden weiß ich keinen Trost.

Einige seiner Dichtungen sind von so zarter
Empfindung, und so gemüthlich und ansprechend,

Der Reich verläßt sich auf sein Gut;
Ich aber will vertrauen meinem Gott,
Ob ich gleich werd veracht;
So weiß ich und glaub vestiglich:
Wer Gott vertraut, dem mangelt nicht.

Elia! wer ernähret dich,
Da es so lange regnet nicht,
In so schwer theurer Zeit?
Ein Wittwe aus Sidonier Land,
Zu welcher du von Gott warst gesandt.

Da er lag unterm Wachholderbaum,
Ein Engel Gottes vom Himmel kam,
Und bracht ihm Speiß und Trank;
Er ging gar einen weiten Gang,
Bis zu dem Berg Horeb genannt.

Des Daniels Gott nicht vergaß,
Da er unter den Löwen saß,
Sein'n Engel sandt er hier,
Und ließ ihm Speise bringen gut,
Durch seinen Diener Habaruc.

Joseph in Aegypten verkaufet ward,
Vom König Pharao gefangen hart
Um sein Gottsfürchtigkeit;
Gott macht ihn zu ein'm großen Herrn,
Daß er konnt Vatter und Brüder ernährn,

Es verließ auch nicht der getreue Gott,
Die drey Männer im Feuer-Ofen roth,
Sein'n Engel sandt er hin,

daß sie Stellenweise mit den besten Liedern der
Neuern, selbst aus dem Fache der sentimentalen

Bewahrt sie vor des Feuers Glut,
Und half ihnen aus aller Noth.

    Ach Gott! du bist noch heut so reich,
Als du bist gewesen ewiglich;
Mein Vertrauen steht zu dir!
Mach mich an meiner Seelen reich,
So hab ich gnug hie und ewiglich.

    Der zeitlichen Ehr will ich gern entbehrn,
Du wollest mich nur des ewigen gewähren,
Das du erworben hast,
Durch deinen herben bittern Tod,
Das bitt ich dich, mein Herr und Gott!

    Alles, was ist auf dieser Welt,
Es sey Silber, Gold oder Geld,
Reichthum und zeitlich Gut,
Das währet nur eine kleine Zeit,
Und hilft doch nichts zur Seligkeit.

    Ich dank dir, Christe, Gottes Sohn!
Daß du mich solchs hast erkennen lan,
Durch dein göttliches Wort:
Verleih mir auch Beständigkeit
Zu meiner Seelen Seligkeit.

    Lob, Ehr und Preis, sey dir gesagt,
Für alle dein erzeigte Wohlthat,
Und bitt demüthiglich,
Laß mich nicht von dein'm Angesicht
Verstoßen werden ewiglich.

Poeſie, eine Vergleichung aushalten. Man leſe
z. E. der Liebe Zank, das künſtlich Frauen

Der fünffte Pſalm
Davids, Im Thon, Nun freuet
euch lieben Chriſten gemein, ꝛc.

HERR hör mein Wort
merk auff mein noth
Vernim mein Redt gar eben
Mein König vnd mein ſtarker Gott,
Von dir hab ich das Leben
Drumb will ich für dich beten recht,
Frü wölleſt hören deinen Knecht,
Wann er frü zu dir kommet.

II.

Du haſſeſt HERR was vbel thut:
Die Lügner wirſt vmbbringen
Was ſchalckhafft iſt und dürſt nach blut,
Den wirdt vor dir, mißlingen
Ich aber, wil in dein Hauß gehn
Mit forcht gen deinem Tempel ſtehn
Auff dein Gnad HErr zu beten.

III.

HErr leit mich gar inn deinem Wort,
Vmb meiner Feinde willen
Ruht deine Weg an alle ört,
Vnd ſteck mir ſelbs das ziel
Ir mundt vnd Hertz kein rechts je gab
Ir Rachen iſt ein offens Grab,
Ibr ſchlundt auch voller Gallen.

B

lob, Art und Lob einer tugendhaften
frommen Frau, den wunderlichen Traum
von meiner abgeschiedenen lieben Ge-
mahel, Kunigunde Sachsin, das wun-
derbarlich Gesicht Kaiser Maximiliani,
Klag der vertriebenen Frau Keuschheit,
u. a., und man wird diese Behauptung bestätigt
finden.

In manchen geschichtlichen Erzählungen hin-
gegen gibt er freylich nur Das in Reimen wieder,
was er in einem alten Geschichtschreiber oder in
einer Chronik gelesen hatte. Diese Histori und
Geschicht, wie er sie nennt, scheinen früher
Bar gewesen zu seyn, mit denen er Schule
hielt, und die er in der Folge überarbeitete und
seinen Werken einverleibte. So findet sich z. E.
in einer alten Handschrift die schöne Mage-
lona im Rosentone Hans Sachsen über-
schrieben. Wer wird den guten Hans Sachs
und sein Dichtertalent nach der Historia Ur-

IIII.

Laß frewen sich all die auff dich
Trawen, vnd sich berühmen,
Beschirme sie HErr kräfftiglich
Gleich wie die sommer blumen
Die Grechten du gesegnest HErr
Die deinen Namen lieben sehr,
Du krönest sie mit gnaden.

sprung und Ankunfft deß Thurniers,
der Historia All Römische Keyser nach
ordnung, oder nach Keyserlicher Maje-
stet Caroli des fünfften einreyten zu
Nürnberg, würdigen? Diese und ähnliche Ge-
schichtserzählungen sprechen sich selbst ihr Urtheil,
und können nicht unter seine Geisteswerke ge-
zählt werden.

Nach jenen obengenannten sinnigen Dichtun-
gen, zeichnen sich vorzüglich seine Schwänke
und seine Faßnachtsspiele aus. In diesen
ist er Meister. Diese sind eigentlich die Sphäre,
in der sich sein schalkhafter Witz und seine muth-
willige Laune in ihrer ganzen Eigenthümlichkeit
bewegen. Die meisten sind von seiner eigenen
Erfindung, oder gründen sich auf Volkssagen*).

B 2

---

*) Wie sehr seine Manier im siebzehnten
Jahrhunderte nachgeahmt wurde, beweisen die
historischen und Poetischen Kurzweil
eines gewissen Lazarus Sandrub, (Frankf.
a. M. 1618) aus welchen ich hier drei Schwän-
ke mittheilen will.

Von einem, der beichtet, daß er Tuch
gestohlen habe.

Ein Mann hett ein Stück Tuch gestoln,
Und beichts seim Priester unverholn.
Derselb sich wundern thet darob,
Und sprach: ey, ey, das ist zu grob:

Hierin übertrifft er seinen Vorgänger, Rosen-
blüt, den Schnepperer, weit, ist aber noch ganz

Der Mann sprach: Ja, mein lieber Herr,
Mein Weib betrübet auch sich sehr,
Daß es so grob gewesen, sey,
Hat mir auch angedeut dabey,
Ein Flachsims solt ich han genommen,
Das wer mir dann gar wol bekommen,
Daß sie mir hembden drauß gemacht,
Hab billich übel mich bedacht.

Von einem der Fewr in der Predigt schmeckete.

Ein Student wolte Predigen,
Solchs thet ihm schlecht von staten gehn,
Und macht gar wunderlich geschirr,
Zuletzt ward gantz und gar er irr,
Und ward bey ihm das Lachen theur,
Schrey über laut: O ich schmeck Fewr,
Es brinnt, es brinnt, da er so rieff
Jedermann Auß der Kirchen lieff,
Der gut Student kam auch darnach,
Ihm ging am meisten an die Sach.

Ein Dieb will ehe henken, als von einer häßlichen
Dirnin erlediget werden.

Ein Dieb solt man Justificiren,
Als man ihn für Gericht that fürn
Da kam ein Maid auch auf den platz,
Und sprach den Henker fleißig an,
Er solt den Dieb zum Mann ihr geben,
Denn sie wolt mit ihm Ehlich leben.

die Rohheit des Mittelalters an sich trägt, und
überdieß durch einen schamlosen Cynismus zu ge-
fallen sucht. Mindern Werth haben seine Ko-
mödien und Tragödien, doch die erstern einen
größern als die letztern, in so ferne jene Ein-
gebungen seiner muthwilligen Laune, und nicht
Nachahmungen z. E. des Terenz sind.

Der Stoff aber von diesen und jenen, wie
auch von seinen Schwänken, ist aus der Bibel,
aus der weltlichen Geschichte, aus den Novellen
des Boccaz oder aus alten Chroniken entlehnt,
in einigen Komödien aber eigener Erfindung.
Zur Darstellung tragischer Charaktere konnte er
sich nicht erheben. Seine Könige und Königin-
nen benehmen sich und sprechen oft genau so,
wie ehrbare Bürger und Bürgersfrauen, zu sei-
ner Zeit in Nürnberg, sich mochten benommen
und gesprochen haben.

B 5

Mit Fleiß besah der Dieb die Magd,
Aber Ihr lieb ihm nit behagt,
Sprach, sie hett eine Habichts Nasn,
Dis Leffien wern ihr auffgeblasn,
Sprach: Meister richt mich immer hin,
Biel nutzen ists, wenn Todt ich bin,
Denn daß ich solt mit dieser Mehrn,
Mein leben kümmerlich verzern,
Ist besser, daß ich sterb einmahl,
Denn daß ich stetigs leb in qual.

Diese Tragödien, Komödien und Fastnachts-
spiel, wurden, seiner eigenen Aussage nach,
sowohl in Nürnberg, als in andern Städten,
von ehrbaren Bürgersleuten aufgeführt. Viel-
leicht läßt sich, bey der wiedererwachten Liebe
zu diesem Dichter, hoffen, daß in balden eines
und das andere seiner Fastnachtsspiele, oder
auch eine Komödie, die am meisten dramatischen
Werth hat, werde aufgeführt werden. Warum
sollte man nicht wenigstens neugierig seyn, zu
erfahren, wie sich ein dramatisches Werk des
Mannes, den man, freylich durch Deinhard-
stein's Darstellung, nicht müde wird auf dem
Theater zu sehen, durch die scenische Kunst ge-
hoben, mit einigen Abänderungen, ausnehmen
möchte? Eine Unbilde, deren man sich manche
schon auf dem Theater erlaubte, wäre ein sol-
cher Versuch durchaus nicht *).

_____

*) Es ist merkwürdig, daß der erste Beginn der
dramatischen Poesie von Nürnberg ausging.
Hans Rosenbluet, der sich Schnepper-
rer nannte, und ungefähr gegen 1450 lebte,
dichtete Fastnachtsspiele, tragischen und komi-
schen Inhalts, die von Nürnbergern und Nürn-
bergerinnen unter freyem Himmel aufgeführt
wurden. Er ist der wahre Thespis der tragi-
schen und komischen Muse der Teutschen, ob
er gleich in der Folge von seinem Landsmann,
Ayrer an Fruchtbarkeit übertroffen wurde.

Breite ist freylich das Erbübel der Mehr-
zahl seiner Gedichte. Nur wenige sind frey von
Auswüchsen, und haben, wie durch Zufall, Run-
dung und Correttheit. Diese wenigen zeigen, was
er hätte leisten können, wenn er je daran ge-
dacht hätte, das Müßige in seinen Dichtungen
zu streichen *). Aber von Kritik und Feile hatte
der gute Mann nicht die leiseste Ahnung. Er

B 4

---

*) Obige Behauptung wird sich durch diese zwey
   Stellen bestätigen:

Die Nachred fleugt in allen Ständen,
In geistlich, weltlich Regimenten;
In allen Aemtern, Handlungssachen,
In all Geschäften thut sie wachen.
In allen Landen, Städten, Rechten,
Fleugt die Nachred mit ihren Knechten.
Ja, wo nur wohnet menschlich Bild,
Da fleugt Nachrede feindlich wild.

Doch red' ich als unter der Rosen,
Auf daß die Sach nicht weiter kum,
Will auch in Summa Summarum
Die Ding mit nichten haben geredt:
Also es unterm Hut wächst.
Doch stell ich mich traurig dazu,
Als ob die Person mich reuen thu
Daß sie kumm in Ungunst und Schand.
Also mit listigem Verstand,
Kann ich beyde Mann und Frauen,
Hinterrück in die Pfanne hauen.

schrieb, so lange ihm Gedanken und Reime zu-
strömten, und diese strömten ihm immer im Ue-
bermaße zu. Die Fruchtbarkeit seines Geistes
glich einem Bache, der nie versiegt.

Und, doch sind seine Redseligkeit, seine
Breite, und selbst seine Einförmigkeit gewißer
Maßen wohlthuend. Man gewöhnt sich an seine
Eingänge und immer wiederkehrenden Schlußzei-
len, und würde sie ungerne missen. Wenn auch
manche seiner Dichtungen durch Ramlers Feile
würden gewonnen haben, und durch Matthis-
sons Meißel zu vollendeten Kunstwerken umgebil-
det werden könnten: so würde doch der alte Meister
mehr dabey verlieren, als gewinnen. Das Kunst-
werk würde aufhören sein Eigenthum zu seyn.
Hans Sachs muß bleiben was und wie er
ist — der Repräsentant des sechzehnten Jahrhun-
derts in Sprache, Sitte und Denkungsart; ein
reiner Spiegel der volksthümlichen Vorzeit.

Wer ihn ein Mal kennen gelernt hat, der
gewinnt ihn lieb, und liest ihn öfter. Sein hel-
ler Verstand, der aus allen seinen Dichtungen
hervorblickt, sein biederer, frommer Sinn, seine
unbefangene, mit unter derbe, Treuherzigkeit,
und sein schalkhafter Witz, ziehen den Leser un-
widerstehlich an. Man sieht sich durch ihn in eine
volksthümliche Vorzeit versetzt, wo Biedersinn
noch Werth hatte, und arglose Treuherzigkeit ge-

fiel. Es war eine glückliche Zeit, in der er lebte
und dichtete, in welcher der Handwerksmann in
Nürnberg sich durch Wohlhabenheit behaglich fühlte,
und Handlung und Gewerbe blühten.

Hans Sachs spricht das unverdorbene
Gemüth aus jedem Alter und jedem Stande an,
vornehmlich aber die Jugend, die so gerne in
die Vorzeit zurückgeht, und das volksthümliche
Alterthum liebt. Er sollte daher selbst in Lehr-
anstalten einiger Maßen heimisch werden. Hat
der Jüngling, unter der Leitung seines Lehrers,
das Lied der Nibelungen, dieses romantische Epos
mit Liebe studirt, so wird er gewiß auch gerne
bey manchen Dichtungen des guten Nürnbergers
verweilen.

Unter den ernstern Gedichten desselben, die
eine höhere Tendenz, als bloß zu belustigen, ha-
ben, behaupten die allegorischen, deren eine
ziemliche Anzahl sich in seinen Werken findet, und
die er Kampfgespräche nennt, weil er ihnen eine
dialogische Form gab, einen bedeutenden Rang.
Mehrere derselben haben einen höhern Schwung
und eine außerordentliche Gedankenfülle, und zeich-
nen sich noch überdieß durch malerische Stellen
aus. Sie eignen sich daher ganz vorzüglich zum
Jugendunterricht. Man nehme z. E. das Kampf-
gespräch des Alters mit der Jugend. Dieser
Dialog enthält eine Menge Anspielungen auf

B 5

Stellen der Classiker. Es wäre daher eine gewiß nicht nutzlose Beschäftigung für Jünglinge, jene Stellen in den alten Dichtern und Prosaikern aufzusuchen, und in einer lesbaren Ueberseßung darzulegen, und dann auch zu zeigen, in wie ferne sie das beweisen, was sie beweisen sollen. Selbst in Bürgerschulen könnte zuweilen von dem guten Hans Sachs Gebrauch gemacht werden. Man könnte nicht bloß declamatorische, d. i. im guten, richtigen Lesen, und orthographische Uebungen aus demselben anstellen, sondern auch einige ausgewählte Erzählungen in gutes heutiges Teutsch übertragen lassen.

Aber damit ist nicht gemeynt, daß man seinen Leistungen unbedingten Werth zugestehe und sie als Muster der Nachbildung aufstelle, noch weniger, daß man ihn und seine Zeit in die Gegenwart zurückwünsche. Jene Zeit war nur Ein Mal, und kann und darf nicht wieder mit ihrer ganzen Eigenthümlichkeit zurückkehren. Hans Sachs's Dichtungen sind Antiken in roher Form, und gefallen eben deswegen, weil sie im Gegensaß zu unserer Zeit stehen *).

*) Veredelte Nachbildungen seiner Manier haben außer Göthe, die Dichter Fouque, Rückert, Schlegel, Tieck und Uhland gegeben. Es wird ein feines Gefühl und ein sicherer Takt er-

Man will behaupten, daß die Gelehrten sei-
ner Zeit sich wenig um ihn kümmerten. Es
mag seyn. Aber Luther kannte und schätzte ihn
als geistlichen Liederdichter, und Melanchthon
las ihn gerne. Gewiß lasen und schätzten ihn
seine gelehrten Mitbürger, Wilibald Pirkhei-
mer, Nützel, Behaim, Volkamer, und
sein ihm so ähnlicher Freund, Albrecht Dü-
rer *).

fodert, um sich gleichweit von der Gemeinheit,
als von dem höheren Schwung der Phantasie
zu halten, und gleichwohl das Gemüth durch
Einfalt und arglose Treuherzigkeit anzusprechen,
und den Kenner durch Neuheit der Gedanken
und der Erfindung zu befriedigen.

*) Wagenseil sagt in seiner Schrift über die Mei-
stersänger, Seit. 518: Solchem nach sind Hanns
Sachsen Gedichte, auch von fürnehmen Gelehr-
ten Leuten, sehr gelobt worden; wie dann
Philippus Melanchthon selbsten sich damit zu
erlustigen pflegen. Mit dem langen Gedicht,
von denen in Teutschland gehaltenen Thurnie-
ren, haben viel Historici und Politici ihre
Werk gleichsam geschmücket, und nur allein des
Limnaei gedenken, so hat solcher selbiges dem
5ten Capitel des 6 Buchs seines Juris Publici
einverleibet, und mit einem zu mißgönnenden
Lob, elegantissimos Norici Vatis metricos
lusus genannt. Hatte doch selbst der stolze

Dem Kenner und Freunde der Geschichte der teutschen Poesie, und noch mehr dem Nürnberger, wird nach Hans Sachs, der zweyte eigentliche Dichter, den Nürnberg jemals gehabt hat, Grübel *), entgegen treten. Es ist merkwürdig, daß die so Kunst= und Wissenschaft liebende Stadt, in einem Zeitraum von beynahe dreyhundert Jahren, nur zwey Dichter, die bleibenden classischen Werth haben, aufweisen kann, und daß beyde aus dem Handwerksstande waren, und anspruchlos von dem Betriebe ihrer Profession lebten **).

Osiander mit ihm gemeine Sache gemacht, und eine Vorrede, wie schon bemerkt worden, zu seinen Reimen über die wunderlich Weissagung geschrieben. Auch ist der zweyte Theil seiner Werke dem nürnbergischen Magistrate und sind die übrigen immer Staatsmännern gewidmet, und zwar mit der ausdrücklichen Versicherung des Verlegers, daß er ihnen den Dichter vereint gebe, den sie lange schon gekannt und liebgewonnen hätten.

*) Johann Conrad Grübel, Bürger und Stadtflaschner (Klempner, Blecharbeiter,) und Mitglied des Pegnesischen Blumenordens, geb. den 3ten Jun. 1736., gest. den 8ten März 1809.

**) Grübel war auch in seiner Profession ein erfinderischer Kopf, und steigerte seine Blecharbeiten zu wahren Kunstproducten.

Grübel hatte die Bildung seines Zeitalters durch Lectüre und Umgang. Beydes entbehrte Hans Sachs. Ihm konnte seine Zeit nicht geben, was Grübel die seinige gab — Muster und kritische Freunde *); der Umgang mit Meistersängern hielt mehr seinen Geist nieder, als daß er ihn hob. Aber demungeachtet hat Grübel nie nach der Universalität gestrebt, die Hans Sachs eigen ist. Schon die Mundart in der er dichtete, bestimmte ihn, nicht aus dem Denk- und Empfindungskreise des echten Nürnbergers aus dem Handwerksstande herauszutreten. Diese Mundart, die sich seit undenklichen Zeiten innerhalb den Ringmauern Nürnbergs gebildet und durch Grübel allgemeine Celebrität in Teutschland erhalten hat, verdient, daß man sich bey der Beachtung ihrer Eigenthümlichkeit etliche Augenblicke verweile.

Das Eigenthümliche dieser Mundart besteht aber nicht bloß in einer breiten Dehnung und Umwechslung, und dann wieder Zusammenziehung der Vocale und Diphthongen, nach Art der Dorier, wie nicht minder in der Häufung der Consonanten, und im Gebrauche des Anfangsvocals

---

*) Unter diesen nenne ich nur D. Osterhausen und Witschel, die Herausgeber des 4ten Bändchens seiner Gedichte. 1812.

eines Worts für das ganze Wort, sondern eben
sowohl im innern Gehalte der Rede, in ganz
eigenen Benennungen der Theile des Leibes und
der Gegenstände des Lebens, in Sprüchwörtern
und Ausdrücken, wodurch sich die jedesmalige
Stimmung des Redenden, fröhlich, mißlaunisch,
oder gleichgültig = ruhig, ausspricht *).

Diese Mundart ist nur Eine und aus Einem
Boden erwachsen, und wird bloß in der Stadt
und in den nächsten Umgebungen derselben ge-
sprochen; aber sie hat ihre Nüanzen und Schat-
tirungen, nach den verschiedenen Districten der
Stadt, die freylich nur dem Ohre eines Nürn-
bergers fühlbar sind. Die Mundart, wenigstens
die Betonung der Worte, z. B. auf dem soge-
nannten Schwabenberge ist von der in der Um-
gegend der Jakober Kirche verschieden, und von
dieser unterscheidet sich hinwiederum als eine
Spielart, die, welche in den Vorstädten, Wöhrd

---

*) Es ist überhaupt schwer, das Eigenthümliche
dieser Mundart durch Schriftzeichen auszu-
drücken. Nur eine Nürnberger Zunge kann
das Geschriebene in dieser Mundart, wie No-
ten, mit dem gehörigen Tone und Accent
aussprechen. Man nennt die Meisterschaft in
dieser Mundart, Seibeln, nach dem Namen
des Schutzheiligen der Stadt, Sebald, dem
auch die Hauptkirche geweiht ist.

und Gostenhof gesprochen wird, und die sich, vorzüglich bei dem weiblichen Theile der Bewohner, durch einen kreischend = schneidenden Accent auszeichnet.

Es ist kaum zu fürchten, daß diese Mundart, auch bey der steigenden Bildung der niedern Volksclassen, durch veredelten Jugendunterricht und durch Verkehr und Verschmelzung mit den höheren und gebildeten Ständen, sich je ganz verlieren sollte: sie ist zu innig mit der ganzen Sinnes = und Empfindungsart des Nürnbergers verwebt. Selbst in den höheren, sehr gebildeten Ständen, spricht man im vertraulichen Familienkreise, wenn man sich behaglich fühlt und sich selbst überlassen ist, in diesem Idiom.

Grübel hat das nicht kleine Verdienst, das Leben und Weben der nürnbergischen Bürger und Bürgerinnen, aus dem Mittelstande, das sich einzig in jener Mundart ausspricht, in seiner reinen Eigenthümlichkeit, unübertrefflich dargestellt zu haben. Die Mehrzahl seiner Compositionen hat dichterischen Werth, und manche halten in jeder Rücksicht eine Vergleichung mit den, beynahe zur nämlichen Zeit erschienenen, Allemannischen Gedichten aus *). Grübel ist eine um so merk-

---

*) Mindern Werth haben seine Correspondenz und Briefe (1806) Der Brieston scheint sich nicht recht für diese Mundart zu eignen.

würdigere Erscheinung in der Geschichte der teut-
schen Poesie, da er beynahe erst als Greis, und
da auch nur auf dringende Auffoderung seiner
Freunde, als Dichter hervortrat, und den Dich-
terfunken, der lange verborgen in ihm geglimmt
hatte, durch Fruchtbarkeit der Erfindung und
durch rege Phantasie in seinen Dichtungen kund gab.

Nun noch ein Wort über Hans Sachs —
Wieland vergleicht das Ungefeilte seiner
Verse und Reime mit Dürers Holzschnitt-
mäßigen Manier. Jedoch der Künstler steht un-
gleich höher, und überstrahlt vielleicht selbst durch
seinen Genius den Ruhm seines innigsten Freun-
des, des edlen Wilibald Pirkheimer.

Aber, daß nie wieder ein Wernicke aufstehe,
und den Ehrwürdigen höhnend schmähe *),

───────────

*) Christian Wernicke, (sein Geburtsjahr ist
ungefähr 1665 und sein Todesjahr zwischen 1710
und 20) der glückliche Epigrammendichter, ver-
sündigte sich an den Manen des guten Hans
Sachs durch eine komische Epopöe „Hans
Sachs" mit der er sich für eine Beleidigung an
Postel, einem elenden Reimer aus der Loben-
steinischen Schule rächte. Diese längst vergessene
Posse, in der Postel als Hans Sachs's
Nachfolger, d. i. als das Ideal eines Dumm-
kopfs und elenden Reimers, gekrönt wird, ver-
diente kaum der Erwähnung, wenn nicht Bod-

dafür bürgen **Wieland**, **Göthe** und **Dein-
hardstein**, und bürgt Er selbst durch **Bü-
sching** und **Furchau**, und vielleicht auch durch
die hier fortgesetzte Auswahl aus seinen Wer-
ken, die bloß eine anspruchlose Nachtreterin der
Bearbeitungen jener Literatoren ist.

Nürnberg,
den 22sten März,
1 8 2 9.

----

mer mit sichtbarem Wohlgefallen dieselbe in
seiner Sammlung kritisch-poetischer Schriften
(Zürch 1741. Seite 115.) wieder an das Licht
gezogen hätte.

Der erste Theil der von Hans Sachs selbst ver-
anstalteten Ausgabe seiner sämmtlichen Werke
erschien, wie schon erwähnt wurde, zu Augs-
burg, im Verlage des Buchhändlers Georg
Willer, aber gedruckt zu Nürnberg durch Chri-
stoph Heußler, 1558 unter dem Titel, der
freylich nicht von ihm, sondern von dem Verle-
ger herrührte:

Sehr herrliche schöne vnd warhaffte gedicht,
Geistlich vnd Weltlich, allerlei art, als ernst-
liche Tragedien, liebliche Comedien, selzame
Spiel, kurzweilige Gespräch, sehnliche Klagreden,
wunderbarliche Fabel, samt andern lecherlichen
schwenken und possen rc. Welcher stück seynd drei-
hundert vnd sechs vnd sibenzig. Darundter hun-
dert vnd siebenzig stück, die vormals nie im
truck ausgangen sind, yetzund aber aller welt
zu nutz vnd frummen in Truck verfertigt. Durch
den sinnreichen vnd weit berümbten Hans Sach-
sen, ein Liebhaber teudscher Poeterey, vom
M. D. XVI Jar, biß auf M. D. LVIII Jar,
zusammen getragen vnd vollendt. Der Verfasser
der Vorrede ertheilt Hans Sachs gleichen Rang
mit Homer und Virgil.

Zwey Jahre darauf wurde nicht nur diese Ausgabe, die nun das erste Buch hieß, wieder aufgelegt, sondern es folgte in dem nämlichen Jahre 1560 das zweyte, und 1561 das dritte Buch, in drey Folianten.

Nach einem Zeitraume von beynahe zehn Jahren erschien bey Joachim Lochner, Buchhändler zu Nürnberg, eine zweyte, mit 600 Gedichten vermehrte, Ausgabe, aus der nämlichen Christoph Heußlerischen Druckerei, in 5 Folianten. Der dritte Band dieser Ausgabe kam ein Jahr nach des Dichters Tode, 1577 heraus, worauf unmittelbar der vierte 1578, und 1579 der fünfte folgten.

Als eine Seltenheit muß bemerkt werden, daß die drey Bände der ersten Ausgabe von 1558, 1560, 1561 in den Jahren 1589, 1590 und 1591 durch Leonhard Heußler unverändert wieder abgedruckt worden, ohne daß der vierte von 1578 und der fünfte von 1579 gefolgt sind.

Endlich lieferte Johann Krüger, Buchhändler zu Augsburg, durch Christoph Krause, Buchdrucker in Kempten, die dritte und letzte Ausgabe, in fünf starken Quartbänden, die von 1612 bis 1615 herauskamen. Die Herausgeber versicherten, daß sie deßwegen die Quartform gewählt hätten, weil Quartbände leichter als Foliauten auf Spaziergängen und Reisen zu gebrauchen waren.

Selten findet man eine von jenen Ausgaben, auch in berühmten Bibliotheken, vollständig, immer nur einzelne Bände von verschiedenen.

Joh. Heinrich Häßlein (geb. 1737, gest. 1796), erneuerte, wie schon im ersten Bändchen erwähnt worden, das Andenken an diesen Dichter durch

Hans Sachsens sehr herrliche Schöne und warhafte Gedicht Fabeln und gute Schwenck. In einem Auszuge aus dem ersten Buche, mit beigefügten Worterklärungen von J. H. D. Nbg. im Räspeschen Verlage. 1781. 8.

Auf Häßlein folgten nach einem Zeitraum von fünf und dreyßig Jahren:

Hans Sachs ernstliche Trauerspiele, liebliche Schauspiele, seltsame Fastnachtspiele, kurzweilige Gespräch, sehnliche Klagreden, wunderbartiche Fabeln, sammt andern lächerlichen Schwänken und Possen. Bearbeitet und herausgegeben von Dr. Joh. Gustav Büsching. Erst. B. Nbg. b. Schrag. 1816. gr. 8. Zweyt. B. 1819. Drittes Buch, unter der vorigen Aufschrift, und dann Altdeutsche Schaubühne des Hans Sachs. 1824.

XLIX

7. 2. Friebr. Furchau's Hans Sachs. Erste
Abtheilung: Die Wanderschaft. Zweite Abthei-
lung der Ehestand. 1820. gr. 8.

R. Z. Becker gab einzelne Gedichte, und
zwar in der Urform, wie sie als fliegende Blät-
ter, mit Holzschnitten von Sebald Beham,
Hanns Schäufelein, und andern Schülern
Albrecht Dürers erschienen, heraus. Gotha,
1821., und dann noch

Schwänke Hans Sachs, herausgegeben
und mit den nöthigsten Worterklärungen begleitet
von Joh. Ad. Nasser. Kiel, 1827. 8.

Was hin und wieder in Bibliotheken hand-
schriftlich von ihm vorhanden ist, betrifft nur
seine Meistergesänge, und ist größten Theils von
sehr untergeordnetem Werthe.

Da Hans Sachs mit seinen Werken in
jedem Lehrbuche der teutschen Literatur, und in
jeder Aesthetik aufgeführt wird, so nenne ich hier
nur, außer Jörden's Lexicon und Nasser's
Vorlesungen, Friebr. Bouterwek's Geschichte
der Künste und Wissensch. Dritte Abth. Neunt.
B. S. 381 — 390., und

Dr. Theodor Heinsius Teut, viert.
Theil, oder Geschichte der teutschen Literatur.
Berlin, 1829. Seite 156 — 172.

Noch verdient eine ehrenvolle Erwähnung,
obgleich aus früherer Zeit das

Andenken an Hans Sachs, berühmten Nürnbergischen Meistersänger, von Bernh. Jos. Docen. Altdorf, im Sept. 1805, in den Nachrichten zur ältern und neuern Geschichte der freyen Reichsstadt Nürnberg, von Joh. Carl Sigm. Siebhaber. Nbg. 1805. Erst. B. Seit. 137—150. Nur ist zu bedauern, daß Docen dem so verdienstvollen Häßlein nicht volles Recht wiederfahren ließ.

Hans Sachs.

Dichtungen.

Ein Gespräch, die neun Gab Muse oder
Kunstgöttin betreffend.

Als man zehlt fünffzehundert Jar,
Vnd dreyzehene, als ich war
Zu Wels, in gantz blüender Jugend,
Mein sinn sich her vnd wieder wugend,
Auff was kurtzweil ich solt begeben
Forthin durchauß mein junges Leben,
Neben meiner Handarbeit schwer,
Die doch nützlich vnd ehrlich wer,
Weil ich in kurtz verschienen Jarn
Hett als ein Jüngeling erfarn
In Gsellschafft mancherley vntrew,
In Bulerey schand vnd nachrew,
In Trunckenheit, schwechung der sinn,
In Spil, Hader vnd vngewinn,
In Fechten, Ringen, Neyd und Haß,
In Seytenspil, verdruß. Dermaß
Was kurtzweil, menschlich Hertz erfrewt
Darinn sich üben junge Leut,

E

Jedes sein Nachgreiß mit ihm bracht,
Deß wurdens all von mir veracht,
In solchen schweren phantasieren
Gieng ich hin für das Thor spazieren
Vber ein Wasser, heist die Traun,
Vnd kam für ein runden liecht Zaun,
Der vmbfieng des Keysers Thiergarten,
Darinn lieffen nach allen arten
Vil Künlein, sach ich geylend hupffen
Auß vnd ein in ihr hölen schlupffen,
Aller Farb, rot, graw, weiß vnd schwartz,
An dem Wasser gieng ich auffwartz
Durch ein gestreuß, da ich mit wunnen
Erfand den aller kälsten Brunnen,
Auß ein Felß fliessen in ein Werbel,
Darinn das Wasser macht ein Werbel,
Umb den Brunnen war ein geheuß
Selb gewachsen mit dem gestreuß,
Das gab darumb ein dunkel schatten
Das Graß mit blümlein, Klee vnn schlatten
Lustig gezieret hat das plönlein,
Da hört ich mannich süsses thönlein
Von dem geflügel hin vnd wieder,
Ich legt mich zu dem Brünnlein nieder,
In den gedancken tieff entzücket,
Gleich samb in einem Traum entrücket,
Als ich nun lag in dem getrecht,
Hört ich vmb mich ein leiß gebrecht

Mit wechselworten rund und scharff,
In dem mein Augen ich auffwarff,
Da stunden zirkelrund vmb mich
Neun Weibelein, zart vnd adelich,
In fliegender subtiler Seyden
Bekleid, in Farben vnterscheyden,
Mit rotem Golde durchfloviert,
Nach Heydenischer art geziert,
Jede hett auff ihrem Haupt gantz
Von Laurea ein grünen Krantz;
Mit drey Gülden Hefftlein geetzet,
Köstlich mit Edlem gstein versetzet,
Darob ein Seyden weiß durchsichtig,
Ihr schmuck war gantz köstlich vnn wichtig.
Mit scharpffen Augen, spehen sinnen,
Vnd bleicher farb sie all erschienen,
Mein Hertz in wunder war durchsewert,
Mein Haupt in die recht hand ich stewert
Bedorfft jhr keine mehr ansehen,
Ihr eine ward sich zu mir nehen.

Clio die erst Muse.
Sprach: O Jüngling was bist bekümmert,
Wer hat dein Gemüt so hart zertrümmert,
Was ligt dir an für vngemach?

Der Jüngling.
Schamrot ein klein ich sie ansach,
Als ich hört jhr anred so gütig,
Fieng ich ein Hertz, vnd ward großmütig,

Sprang auff mein Fůß vnd neyget sü,
Vnd sprach: ich hab hertz mut vnd sinn
Von allen Frewden abgewend,
Weil sie bringen ein bitter End,
Vnd hab mich einsam hinterdacht
Nach einer kürtzweil hochgeacht,
Die mir doch nutz und Ehre brecht.

Clio, die erst Muse.

Die erst antwort: O Jüngling recht,
Ist diese vrsach dein Beschwerden,
Von vns mag dir geholffen werden.

Der Jüngling.

Ich sprach: Ihr Engelischen Bild
Sagt, wer ihr seyd durch ewer mild?

Clio die erst Muse.

Sie sprach: hast du bey deinen Tagen
Von den neun Muse hören sagen
In Griechen, beim Berg Parnaso,
Die seyen wir.

Der Jüngling.

Erst ward ich fro,
Bog ihr mein Knie züchtiglich,
Sprach: ihr Göttin es wundert mich,
Was jr hie sucht im teutschen Landt?

Clio die erst Muse.

Die erst sprach: vns hat außgesand

Apollo, vnd Pallas die zeyt
Die hohen Götter der Weißheit,
Ihn etlich Diener zu bestellen,
Ob du nur selber wilt, so wellen
Wir dich zu eim Diener auffziehen,
Weil du thust ander kurtzweil fliehen,
So du ihr eytelkeit empfinst.

Der Jüngling.

Ich sprach: ernennet mir den Dienst,
Wo ich armer darzu wer tüglich,
Was mir denn wer zu thun vermüglich,
Verbrecht ich mit dem höchsten fleiß,
Den Göttern der Weißheit zu preiß,
Ich fragt weder nach müh noch lohn.

Elio die erst Muse.

Die Göttin sah mich freundlich an,
Vnd sprach: O Jüngling dein Dienst sey,
Das du dich auff teutsch Poeterey
Ergebst, durchauß dein lebenlang,
Nemlichen auff Meistergesang,
Darinn man fördert Gottes Glori,
An tag bringst gut schriftlich Histori,
Dergleichen auch trawrig Tragedi,
Auff Spiel vnd fröliche Comedi,
Dialogi vnd Kampffgespręch,
Auff Wappenred mit worten spech,

C 3

Der Fürsten Schilt, Wappen pleſmiren
Lobſprüch die löblich Jugend zirren,
Auch aller art höflich Gedicht
Von Krieg vnd Heydniſcher Geſchicht,
Dergleich auff Thön vnd Melodey,
Auff Fabel, Schwenck vnd Stampaney
Doch alle Vnzucht außgeſchloßen,
Darauß ſchand vnd ergernuß broſſen,
Das wird für dich ein kurtzweil gut,
Die dir gibt frewd vnd hohen mut,
Darburch wirſt du in beinen jarn
Still, eingezogen vnd erfarn,
Bewahret vor vil vngemach,
Auch folgt die Kunſt der Ehre nach,
Die jhr vil hat gekrönt mit lob.

Der Jüngling.

Ich ſprach: jhr Göttin vil zu grob
Bin ich, ein Jüngling bey zweintzg iaren,
Der Poetrey gantz vnerfaren,
Hab keiner Kunſt mich angenommen,
Die Poeten von Himmel kommen,
Wie von jhn ſagt Ovidius,
Derhalb ich mich verzeihen muß
Der Kunſt, Gott Dank euch aller Ehrn,
Neygt mich, vnd thet von bannen lehrn
Mit ſeufftzendem Hertzen vnd mund,
Sie aber ſtunden zirckel rund
Zuſamb, hetten ein kurtz Geſprech.

Clio die erst Muse.

Mir widerrufft die Göttin wech,
Vnd sprach: O Jüngling ob dir
Haben ein groß mitleyden wir,
Wiltu, so wöll wir dich begaben
Mit den neun Gaben die wir haben,
Darmit wir vor begaben theten
Griechisch vnd Lateinisch Poeten,
Dergleich viel Teutscher im Teutschlandt,
Ist Meister Hans Foltz dir bekannt,
Vnd etlich mehr bey deiner zeit,
Wilt annemen die Dienstbarkeit,
So tritt ein weng vns neher baß,
Entpfach die Gab nach deiner maß.

Der Jüngling.

Bald tratt ich mitten vnter sie,
Vnd fiel nider auff meine Knie
Vnd sprach: Ihr Göttin außerwelt,
Nun thut an mir was euch gefellt,
In ewrem Dienst bin ich ergeben,
Mein Hertz ward hoch in frewden schweben
Ward all meins hertzenleibs beraubt,
Mir legt zwen finger auff mein Haubt

Clio die erst Muse.

Clio die Göttin sprach: nimb hin,
Ich gib dir in den mut vnd sinn,

C 4

Ein beſtendig volkommen willen,
Zu dieſen löblichen ſubtilen
Künſten gemelter Poetrey,
Der dir forthin wohnt allzeit bey.

Euterpe die ander Muſe.

Euterpe die ander zu mir
Sprach: ich gib dir luſt und begier,
Wolgefallen, lieb, frewd und gunſt,
Zu dieſer hochgelobten Kunſt,
Darinn du dich fortin erfrewſt,
Darmit all trawrigkeit zerſtrewſt.

Melpomene die dritt Muſe.

Melpomene die dritt in weiß
Sprach: ſo gib ich dir hohen fleiß
Zu dieſer Künſten grund erfarung,
An müh vnd arbeit gar kein ſparung,
Anhalten mit hören vnd leſen,
Biß du ergreiffſt ihr ganzes weſen.

Thalia die vierdt Muſe.

Thalia die vierdt ſprach: Seh dir
Die annemung deß Wercks von mir,
Greiffs kecklich an, hab kein betrübung,
So du bringſt in tägliche übung,
Ein ſtück dem andern beut die Hend,
Wie du erfaren wirſt am End.

Polimnia die fünfft Muse.

Polimnia die fünfft auch lieb
Sprach: ein Nachdenken ich dir gib,
Ein bewegen vnd regulieren,
Ein außtheylen vnd ordinieren,
Einr jeden Materien summ,
Wer, was, wie, wo, wenn vnd warumb.

Erato die sechst Muse.

Erato die sechst auß ihr zunfft
Sprach: Ich gib dir scherpff der vernunft
Zu erfinden vnd speculieren,
Zu mindern vnd zu appliciren
Nach rechter art jeden Sententz,
Durch vernünfftig Experientz.

Therpsicore die sibend Muse.

Therpsicore die sibend Meyd
Sprach: so gib ich dir Vnterscheyd
Eins jeden Dings ware erkenntnuß,
Durch ein klare lautre verstentnuß,
Alle Ding gründlich zu probiern,
All Materi zu Judiciern.

Vrania die acht Muse.

Vrania die achte sprach:
Himlisch Weißheit gib ich hernach,
Das gut auß bösem zu erwehln,
Das vnnütz vom nützen zu scheln,

C 5

Auf das gut Poetisch Geticht
Durch faul Sentenz nit werd vernicht.

Caliope die neund Muse.

Caliope, so sprach die neund:
So gib ich dir mein liebes Freund.
Ein Gilium, den Weysen gefellig,
Ein außsprechen süß vnd holdselig,
Verstendig deutlich ohn alls stammlen,
Mit schönen lustigen Preamlen
Werden all dein Geticht geziert,
Frey springend, wo man die scandiert?

Clio die erst Muse.

Nachdem fieng Clio wieder an,
Sprach: O Jüngling nun solt auffstahn,
Nun hast unser neun Eygenschafft
Empfangen, ein verschmack vnd safft,
Vnd bist zum Diener auffgenommen,
Wo du dem trewlich nach wirst kommen,
Nemlich, das all deine Geticht
Zu Gottes Ehr werden gericht,
Zu straff der Laster, Lob der Tugend,
Zu lehre der blüenden Jugend,
Zu ergetzung trawriger Gemüt,
Jedes nach art durch vnser Güt,
Wöll wir dich endlichen belonen,
Mit vntödlichen ehren Kronen,

Als einem Tichter thut gebüren,
Doch thu geloben vnd anrüren
Ein trewen Dienst, als dir gebürt.
Frölich stuhnd ich auff, vnd anrürt,
Mich gutwillig gen ihn erzeyget,
Zu hohem Dank ich jn vast neyget,
Ihr Häupter sie mir neygen gunden,
Vnd in dem augenblick verschwunden
Vor mir die außerwehlten Docken.

Der Beschluß.

Mein hertz in Jubel ward frolocken,
Lieff heim vnd gar bald repetiert,
Die gab der Muse ordiniert,
Braucht die wie sie mir geben warn,
Durch die ich hernach in vil Jarn
Gemachet hab mannich Geticht,
Auff allerley art zugericht,
Bey fünff tausenten oder mehr,
Gott sey allein Lob, Preiß vnd Ehr,
Wellicher sein geschenck vnd Gab
So wunderbarlich genßt herab
Auff alles Fleisch mancherley weiß,
Auff das sein Göttlich lob vnd preiß
Bey allen Menschen aufferwachs,
Durch seine gab, das wündscht H. S.
Anno Salutis, M D. XXXVI.
Am 25. Tage Augusti.

Der liebe Zanck.

Als ich in meiner Jugend thumb
Einer Jungfrauen mich an numb
Die ich hett innigklichen hold
Inn zucht vnd ehren als ich solt,
Inn rechter Trew, freundlicher art
Von jr nit mehr zu theil mir ward
Denn offt ein freundlich augenblick,
Manch lieblich gsprech, auch offt vnd dick
Denn offt ein freundlich vmbefang
Das namb ich an zu hohem danck
Begeret weiter auch nie mehr
Wann mir war jr Jungkfrewlich ehr
Lieber denn alle freud auf Erd
Von gantzem hertzen auch begert
Mein leben mit jr zu beschließen
Im Ehling stand jr zu genießen
Kürtzlich etws Tags sich zutrug
Das sie mir alle freud abschlug
Nimmer ich sie vmbfahen solt
Kein kuß sie mir mehr bieten wolt
Wann sie besorgt vor mir jr ehr
Vnd dergleich wort gab sie mir mehr
Ich erschrack, sie doch gütlich fragt
Obs jr ernst wer, darauff sie sagt:
Es wer jr ernst, vnd wolt das sagen
Von mir, vnd mich darumb beklagen

Wo ichs widerumb wurd vmbfahen
Erst thet mir vnter augen schlahen
Das elend mit grosser nachrew
Dacht, ach wee meiner lieb vnd trew
Das ichs so hertzlich hab gemeint
Mein hertz das klopfet, seufftzt vnd weint
Legt mich vnmutig inn mein Bett
Vnd also bey mir selber redt
O Venus du Göttin der Lieb
Sag wo mein lieb vnd trew nun blieb
Die ich in dein dienst trug so hertzlich
Wie ist sie worden mir so schmertzlich
Der ich so trewlich hab gemeint
Helt mich für jren ehren feind
Mein trew ich gar verloren spür
Der Strosack ligt mir vor der Thür
Ich bin geführet auff ein Eiß
Kein hülff vnd trost ich fürbaß weiß
Mein hoffnung ist gar ab vnd todt
Nun wünschet ich vnd wolt auch Gott
Das ich jr doch nie hett gesehen
Inn Bett thet ich mich lang vmbtrehen
Inn weemütig gedancken tieff
Biß ich samb halb vnd halb entschlieff
Inn dem mich eigentlich bedeucht
Wie das mein Kammer wurd durchleucht
Mit einem klaren schein
Mit süssem geruch trat herein

Venus die Göttin für mein Bett
Vnd mich gantz senfftigklich anredt
Ach Junger Gsell sey wolgemut
Dein sach die wird noch alle gut
Weist du nit das Jungfrewlich-Bild
Inn lieb ist allzeit rauh vnd wild
Vnd seiner lieb nit leicht bekennt
Ob es gleich inhitzigklich brennt
Darzu nöt sie ir scham vnd zucht
Darmit sie zu erretten sucht
Ir ehr, ihre aller höchsten schatz
Auch fürcht sie hart deß klaffers schwatz
Die keiner ehren auch verschonen
Deß thu ich trewlich dich ermonen
Erheb dein träwriges gemüt
Wann sie hat eben dein geblüt
Vnd hat dich innigklichen lieb
Derhalb dich weiter nit betrüb
Sie wird dir trew vnd freundlich sein
Ihr rew darumb ist auch nit klein
Das sie dich hat so hart betrübt
Ihr Hertz sich auch in schmertzen vbt
Laß alle vnmut vnd zweifel farn
Dann sie wird noch in wenig Jarn
Dein lebenlang dir zu gesellt
Ich hab dir sie selb außerwelt
Zu eim späten Hertzlieb allein
Darumb laß alles trawren sein

Vñe dem iñer Göttin bald verschwant,
Ich erwacht, vnd im hertzen grund
Ward ich erfrewt vnd bald aufftan
Als ich mein Lieb ward sichtig an
Redt ich sie an mit trauring worten
Die sich aber an allen orten
Entschuldigt, sie wer mir nit feind
Hett die wort nit so arg gemeint
Ich solts halten trewlich wie billich,
Inn ehre vnd zucht wolt sie gutwillig
Förthin in lieb mich nit verlon
Förthin nit mehr wieder mich thon
Also wurd vnser lieb vnd trew
Widerumb gantz beschlossen new
Mit einem vmbefang vnd kuß
Der mich noch allzeit frewen muß
Das vnser lieb grün, blü vnd wachs
Inn zucht vnd ehren wünscht H. Sachs.

Anno Salutis, M.D.XLIIII.
Am 1. Tag Septembris.

Der wunderliche Traum, von meiner abgeschiednen lieben Gemahel, Kunigundt Sächsin.

Als man nach Christi geburt war
Zelen fünffzehen hundert Jar
Vnd neunzehen fürwar, ich sag
Eben an Sanct Egidi tag
Ward mir zu einer Gemahel geben
Jungkfraw Kunigundt Creußerin eben
Die einig Tochter vnd Erb allein
Peter Creußers zu Wendelstein
Am Berg, der vor siebenzehen Jarn
Sambt seiner Gemahel verschieden warn
Den Gott genadt in ewigkeit
Am neundten Tag het ich hochzeit
Von der mir in 12 Jarn sind worn
Zwen Söhn vnd 5 Töchter geborn
Welche all sind mit todt verschieden
Vnd bey Got ewig sind zu frieden
Doch von meiner ersten Tochter eben
Hab ich 4 Enecklein im leben
Nun diese mein Gmahel fürwar
Hat ich vast 41 Jar
Gantz lieb vnd trew, gantz ehren werdt
Wolt Gott das ich sie solt auff Erdt
Gehabt haben biß an mein endt
Gott aber selb hat das gewendt.

Als man nach Christi geburt fürwar
Zelt fünffzehen hundert 60 Jar
Da begab sich fürwar ich sag
An vnser Frawen verkündung Tag
War der 25. Tag des Mertzen
Thet sie in einer seiten schmertzen
Ein wehtag, vnd darnach im Hertzen
Aber in solcher wehtag schmertzen
Versuchten wir der Artzte rath
Doch folgten nit der gsundheit that
Derhalb ward sie vor jrem endt
Versehen mit dem Sacrament
Der schmertz nam lenger herter zu
Stund offt auff vnd het wenig rhu
Jetzt wolt sie dort, jetzundt da liegen
Die Kranckheit thet jr angesigen
Vnd in der dritten nacht verschiedt
Der Seel bey Gott wohnt in dem friedt
Nach dem ward auch in zweyen tagen
Der Leib dahin gen Kirchen tragen
Mit der teutschen Psalmen gesang
Ach Gott erst ward mein hertzen bang
Weil ich mein Gmahel nit mehr hett
Wo ich ansach dieselben stett
Daran sie war gstanden vnd gsessen
O so thet sich mein Hertz denn fressen
Dergleich wo ich jr Kleider sach
Wirt ich gleich von hertzen schwach

Das ich mein Gmahel außerkorn
Also gar gehnling het verlorn
Der ich erst gar nottürfftig war
Weil ich ins 66. Jar
Gieng, vnd sie acht vnd fünfftzig was
Erst alt, derhalb ich vbermaß
War im hertzen bekümmert hoch
Offt deucht mich auch sie lebet noch
Etwan bey jren Freunden wer
In jren gschefften hin vnd her
Wenn ich mich denn bedacht das sie
Gestorben wer vnd nicht mehr hie
So wurd mein hertzenleidt mir new
Wann ich mich zu jr alle Trew
Versach, für all Menschen auff Erdt
Besorgt mich vor jr keinr geferdt
Rechte lieb vnd trew von anfang
Bey jr fund ich jr lebenlang
Sie war gantz heußlich fru vnd spat
Zug all Ding rechter zeit zu raht
Doch etwan hefftig war mit worten
Bey dem Gesindt das an vil orten
Farlessig war, nit arbeitsam
In summa, all jr ding das kam
Dem gantzen Haußhalten zu gut
Derhalb mein Hertz war in vnmut
Weil ich die trew nit mehr het
Mein Hertz offt nach jr seufftzen thet

Tag vnd Nacht ich jr nachgedacht
Nun begab sich in einer Nacht
Das ich in den gedäncken tieff
Frenthalben gar hart entschlieff
Da daucht mich ich sech aller ding
Wie zu mir in die Kammer gieng
Mein lieber Gmahel zu mir her
In weiß, gantz züchtiger gebär
Von der mein Hertz erfrewet wur
Vnd gähling in dem Bett auff fuhr
Vnd wolt sie mit eim kuß vmbfahen
Als ich aber kam so nahen
Wich sie von mir gleich wie ein schatten
Vnd sprach zu mir nach diesen Thaten:
Mein Hans, das mag nit mehr gesein
Ich bin nit mehr wie vorhin dein
Da fiel mir erst ein gwiß vnd klar
Das sie mit todt verschieden war
Derhalben mich ein forcht durchschlich
Jedoch jrer trew tröstet mich
Gedacht jr Geist ist kommen her
Zu trösten mich in meiner schwer
Vnd thet mich deß hertzlich erfrewn
All mein vnmuth thet sich zerstrewn
Vnd sprach: O du seliger Geist
Vergangner zeit du noch wol weist
Als dein Leib lag in Kranckheit schwer
Tröst ich dich wie das Christus wer

Für aller Menschen Sündt gestorben
Bey Gott gnad vnd huldt erworben
Vmb sonst auß lautter Barmhertzigkeit
Auff diesen Haylandt in der zeit.
Soltst du dich hertzlich verlassen
Hoff du habst das thon aller massen
Der Geist mir antwort an dem ort
Ich hab auff das gwiß Gottes wort
In vestem glauben vnd vertrawen
Thon von Grund meines hertzen bawen
Darinnen bin ich abgeschieden
Vom Leib, vnd bin auch wol zu frieden
Vnd bin schon in ewiger rhu
Kein zweiffel setzet mir mehr zu
Leb nun in höchster sicherheit
Vnd warrt ewiger seligkeit
In frolockung vnd freuden groß
Mit Lasaro in Abrahams schoß
Mit gewiser starcker hoffnung
In der letzten aufferstehung
Das Seel vnd Leibe widerumb
Clarificiert zusammen kumb
Da an vns gentlich wird erstatt
Was Christus vns verhaissen hat
Mich daucht ich sprech in wunder groß.
Sag mir, wo ist Abrahams schoß
Sag was die Geister darinn thun.
Was sie haben für freudt vnd wunn

Biß auff den letzten Jüngsten tag
Da sprach der Geist: O auff dein frag
So kan ich dir kein antwort geben
Wann kein Mensch in dem zeitling leben
Mit nichte die Ding kan verston
Noch weniger reden daruon
Was Gott mit sein Außerweltn thu
Welche sindt in ewiger rhu
Sie berürt mehr kein leibligkeit
Sind gantz auß aller stat vnd zeit
In Gott als außerwelte Geist
In himlischer freudt allermeist
Darin jr dann ist ewig wol
Sollichs ein Mensch gedencken sol
Biß das er nach dem zeitlichn todt
Auch dahin kommen wird durch Gott
Auß gnaden zu ewiger rhu
Auff das solt fort auch warten du
Wann es wird auch das ende dein
Nun fort nit lang außstendig sein
Denn wirst mit geistlichn augen sehen
Ding, die ich dir nit kan verjehen
Das kein aug hat gesehen vor
Vnd auch gehöret hat kein Ohr
Vnd ist in keines Menschen hertz kommen
Was den Gottseligen vnd frommen
Gott hat dort ewigklich bereit
Für freyde in der Seligkeit

In dem der Geiſt von mir verſchwandt
Da aufferwacht ich zu handt
Groß forcht vnd freudt mich da beſtan
Ich lag vnd diſem Traum nachſan
In freudt vnd hertzlich groſſem wunder
Vnd gedacht mir heimlich beſunder
An Meiſter Leonhardt Nonnenbecken
Mein Lehrmeiſter, der mich thet ſchrecken
Vor Jaren mit dergleichen Traum
Nach ſeinem Todt, der ich auch kaum
Mein Lebenlang vergeſſen mag
Da ich eins nachts auch ſchlieff vortag
Das ich jn bath in Traumes gſicht
Das er mir geb klaren bericht
Wie es zugieng in jhenem leben
Thet er mir gleiche antwort geben
Das du mich fragſt, leſt ſich nit reben
Noch außſprechen zwiſchen vns beden
Biß du ein mal auch kombſt dorthin
Auß gnaden, dann wirſt du erſt in
Was Gott ſein außerwelten geit
Nach dem ellendt in ewigkeit
Nach dem auch derſelb Geiſt verſchwundt
Ich erwacht auch, vnd manig ſtundt
Seither demſelben Traum nachſan
Denck gwiß das kein Menſch wiſſen kan
In diſem zergenglichen leben
Was Gott dort ewigklich wird geben

Den außerwelten in sein Reich
Wie denn Christus selb sagen gleich
Drumb soll wir sein wort hertzlich glauben
Der hoffnung vns nit lassen rauben
Solch fürwitzig leiblich gedancken
Gott vertrawen on alles wancken
Derselb wird vns nach disem leben
Durch vnsern Heylandt Christum geben
Auß gnadt das Himlisch Vatterlandt
Dahin helff vns Gott allensandt
Da vns ewig freudt aufferwachs
Nach seinem wort, dz wünscht H. Sachs.
    Anno Salutis 1560.
    Am 19. Tag Junii.

Klag der vertrieben Fraw Keuschheit.

Fraw Keuschheit ich genennet bin
Ein vertribene Königin
Des sitz ich hie in der Wüstin
Mit trawring Hertz, Gemüt vnd sinn
Trostlos, ellendt, für hin vnd hin.
Eynsmal da gieng ich in den Meyen
Mich zu erlusten vnd erfrewen
Auff einen Berg in einem Waldt
Darein ich vor offt mannigfalt
War gangen an ein lustig ort

Da ich dann allmal hett gehort
Der Vögel vbersüssen hal
Also ich jetz aber ein mal
Durch lust kam an diese Wildtnus
Gieng darinn gemach fuß für fuß
Vnd hört der Vögel singen zu
Das frey Gewildt lag in der rhu
Vnter den Püschen fern vnd nohen
Ein theil ersahen mich vnd flohen
Vnd sich fern in die Püsch verschloffen
Erst wardt mein Hertz in freuden offen
Vnd kam gar weit in di se Wüst
On alle Weg inn kurtzer frist
Ey weitter vil dann vormals nie
Ich dacht zu ferr gehn möcht ich hie
Ich sinnt, thet mir ein schatten suchen
In dem säh ich ein hohe Buchen
Stehn ausgebreit an einem range
Zu der gieng ich saumbt mich nit lange
Wolt ruhen da ein kurtze zeit
In dem hört ich von mir nit weit
Kläglich schreyen in diser Wild
Inn maß als w r ns Frawenbild
Darnach hört ich vil Hunde jauchtzen
Darum ward mir ein wenig schauchtzen
Mein gesicht kert ich hin gar bald
Hinab gehn thale in den Walt
Da sah ich vil Jungfrewlein klar

Dort lauffen in zerſtrewten har
Die ſchrien alle wee vnd ach
Deß erſchrack ich, kürtzlich darnach
Ward ich ſechzehen Frewlein erblicken
Fürten vil Hunde an den ſtricken
Mit dem ſo ritt ein Köngin zart
Die gund erſchellen alſo hart
Ein klar güldines Jägerhorn
Jr Angeſicht brennet vor zorn
Jnn der ein hand hett ſie ein Bogen
Darauff zwen ſcharpffe ſtrál gezogen
Diſe Köngin mit dem Weidwerg
Reit in dem Walt vber die zwerg
Mein hertz in wunder ward geſetzet
Warumb man die Jungkfrewlein hetzet
Vnd ſtund alſo in dem gebrecht
Jnn dem ich hinder mir erſpecht
Ein ſchwartz ſammaten Frawen ſchuh
Das wundert mich, ich gieng hinzu
Jnn dem ſah ich von dieſer ſtatt
Durch ein geſtreuß ein new fußpfad
Ich namb den ſchuh vnd dacht, fürwor
Ich will nach geen dieſen geſpor
On zweifel ein Jungkfrewlein
Iſt alda entflohen hinein
An dem da will ich wol erfragen
Warumb dieſe Köngin thu jagen
Die Jungkfrewlein, damit ich leiß

D

Schleich nach dem ſpor in das geſtreuß
Alſo fúrt mich diß ſpor mit eil
Bey einer halben viertel meil
Inn einen vber tieffen grunde
Von Baumen finſter, darinn funde
Ich ſtehn ein rauhen Felſen hoch
Darein gieng gar ein wildes loch
Zu dem gieng diß geſpore ein
Ich gieng hinzu vnd ſchaut hinein
Da ſah ich gar ein klares Brúnlein
Aus dem Fels flieſſen in ein rinlein
Inn ein werbel gehawen ſchon
Darbey lag ein zerbrochen kron
Ein brochner Zepter,, Helm vnd ſchild
Darbey erblicket ich ein bild
Sitzen als ein Kónigin geziert
Was gar ſubtil gelidmaſiert
So vber zart rein vnd ſo pur
Als het ſie Engeliſch Natur
Inn Atlaß weiß bekleydet gantz
Auff jrem haubt hett ſie ein Krantz
Von lichten Roſen rot vnd weiß
Ir Har recht als das Goldt geleiß
Jedoch ſaß ſie ſamb trawrigklichen
Ir Mund, wenglein ein klein erblichen
Vnd mit tránen reichlich begoſſen
Ire Euglein hett ſie beſchloſſen
Ir haubt in die ein hand geneiget

Kein leben sie an ir erzeiget
In aller maß als ob sie schlieff
Mit senffter stimme ich ir rieff
Aber sie wolt daruon nit hören
Ich erschrack, dacht wider zu keren
Von dann, dacht du bist ein gespenst
Seid du dich nit meldest noch nenst
Als ich stund in solchem verzag
Blicket sie auff vnd hart erschrack
Vnd sprach doch bald: O wer hat dich
Zu mir hergebracht so heimlich
Ich bitte dich widerumb wend
Von mir laß mich an diesem end
Mein zeit in trawrigkeit verschliessen
Erst wurd mein hertz groß wunder kiesen
Ich hub bald an, sagt ir die Mär
Wie ich durch die wüsten daher
Wer kommen durch diß new gespor
Auch was ich hett gesehen vor
Darnach bath ich das sie mir saget
Wer sie wer vnd warumb sie klaget
Auch ob sie west von dem gejeid
Das sie mir deß auch geb bescheid
Darnach wölt ich dann von ir gon
Fürbaß sie vngemüet lon,
Sie sprach zu mir: O Jüngeling
Solt ich erzelen dir die Ding
So würd vernewert mir mein klag

Doch so will ich als vil ich mag
Kurtzlich die Ding erkleren dir
Darfür wirdst du verheissen mir
Zu thun was ich zuletzt dich bitt
Ich sprach: Köngin warumb des nit
Zu stund mit weinen sie durch brach
Mit seufftzendem mund sie da sprach:
O Jüngeling wiß das ich bin
Ein vertribene Königin
Jungkfraw keuschheit heiß ich, vnd saß
Inn dem Köngreich Virginitas
Das mir Fraw Ehr mein Mutter gab
Darinn ich geregiret hab
Gar ordenlich manniche Jar
Mit mancher schönen Jungkfraw klar
Der hett ich bey mir one zal
Auß allen Landen vberal
Ein theil schicket ich noch weitter
Zu der Edlen Köngin Fraw Ehr
Nun gieng ein strassen durch mein Land
Zu der Köngin Venus genand
Darbey hett ich zwölf Fürstin zart
Die den Leuten wehrten ir fart
Also regiert ich mit gewalt
Wurd doch geneidet manigfalt
Von Venus der Königin mechtig
Doch hielt ich mich sogar eintrechtig
Mit den zwölf Fürstin hochgeboren

Die ich zu dienſt hett außerkorn
Mir dieſe zwölf edel Fürſtin
Waren auch mein Hofmeiſterin
Vnd darzu all meiner Jungkfrawen
Vnd muſten alzeit darauf ſchawen
Das ſie lehrten Ritterlich ſitten
Ob ich durch Venus würd beſtritten
Das ſie mein Land mir hülffen retten
Mein Jungkfrawen diß gern theten
Von den Fürſtin gar fleiſſig lehrten
Vnd mich villeicht darinn auch ehrten
Wann ſie all kün vnd ſtreitbar warn
Wann kürtzlichen in wenig jarn
Kam Fraw Venus gezogen offt
Vnd mich da zu vertreiben hofft
Aber wie offt ſie das verſucht
Schlug ich ſie almal in die flucht
Das ſie mir wenig Jungkfrawen namb
Dann welche mit dem ſchwert wz langſam
Darvon mein Lob erhal gar weit
Darnach vber ein kurtze zeit
Etlich Jungkfrawen der meiſt theil
In meinem Reich mir zu vnheil
Wurden den zwölf Fürſtin gantz feindt
Vnd wurden im gemein vereint
Vnd vertrieben gar heimeleich
Die zwölf Fürſtin auß meinem reich
Als bald Venus die Königinne

Diese missethat was worden junne
Deß erschrack ich alda zu hand
Dacht, nun hat mein Reich kein bestand
Zu Hand kam Venus auß dem Berg
Mit jrem listigen weidwerck
Das du dann im Walt hast gesehen
Hett bey jr der Fürstin sechzehen
Mit dem fiel sie in mein landschafft
Zerstreut mein Jungkfrawen mit krafft
Klein widerstand sie jr da theten
Seits die zwölf Fürstin nimmer hetten
Die sie vor lehrten in dem streit
Darumb Venus mit jrem jetzt
Der sechzehen Fürstin gehlingen
Mein Jungkfrawen schier alle fingen
Jede Fürstin füret jr schar
Inn Venus Berg besonder war
Darinn jr Nam wurd gantz verdischet
Groß leyd mit kleiner freud gemischet
Wenn sie ein zeit dann bey ir sinn
So schicket sies dann weiter hin
Zu einer Königin heißt Frau schand
Der werden sie schier allesandt
Aller erst werden sie ellend
Also ward mir mein Reich zertrent
Das ich auch selbst kaum daruon kam
Mit etlichen Jungkfraw lobsam
Mit der bin ich gezogen her

In vil Königreichen hin vnd her
Zu manchem schönen Frawenzimmer
Da weiset man mich fürbaß jmmer
Auch kam ich zum Geistlichen stand
Bey dem ich auch kein statt nit fand
Ir eyd vnd glübd was gantz vergessen
Wann Venus hett sie gar besessen
Also namb ich weitter mein flucht
Vnd schier all stendt der welt auß sucht
Wo man mich etwan hett gantz holdt
Jetzt man mich nimmer kennen wolt
Also kert ich in diese wüsten
Mich mit den Jungkfrauen zu fristen
Vnder ein Linden wir zam sassen
Zu stund erhört wir Venus plasen
Dauon wurden wir bald zerstreyt
Inn dem wald von einander weyt
Also kam ich flüchtig herein
Heimlich in diesen holen stein
Vnd sitz hie in hertzlichem trawren
Der groß verlust der thut mich tawren
So fast das mir mein hertz möcht brechen
Jedoch hoff ich Gott sól mich rechen
An Venus, vnd mich wider setzen
In mein reich vnd mich des ergetzen
Des wil ich hie in dieser wild
Erwarten der Göttlichen milt

52

Sich Jüngling nun haſtu gehört
Was du zu hören haſt begert.
Herwider beger ich von dir
Wann du hin nauß kommeſt von mir
Wo du die rein Jungkfrewlein ſechſt
Das du in züchtigklich zuſprechſt
Das ſie zu mein zwölf Fürſtin keren
Die helffen ſie künlich ernehren
Ob in etwan Venus wolt nahen
Sie mit ſechzehn Fürſtin fahen
Oder ſprich das ſie ziehen hin
Zu fraw Ehr der Edlen Köngin
Mit dem die Köngin mir vrlab
Gab, damit ſchied ich trewlich ab,
Auß dieſer wildnuß in mein hauß
Vnd declinieret zu ſtund auß
Die materi die fürbaß ſehr
Mag kommen zu heilſamer leer
Den jungen, ſchön, zarten Jungkfrawen
Darmit jr Ehr bleib vnuerhawen
Durch fleiſchlich lieb biß in die Eh
Darumb hört ſo erkler ich meh
Wer Keuſchheit ſey die Königinne
Die dort regiert mit zwölf Fürſtine
Iſt die tugend Keuſchheyt merckt eben
Welche Jungkfraw darinn iſt leben
Die ſelbig muß zwölf Fürſtin han

Das sind zwölf Tugend wolgethan
Das ist, scham, Gehorsam, Demut,
Zucht, Messigkeit, Warheit behut
Wenig red vnd einmütigkeyt
Fürsichtigkeyt, embsig arbeit
Gut vnd darbey ein' starck gemüt
Durch die zwölf Tugend wol behüt
Ein Jungfraw jr ehr vnd Keuschheit
Helt sie die stät zu aller zeit
Wann Keuschheit wird bestritten vil
Von fleischlicher lieb one zil
Die deuten die Königin Venus
Mit den sechzehen Fürstin suß
Das sind sechzehen stück geacht
Dardurch keuschheit zu fall wird bracht
Reitzung die erst ist an der spitz
Die schnöd hoffart vnd auch fürwitz
Vnmessigkeit vnd schmeichlerey
Schön geberd, gespielschafft darbey
Scharpf list, gewaltiger bezwang
Geitz, vnd darzu der müssiggang
Wollust, Dienst, trew auß dem gemüt
Beywonung vnd auch das geblüt
Durch die sechzehen stück bestimmet
Fleischlich lieb jren anfang nimmet
Welche lieb manches Jungfrewlein
Bringet zu solcher not vnd pein

Das sie verleust keuschheit vnd ehr
Der sie gewinnet nimmer mehr
Fürbaß in sünd, schand vnd ellend
Beleiben muß biß an sein end
Darumb jr Jungkfrau allzumal
Euch zu vermeiden solchen fal
Wil ich euch die zwölf Tugend lehren
Der edlen keuschheit zu ehren
Wider die solche stück versteet
Das erst, wo euch reitzung anweet,
Es sey mit worten oder wercken
Mit rechter scham solt jr euch stercken
Ewer augen vnter sich schlagen
Nit verantworten alle fragen
Ob euch auch hoffart wolt bezwingen
Mannßbilder in reitzung zu bringen
Mit kleydung vnd grossem geschmuck
Das ist fleischlicher lieb ein bruck
Die euch bringet den weg zu geen
Mit Demut solt jr widersteen
Wölt jr fliehen der liebe flamme
Seit ewern Eltern gehorsamme
Laßt euch verfüren nicht fürwitz
Zu erfaren jhenes noch ditz
Fliecht Tantz vnn schertz recht als dz fewer
Wann fürwitz macht die Jungkfraw tewer
Vnd bringet jn auch böß Argwon

Mit zucht so solt jr wider ston
Vnd seyt züchtig bey allen Leute
Fliecht in dem tranck vnmessigkeyte
Wann vil werden darburch verfürt
Mit Messigkeit so seit geziert
Fliecht auch mit fleiß alle Liebkosung
Wann tugendhafftig ist die zung
Die sellt jr vil, sie ist süßhafftig
Treibet nit solch wort, seit warhafftig
Fliecht der Mansbilder schön gebär
Das sie euch nit bringen in schwer
Redt wenig mit beschliest die munde
Wann vil wort das hertz machen wunde
Vor böß gespielschafft euch auch hüt
Das jr nit werdet mit verfürt
Damit werden verfüret vil
Halt euch einmütigklich vnd still
Seit fürsichtig zu aller frist
Das euch verfür kein scharpffer list
Der man in mancher weiß denn pfliget
Darmit mancher Mann obgesieget
Der dann on massen gar vil send
Fliecht auch mit fleiß solliche end
Daran jr möcht werden bezwungen
Durch gwalt mancher ist misselungen
Die verloren hat keuschheit ehre
Von geitzigkeit thut euch abkere

Fliecht verheiſſung, gaben vnd ſchenken
Die dann mancher jr ehr thun krencken
So ſie mit ſchenck ſich leſt erweichen
Fliecht müſſigkeit auch des geleichen
Mit embſiger arbeit euch dieret
Nit vil auff der gaſſen ſpacieret
Schlafft nit zu lang, davon khem ſuſt
Betrachtung fleiſchlicher wolluſt
Dardurch auch manche kombt zu fal
Fliecht alle Dienſtbarkeit zumal
Damit man euch zu lieb welt bringen
Als ſeytenſpiel, hofieren, ſingen
Auff ſollich dienſt habet kein acht
Dienſt hat jr viel zu liebe bracht
Hüt euch auch wo man euch thut trew
Mit hilff, rath, troſt vnd wie das ſey
Die bezalt widerumb mit güt
Doch habet darinn ſtarck gemüt
Das trew in lieb nit werd gewendet
Wann trew gar offt in lieb ſich endet
Die zuletzt gibt gar böſs belonung
Hüt euch wo jr ſeid in beywonung
Mannsbilder Junge oder Alt
In wort vnd wercken euch enthalt
Seid ernſt, ſtarckmütig vnd on ſchertz
Wann beywonung verwundt vil hertz
Wo ſtro bey fewer nahend leit

Das wird brennend in kurtzer zeit
Deßgleichen euch auch eben gůt
Wo euch verwunden wolt geblůt
Welches auß der Natur herkůmmet
Ohn ander sach vorher bestimmet
Ists, so einer hertz zu ein stůnd
Ihm vnerkant viel gutes gůnd
So schlagt das auß, thåt darzu schweigen
Thut keinem heimlich lieb erzeigen
Mit worten oder augenblicken
Das jr nicht thut in jm erquicken
Fleischlicher lieb brinnendes fewer
Von dem auch dann wirt keuschheit thewer
Also hab ich kůrtzlich erzelt
Wie sich ein jede Jungkfraw hålt.
Erweren der sechzehen Artickel
Die reiner hertzen sind ein Bickel
Fleischlicher lieb ein anefang
Welche lieb ist ein gifftig Tranck
Wann lieb selten ohn leid zergeht
Hůt euch vor dieser lieb, seit ståt
Biß das jr kommet in die Eh
So halt ein lieb vnd keine meh
Ein solche lieb die ist mit Ehren
Doch bittet zu erst Gott den Herren
Das er bschůtz ewer ehr vor schand
Wann an jm ligt es allesand
Ohn jn ist alle hut vmbsunst

Zu empfliehen der liebe brunſt
Die wir dann haben von Natur
Gott iſt allein die hülffe nur
Zu leben in rechter Keuſchheit
Dem ſey lob, ehr in ewigkeit
A M E N.
H. S. S.
Anno Salutis, M.D.XXIII.
Am IIII Tag May.

Heintz Widerporſt.

Heintz Widerporſt bin ich genannt
Kumm her auß wilden Lappenlandt
Gen Berg ſtehn mir all meine Har
Wann ich bin widerſpenſtig gar
Mein ſinn ſeltzam, egliſch vnn wunderlich
All mein Gedanken die ſind ſunderlich
Mit keim Menſchen die Concordiern
Eygenſinnigkeit thut mich ziern
Was jeder mann für gut erkennt
Wird von mir veracht vnd geſchendt
Was man vernicht dem gib ich preiß
Leb gantz widerpörſtiger weiß
Wes man ſich freut des trawre ich
Was man trawert des frew ich mich
Was man gutes will fahen an
Das wendt ich allmal wo ich kan
Vnd was auff gantzer Erd geſchicht

Das laß ich mir gefallen nicht
Gottes würckung ich allzeit tadel
Regenten, Fürsten vnd den Adel
Geistlich, weltlich, groß vnd klein
Rath vnd Gericht, vnd die Gemein
Man predig, schreib, sing oder sag
Vber das als ich schrey vnd klag
On alle vrsach, fug vnd glimpff
Vnd bin ein rechter wenden schimpff
Ein wilder Lap, ja dem allein
Gefelt der eigen willen sein
    Zwey Esel Ohren ich auch hab
Darbey nimpt leicht ein Weyser ab
Daß vmb mich ist die Weyßheit klein
Zerstrewet sind die Sinne mein
Vnd gehn gleich durch einander wabern
Wie auf dem Feldt der gmehte Habern
Des sindt meine wort vnbehut
Solt ich verreden Leib vnd Gut
So halt ich doch kein zal noch maß
Weil mir gfelt weder diß noch das
Schlag ich jedem ein Plechlin an
Keiner Billigkeit schon ich nit dra
Es reim sich oder reim sich nicht
Dasselbig mich nit hart anficht
Vnd wer mich darumb straffen wolt
Dem würdt ich feindt vnd gar abholt
Wann ich wil allzeit haben recht

Obschon all Welt mir widerfecht
Je mehr man stillt, je mehr ich tob
Wie wol ich selber bin so grob
Ey gröber vil denn das Bonstro
Ein vngeschickter schadenfro
Vnd weß vor vnuerstandt dargegen,
Einer saw kein sattel auff zu legen
Des bleib ich weiß gleich hewer als ferdt
Geleich wie vnsers Mülners Pferd
Mein Gwandt das ist ein Jgelsbalck
Darmit deck ich mein groben schalck
Bin stachlicht gantz Jglischer art
Halt allenthalben widerparth
Wann ich stich mit spitzigen worten
Tückisch vmb mich an allen orten
Sitz ich im Rath oder Gericht
Laß ich der Weyßheit fürgang nicht
Wo ich dann in eim Handtwerck bin
Auricht ich vil vnrats darinn
Wo ich denn inn Gesellschafft kumm,
So schlag ich offt ein Lermen vmm,
Wo ich inn einer Gassen sitz
Sticht die gantz nachperschaft mein spitz,
Vnd wo ich denn komm in die Eh
Da mach ich mein Gemahel weh
Wo ich auch wohn in einem Hauß
Da hebt sich mancher wilder strauß
Ich sey bey Leyen oder Pfaffen

Hat jedermann mit mir zu schaffen
Ich kief, ich gron, ich grein vnd zanck
Kein mensch vmb mich verdienet danck
Mach vil zanck, haber vnd auffrhur
Krieg, wider willen vnd vnfuhr
Das jedermann mich billich schätz
Ich sey ein rechter Habermetz
Nach mir zeuch ich ein Dorenstrauch
Das mich blut rüstig machet auch
Mit scharpffen Doren meine schenckel
Füß, soln, ferſen vnd den Enckel
Wann ich mir selb richt thörlich zu
Durch mein abweiß grosse vnrhu
Ich hab bein Leuthen gar kein stern
Niemand hat mit mir zschaffen gern
Weil ich nichts vngetabelt laß
Mißt man mir auch mit solcher maß
Wer mir zu mag der thut mich rupffen
Mit worten vnd mit werken zupffen
Das ich doch nicht mehr dulden kan
Weil mir zusetzet jedermann
So will auch ich, Heintz Widerporst
Wider gehn in des Waldes Forst
Fliehen fürbaß menschliche Bildtnus
Bleiben einsam inn meiner Wildtnus
Weil mir mein weiß gefelt allein
Vnd gentzlich vnbekümmert sein

Mit der Welt, biß doch mit der zeit
End nemb mein Widerpörstigkeit.

Der Beschluß.

Auß dem so merck ein jeder Mann
Will er gemach vnd friede han
So meid er widerpörstig art
Vnd halte für nicht widerpart
Was ander Leut jn lassen gfallen
Das thu er auch nit widerfallen
Ob gleich ein Ding gebrechlich sey
So merck er das vnd schweig darbey
Vorauß wo es jm ist vnschedlich
So helt man jn auffrichtig vnd redtlich
Leutselig, still, glimpsig vnd friedlich
Wol mag er richten vnterschiedlich
Das gute von dem bösen scheln
Vnd jm das gut denn außerweln
Doch alle ding zum besten richt
Wie auch Herr D. Freydanck spricht
Der Mann sey weiß vnd wol gelehrt
Der alle Ding zum besten kehrt
Als dann mag er bein Leuten bleiben
Mit guter rhu sein zeit vertreiben
Vnd kan entgehen vil vngemachs
Sanfftmut ist gut, spricht H. Sachs.
Anno salutis, M.D.XXXIIII.

Ein wunderlich Gespręch, von fünff Vnhulden.

Eins Nachts zoch ich im Nider Land,
Die Weg mir waren vnbekand,
Durch einen dicken wilden Wald,
Zu einer Wegscheyd kam ich bald,
Erst weßt ich nit wo ein noch auß
Ich setzt mich vnder einen strauß,
Zu bleiben an den Morgen fru,
Da giengen mir die Augen zu,
Sichtlich sah ich in qualmes Traum,
Fünff Weibsbild vnder einen Baum,
Alt, geruntzelt vnd vngehewer
Redten gar seltzam Abenthewer

Die erst Zauberin.

Die erst sprach: Hört jhr lieben Gspil.t,
Wir theten her einander zieln,
Jede jhr Kunst frey zu bewern
Vnd eine von der andern lehrn,
So wißt daß ich mit meiner Kunst,
Bezwingen kan der Männergunst,
Mit Zauberlisten ich jhn thu,
Daß sie haben ohn mich kein rhu,
Das Manns glied ich eim nemen kan,
Das er sonst nindert ist kein Mann.

Die ander Her.

Die ander sprach: du kanst nit vil,

Mein Kunst ich auch erzelen will,
Ich kan vnter das gschwell eim graben,
Daß es darnach das Gschoß muß haben,
Die Gschoß kan ich seguen vnd heylen,
Vnd melcken milch auß der Thorseulen,
Die Attern bannen, den Wurm segen,
Vnd wo beschrierne Kinder legen,
Kan ichs machen wider gesund,
Mein Kunst im gantzen Land ist kund.

Die dritt Teufelsbannerin.

Die dritt sprach: Mein Kunst solt jr hörn,
So kan den Teuffel ich beschwern,
Mit meiner Kunst in einem Kreiß,
Daß er verborgen Schätz mir weiß,
Die kan ich graben wenn ich will,
In der Cristall vnd der Parill,
Kan ich auch sehen vil Gesicht,
Was über etlich Meil geschicht,
Den Leuten kan ich auch warsagen,
Wo man jhn etwas hat enttragen.

Die vierdt Wettermacherin.

Die vierdt sprach: Ihr seid seycht gelehrt,
Mein Kunst mir allein ist beschert,
Den Teuffel ich genommen han,
Ich bin sein Fraw vnd er mein Mann,
Derselbig hilfft mir Wetter machen,
Das sein die Wuchrer mögen lachen,

Wann ich Treyb in die Erben schmitz,
Mit Hagel, Schawer, Donner Plitz,
Mit Gspenst mach ich ein reysing Zeug,
Damit ich die einfelting treug.

Die fünfft Vnhuldt.

Die fünfft sprach: mein kunst ob euch ölln
Kan mich in ein Katzen verstelln,
Auch kan ich fahren auff dem Böck,
Fahr über stauden, stein vnd stock,
Wo ich hin will durch Berg vnd Thäler,
Auß der Kuchen vnd dem Weinkeller,
So hol ich gut Flaschen mit Wein,
Würst, Hünner, Gänse wo die sein,
Damit erfreu ich meine Gäst,
Mein Kunst ist noch die aller best.

Der Beschluß.

In dem ein Vogel auff eim Ast
Wurd flattern gar lautreysig fast,
Da erwacht ich in diser sag,
Da war es heller liechter tag,
Da kundt ich gar wol mercken bey,
Es wer ein Traum vnd Fantasey,
Geleich als wol als mit den Weiben,
Die solche schwartze Kunst sind treiben,
Ist doch lautter bettrug vnd lügen,
Zu lieb sie niemand zwingen mügen,
Wer sich die lieb leßt übergahn,
Derselb hat ihm es selb gethan,

Daß es laufft wie ein halber Narr,
Nimbt gar jhres eingrabens war,
So ist es Fantasey allwegen,
So sind erlogen all jhr segen.
Der Teuffel left ein Weib sich zwingen,
So ferr ers in vnglaub mög bringen.
Auch wo man Schätz weist vnverhol,
Die grebt man ohn den Teuffel wol,
So ist der Christallen Gesicht,
Lauter Gespenst, Teuffels Geticht.
Jhr Warsagen ist Warheit lehr,
Das zutrifft etwan vngefehr,
Das Wettermachen ist bethort,
Schlüg sonst gleich wol auch an das ort,
Deß Teuffels Eh vnd Reutterey,
Ist nur Gespenst vnd Fantasey,
Das Bockfaren kompt auß mißglauben,
Der Teufel thuts mit Gspenst betauben,
Daß sie ligt schlaffen in eim qualm,
Meint doch sie fahr vmb allenthalbm,
Vnd treib disen vnd jenen Handel,
Vnd in ein Katzen sich verwandel,
Diß als ist Heydnisch vnd ein spott,
Bey den die nicht glauben in Gott,
So du im Glauben Gott erkenst,
So kan dir schaden kein Gespenst.

Anno Domini, M D.XXXI.
Am 9. Tage Aprilis.

Ein Gesprech mit der Faßnacht,
von jhrer Eygenschafft.

Als ich am Freytag nach Faßnacht,
Mit meinem Beutel rechnung macht,
Den ich fand eytel ring vnd lår,
Da wurd mir erst die Faßnacht schwer,
Verdrossen ich gleich auß spatziert,
Hinnab an der Pegnitz resiert
Biß gen Schnigling, ward also rucken,
Hinnab biß zu der steinin Brucken,
Von fern sah ich im Land herziehen
Ein großes Thier da ward ich fliehen,
Ich kundt nit kennen was es was,
Sein Bauch war wie ein fůdrich Faß,
Sein gantzer Leib vol Schellen rund,
Hett starck Zähn vnd ein weyten schlund
Sein schwåntz schewig war vnd beschorn
Das hett weder Augen noch Ohrn,
Alß ich floh etwas weyt von jhm,
Růfft es samb mit Menschlicher stim,
Ich solt ohn schaden zu jhm gehn,
Ich creutzigt mich vnd bleib still stehn,
Biß daß es zu mir kruch gemach,
Ich merckt wol es war matt vnd schwach,
Noch hielt ichs für ein Gspenst allwegen,
Ich bschwur es mit eim guten segen,
Du seyst ein Thier, Geist oder Gspenst,
Gebeut ich dir, daß du dich nennst.

Die Faßnacht.

Das Thier fieng an gar laut vnd lacht,
Kenst mich nit? ich bin die Faßnacht,
Sprach es: Kenst nit mein weiten Bauch,
Mein starcke Zähn vnd grossen schlauch
Wie vil Kuchen ich hab auffzehrt,
Biß man mich Faßnacht hat ernehrt,
Mit vil wildpret, vögl, visch vnd gmöß,
Sultz, pfeffer, eingmacht, sawer vnd süß,
Gebratens, gewürtztes, eingebicktes,
Gesottens, Bratens vnd Gespicktes,
Dergleich hab ich gelärt vil Keller,
Mit Franckenwein vnd Muscateller,
Lägl mit Reinfal vnd Malvasir,
Vil Fesser auch mit frembden Bier,
Kandel, Kransen gemachet leer,
Samb sonst nit gut zu trincken wer.

Der Dichter.

Ich sprach: Wie tregst du so vil schellen,
Die vmb dein gantzen Leib erhellen.

Die Faßnacht.

Die Faßnacht sprach: Hie merck mit fleiß
Vil thörichter frewd vnd abweiß,
Die vmb mich Faßnacht allzeyt klingen,
Mit pärschen, spiel, täntz, reyen singen
Mit allerley Fewerwerck brennen,
Mit krönlein stechen vnd scharpff rennen,

Mit kolbenstechen in dem stro,
Schwerdtäntz, Reyfftäntz ist man auch fro,
Vil Faßnachtspiel bring ich herbey,
Vnd ohn zahl gar vil Mummerey,
Die sich vermummen vnd verputzen,
Eins theils wie Weiber sich auffmutzen,
Ein theil wie Mönch, ein theil wie Morn,
Eins theils sind wie Zigeuner worn,
Eins theils Bawern, eins theils Narrn,
Darinn etlich vil zeyt verharrn,
Auch mancherley man fahet an,
Wer sich der närrisch stellen kan,
Der ist der best vnd hat den preiß,
Von wegen Närrischer abweiß.

Der Dichter.
Ich sprach: Wie hast so starcke Zähn?

Die Faßnacht.
Sie sprach: Da magst du bey verstehn,
Vil Beuttel hab ich mit zerkifelt,
Vil Geltsäck darmit auffgetrifelt,
Vil Erbgüter hab ich verstrewet,
Vil abtragens Gelts mit zerkewet,
Vil Karten hab ich mit zerrissen,
Vil Würffel zornigklich zerbissen,
Vil Werckentag darmit zernagen,
Vil böser Ebubild drinn vertragen,

E

Vil guter ſitten mit verkehrt,
Vil Erbarkeit darmit verſehrt.

Der Dichter.

Ich ſprach: Du haſt ein weitten Rachen.

Die Faßnacht.

Da ſieng die Faßnacht an zu lachen,
Vnd ſprach: Mein Rach verſchlungen hat
Gelt, Kleyder, Bett, Zien vnd Haußrat,
Häuſer vnd Stadl, Ecker vnd Wiſen,
Thet alles durch mein Rachen flieſſen,
Das ich ohn anſtöß hab verſchlicket,
Wer er nit weyt ich wer erſticket.

Der Dichter.

Ich ſprach: wie iſt dein ſchwantz ſo mager
Dürr, ſchienherig, ſchewig vnd hager.

Die Faßnacht.

Die Faßnacht ſprach: Durch meine ſtück
Mir nachfleugt mancherley vnglück,
Schuld, armut, laſter, ſünd vnd ſchand,
Schuldt zahlen vnd verſetzen pfand,
Was ich auff fraß in vberfluß
Manch Haußvolck hart erſparen muß,
Mit guten Zähnen vbel eſſen,
Frü auffſtehn, lang in dnacht geſeſſen,
Böß Köpff vnd Fieber auch nachlauffen
Meim groſſen freſſen vnd zuſauffen

Der Zipperlein vnd Waſſerſucht,
Auch groſſe Hurweiß vnd vnzucht,
Jungfrauſchwechung vnd auch ehbruch
Falſch ſpiel, Hader vnd böß Geruch,
Dis vnd mehr arges folgt mir nach.

Der Dichter.

Zu der Faßnacht ich wider ſprach:
Sag mir, du ſchwerer überlaſt,
Wie baſt kein Aug noch Ohren haſt?

Die Faßnacht.

Faßnacht ſprach: Ich ſich niemand an,
Keins Menſchen ich ſchew noch verſchon
Geiſtlichs noch weltlichs, obr noch vnder
Wann ich bin der Welt ein Meerwunder,
Mich ſelb ich auch nit ſehen kan,
Was übel oder wol iſt ſtahn,
Ich geh gleich wie ein blindes Pferdt,
Bleib die Faßnacht hewer wie ferdt,
Dergleichen ich auch nichts gehör,
Wer ſich gleich gegen mir entpör,
Mich ſtraffet, ſchendet oder ſchmecht,
Dem wird ich feind, gib jhm vnrecht,
Thu mich gar an kein warnung kehren,
Biß man mir mit gewalt muß weren,
Ich gieng ſonſt immer fort mein gang,
Noch zwey oder drey Monat lang,

E 3

Nun bin ich trieben auß der Statt,
Da mir das Gleyth gegeben hat
Mit grosser klag ein hauffen Narrn,
Die wöllen alle auff mich harrn,
Biß zehen Monat widerumb
Vergehen, das ich denn widerkumb,
Vnd sie all thu wider erfrewen,
Dieweil habens an mir zu bewen.
Mit dem die Faßnacht, schwach vnd mat
Auff die hoch steinen Brucken tratt,
Vnd thet int Pegnitz einen pflumpff,
Das ich sah weder stiel noch stumpff
Da lign vnder der Bruck verborgen.
Der Dichter beschleußt.
Ich gieng hinheim mit grossen sorgen,
Gedacht deß Sprichworts vor vil tagen,
Das ich die Alten höret sagen,
Einer jeden Zeyt zu thun ihr recht,
Das machet manchen armen Knecht.
Das merck gwißlich in einer sumb,
Wenn die Faßnacht herwider kumb,
Das jederman sich tuck vnd schmuck,
Daß sie ihrn nit zu vil verschluck,
Mit Kleydung, Gasterey vnd Spiel,
Vnd dergleich ander vnkost vil,
Daß er das gantz Jar mit gebruch
Denn nehen muß am Hungertuch,
Vnd halben sack denn zu, muß binden,

Beyde mit Weiben vnd mit Kinden,
Zum schaden jhm der spott auffwachs,
Warnt trewlich der Dichter H. Sachs.

Anno Salutis, M.D.XL.
Am 19. tage Februarij.

———

Der Narrenfresser.

Ich spatziert heut frü auß vmb drey,
Zusehen wie der liechte May
Bekleydet hett das weyte Feld,
Die Awen vnd die wüsten Wäld,
Mit blumen, laub vnd grünem Graß,
Da fand ich reichlich über maß,
Lustig mit rot vnd weisser blüt,
Deß war erfrewet mein Gemüt,
Bey einem Wald ich vmb resiert,
Darinn der Vögel schar quintiert,
Der gieng ich nach vnd war sehr bald
Weit hinein kommen in den Wald,
Das mich gleich selb verwundert das,
In dem da theylet sich die Straß
Auß zu der lincken vnd der rechten,
Vnd als ich stund in den gedrechten,
Welche strassen ich wolt eingahn,
Da ersah ich ein grossen Mann,
Lang, grausam, thierisch vnfug vnd wild,
Ein sehr erschröcklich scheutzlich Bild,

E 3

Sein lenge bey vier elen was,
Gantz vngehewer von Gliedmaß,
Gantz wimret, knocket vnd gantz knorret,
Sein Haut gefalten vnd verdorret,
Sein Augen tieff, sein Maul nit klein,
Bleich, tödlich war die Farbe sein,
Runtzelt, henckend warn sein wangen,
Sein drüssel vntersich ward hängen,
Der Halß war dürr, harich vnd rauch,
Ein war gerumpffen jhm der Bauch,
Diser Mann saß an der Wegscheyd,
Mein Hertz das klopfft in Hertzenleyd,
Da trabt ich gen der lincken Handt,
Ein Holtzweg ein mir vnbekandt,
Dem grewlichen Mann zu entrinnen,
Als ich floch mit forchtigen sinnen,
Sah ich ein Wagen gegn mir gan,
Darauff saß noch ein grösser Mann,
Sehr feist vnd groß über die maß,
Sein Bauch groß wie ein Füdrich Faß,
Der het ein sehr groß blutig Maul,
Starck, breit Zän wie ein Ackergaul,
Sein Kopff groß fast wie ein saltzscheubn
Ich dacht, wo soll ich armer bleibn,
So ich dem Düren thu entgehn,
Fall ich dem faisten in die Zän,
Ich floch zu rück thet mich verstecken
In einer dicken Dorenhecken,

Als ich vmbsah vnd mich versan,
Stuhnd die Heck bey dem dürren Mann,
Im Wald zu förderst bey der Straß,
Vor dem ich erst geflohen was,
Erst war mein Hertz in ängsten schwer,
Mit dem da fuhr der faist daher,
Der hielt still bey dem dürren Mann,
Vnd sprenget den mit worten an,
Sag an mein Freund was dir gebrist,
Daß du so dürr vnd mager bist?
Er sprach: Mein Herr ich bin der Mann,
Die Männer ich gefressen han,
Die selber waren Herr im Hauß,
Vnd giengen darinn ein vnd auß,
Vnd die Weiber nit förchten theten,
In Dörffer, märckn, schloß vnd Städten,
Daruon hab ich mich lang genehrt,
Aber jetzt hat es sich verkehrt,
Wo ich hungriger jetzt hingeh
Find ich der Männer wenig meh,
Die Herr sind in dem Hauß allein,
Deß muß ich lang vngessen sein,
Also ich vmbgezogen bin,
In sehr vil Landen her vnd hin,
Vnd hab doch hewer dises Jar
Noch kein gefunden, glaub fürwar,
Derhalb bin ich so gar verschmorret,
Verschmacht, erhungert vnd verdorret,

E 4

Wolt jetzt auch in die Statt hinnein,
Zu suchen auch die Nahrung mein,
Ich bitt laß fahren mich mit dir,
Villeicht ein Beut geratet mir,
So theil ich dir mein Nahrung mit.
Der feist Mann sprach: Ich darff sein nit,
Ich hab selber ein guten Handel,
Genug, wo ich im Land vmbwandel.
Der dürr Mann sprach: du werder Gast,
Sag was du für ein Nahrung hast,
Von wann du kompst, vnd wer du seist.
Da antwort widerumb der feist,
So wiß ich bin der Narrenfresser,
Vnd salt der ein in läre Fesser,
Ein grosse sumb die ich nit mag,
Ob etwan kemen böse tag,
Das ich hernach zu essen hett,
Dann wo ich komm in Märckt vnd Stätt,
Da findt ich meines Wildprets vil,
Dick, feist vnd groß, wie ich nur will,
Die friß ich all in meinen Rachen,
Vnd zeuch also ein feisten Bachen,
Vnd fahr auch jezt hinnein die Statt,
Darinn man morgen Faßnacht hat,
Da will ich weidlich Narren hetzen,
Vnd mich ihrs fleisch recht wol ergetzen,
Gesotten, braten vnd geschmaltzen,
Was ich nit mag will ich einsaltzen,

Das gar lang hab zu essen ich,
Doch ist mir sicher leid für dich,
Ich förcht du werdst ein fehler schiffen,
Du werdst keiner speiß künden geniessen,
Die dir dienstlich sey für dein Leib,
In der Statt ist nur ein böß Weib,
Die findst du fast in jedem Hauß,
Darumb ist all dein Hoffnung auß,
Vnd wer dir schwachen Mann vil weger,
Du schlügest etwan dein geleger
Auff einen vnuerschalckten grund,
Da magst du füllen deinen Schlund,
Auff die Einöd vnd kleinen weiler,
Auff die Mül vnd die Kolenmeiler,
Vnd zu den Hirten in den Felden,
Vnd zun Waldbrüdern in den Wälden.
Der dürr mann sprach mit trutzig worten:
Vnd ob ich schon an solchen orten
Etwan erschnap die Nährung mein,
So ists doch nichts denn Haut vnd Bein
Von alten Mannen grob vnd knorret,
Zeh, häutet, mager vnd verdorret,
Der fleisch ich denn nicht kan verdewen,
Doch hoff ich mich heut zu erfrewen,
Mit guter junger feister speyß,
In diser Statt, in diser Reiß,
Laß mich nur sitzen auff dein Wagen,
Ich will dir gleich das nit versagen,

Der Narrenfreffer zu jm jach,
Sitz auff, so fahren wir gemach;
Wann wir nun bey der Sonnen schein
Heint kommen in die Statt hinnein,
Der dürr Mann auff dem Wagen saß
Vnd fuhren hin gemach jr straß,
Auff die Statt zu, da stund ich auff,
Vnd bin also in einem lauff
Herein geloffen, stets abwegs,
Ich achtet weder Bruck noch Stegs,
Vnd wut durch Moß, Bäch vnd Gewässer
Ich het stets sorg der Narrenfresser
Würd mir verrennen Weg vnd Straß,
Deß dürren Manns ich gar vergaß,
Der doch die Männer frist allein,
Die Herr in jhrem Hause sein.

      Nun bin ich kommen auß der not,
Bring euch allen das Bottenbrod,
Das heint werden zu Abend spat
Beyd Männer kommen in die Statt,
Vnd wer dem dürren wird entrinnen,
Den wird der Närrenfresser sinnen.

      Ir lieben Gsellen rhatet zu
Wie man nur disen dingen thu,
Wer nur der Narrenfresser tod,
Vmb den andern hett es kein not,
Fünd er schon einen oder zwen,
Müst er darnach sein strassen gehn;

Das brecht dem hauffen nit vil schaden,
Hett wir deß Narrenfressers gnaden,
Der würgt vns wie die Hünner nider,
Vnd kompt deß Jares offt heywider.

    Das hab ich allen guten Gselln
Im besten nit verhalten wölln,
Vnd dise trewe warnung than,
Auff daß sich fürseh jederman,
Mit sicherheit in seim gewar,
Der Männerfresser ist hungrig gar,
Vnd brummet wie ein alter Bär,
Zeucht jezt gleich vor dem Wald daher,
Der Narrenfresser auch mit jhm,
Mit bluting Maul in zoren grimm,
Sie sind von der Statt nit fast weit,
Wer jm förcht der flieh es ist zeit,
Daß jhm kein vnglück darauß wachs,
Den rath gibt zu Nürnberg H. Sachs.

Anno Salutis, M.D.XXX.
Am 9. Tage May.

Das Narrenbad.

Nun höret wie zu Meyland saß
Ein Burger der ein Artzet was
Gar hoch berhämbt zu seiner zeit,
Was er in allen Landen weit,
Was vnsinnig jhm wurden bracht,
Er widerumb freysinnig macht,
In kurtzer zeit jung vnde alt,
Nun war sein Kunst also gestallt,
In einem Hof zu diesen sachen,
Hett er ein tieff stinckende lachen,
Darinn er die Narren zumal
Band jedlichen an einen Pfal,
Welcher lebt vngestümmig als
Den band er hinnein biß an Halß,
Welcher hat aber mehr verstand,
Denselben er noch höher band,
Daß jhm die Lach schlug an die Brust,
Etlicher biß an Gürtel must
Stehn, etlicher biß an die Knie,
Also der Artzt kestiget sie,
Mit diesem Baden vnd dem Hunger,
Er wer gleich alter oder junger,
Biß er gantz widersinnig ward,
Nun hett er ein geleicher art
Gebadet, der im Hof vmbgieng,

Jedoch alſo mit dem gebiug,
Das er nit kem hinnauß fürs Thor,
Biß er wurd gantz vernünfftig vor,
Eins tags ſtuhnd er vnter der Thür,
Vnd ſah ein Jüngling reyten für,
Der führt ein Sperber auff der Hand,
Vnd zwen Hund an eim Rüdenband,
Den fragt der Thöricht was es wer,
Vermeynt Hund, Sperber vnd das Pfer?
Der Jüngling die ding erzelt,
Vnd wie er damit paiſſen wölt.
Der Thöricht ſprach: Erzel mir was,
Koſt dich ein Jar zuhalten das,
Der ſprach: ob hundert gülbin pár.
Der Thöricht ſprach: Sag, was ein Jar
Du mit deim paiſſen magſt erobern?
Er ſprach: Was Vögel ich erkobern
Mag, die iß ich hewer als ferd,
Sind etwan dreyer gülbin werd.
Der Thöricht ſprach: O Jüngling fleuch
Mit deinem Wäidwerck dich verkreuch,
Dann wo mein Artzet dich ergriff,
So ſetzt er dich in dlachen tieff,
An ein Pfal biß über die Ohrn,
Als den gröſten Narren vnd Thorn,
Der dreiſſig mal mehr vnkoſt verleuſt,
Denn dir nutzes darauß entſpreuſt.

Bey diser schimpffred Vogll,
Ein jeder mag betrachten hie,
Das es wer Teutschem Land ohn schad,
Wenn es het auch ein Narrenbad,
Das man darein setzt die Gesellen,
Die keiner Weyßheit achten wöllen,
Vnd Narren seind mit jhrem schaden,
Ob man auch die möcht witzig baden.

Erstlich, wer übel zeucht sein Kinder,
Leßt sie auffwachsen wie die Rinder,
Ohn zucht vnd straff böß vnd mutwillig,
Der säß im Narrenbad gar billich.

Dergleich wer grob ist, nichsen kan,
Will auch kein straff nit nemen an,
Sonder will je ein Püffel bleiben,
Den solt man im Narrenbad reiben.

Dergleich wer gutes thut verstan,
Und ist dem bösen doch nach gahn,
Vnd wird deß guten vrderütz,
Dem wer das Narrenbad gar nütz.

Dergleichen wer hat grosses Gut,
Vnd darbey weder frewd noch mut,
Sonder nur spart all Kisten vol,
Dem gezem das Narrnbad gar wol.

Dergleichen wer will mehr verzehrn,
Dann jhm sein Pfluge mag erern,

Vnd iſt leichfertig in ſein Sachen,
Der ghört auch in die Narrenlachen.

Dergleich wer geren zanckt vnd greint,
Macht ſich mit jedermann zu feindt,
Mit rechten, fechten, ſchlahen, rauffen,
Der ſolt zum Narrenbad zulauffen.

Dergleichen wer durch neydig tück,
Trawert ob ſeins Nechſten Glück,
Vnd frewd ſich ſo jhm kompt ein ſchad,
Der ſäß auch wol ins Narrenbad.

Dergleichen wer ſchwatzt hin vnd her
Vnd ſtets nachredet mit gefehr,
Verleugt, verunglimpfft jederman,
Der ſoll ins Narrenbad auch gan.

Dergleich wer ſich rümmt ſolcher that,
Der er doch wenig Ehren hat,
Vnd offenbärt ſein ſchandt vnd ſchaden,
Der ſolt im Narrenbad auch baden.

Dergleich wer ſtecket vol vnzucht,
Roh, wild vnd wüſt, ſchilt vnde flucht,
Vnſchamhafft in wort vnd gebern,
Soll man den im Narrhbad auch ſchern.

Dergleichen wer ſich dücket vil,
Vber ſeins gleich ſich brechen wil,

Den vorgang habn zu aller stund,
Dem wer das Narrenbad gesund.

Wer dergleich tugenthafftig ist,
Vntrew vnd falsch vol hinterlist,
Vortheilhafft, vberal verschlagn,
Den soll man im Narrenbad zwagn.

Wer auff borgt vnd entlehent vil,
Vnd tracht nicht wie er zalen wil,
Und will vil hin vnd her popitzen,
Der solt ins Narrenbad auch sitzen.

Dergleich wer faul ist, gern feyert,
Täglich als ein Statt Ochs vmbleyert,
Vnd will seins Handels nit warnemen,
Der dörff sichs Narrenbad nit schemen.

Dergleich wer loß Gesellschafft hat,
Die jhn verführet frü vnd spat,
Von einem vnrath zu dem andern,
Der solt ins Narrenbad auch wandern.

Dergleich wer gern prast vnd schlembt,
Mit füllerey das sein verdembt,
Vnd will stät frü vnd spat sein vol,
Dem gezem das Narrnbad gar wol.

Dergleichen wen die spilsucht treibt,
Das jhm kein Gelt im Seckel bleibt,

Versetzt Kleyder, Bett, vnd Zien,
Der führ ins Narrenbad dahin.

Dergleichen wer ein Ehweib hat,
Vnd henckt sich sonst an ein vnflat,
Das er doch hat schandt, vnd spot,
Dem thet das Narrenbad gar not.

Der Beschluß.

Nun secht ob es nit wer ein gnad,
So wir hetten ein Narrnbad,
Das die all witzig würden gar,
Mit den die ich nit nennen thar,
Dann würd es besser stehn auff Erd,
Vnd würden nemen vil beschwerd,
Weil aber solche Thorheit bleibt
Was man strafft, lehret oder schreibt,
So ist es lauter alls verloren,
Wann die Welt wimmelt voller Thoren,
In vntern vnd in öbern Ständen,
In Geistlich, Weltlich Regimenten,
Derhalb geht es, wie es dann geht,
Das alle Sach bawfellig steht,
Vnd alle Laster gehn im schwanck,
Die Tugend ligt vnter der Banck,
Weil die war-Weyßheit wird veracht,
Vnd jederman auff Thorheit tracht,

So geht es auch als lang es mag,
Vnd bleibet war deß Alten sag,
Weil jedem gfelt sein weiß so wol,
So bleibt das Land der Narren vol,

Anno Salutis, M.D.XXX.
Am 12. Tage May.

Erzählungen,
Schwänke und Fabeln.

Historia.

Ein wunderbarlich Gesicht Keyser Maximilian, löblicher gedechtnuß, von einem Nigromanten.

Als Keyser Maximilian,
Der Großmechtig vnd thewer Mann,
Löblicher gedechtnuß, Regirt,
Das gantz Römisch Reich gubernirt,
Het er sonderlich lieb vnd gunst
Zu allerley sinnreicher Kunst,
Thet auch kein kost, müh vnd fleiß sparn,
Artliche Künste zu erfarn,
Het auch mancherley Kunst verstand,
Die er auch vbt mit mund vnd hand,
Darauff het er vil grösser acht,
Denn sonst auf allen pomp vnd pracht,
Hielt Kunst vnd Weißheit für ein schatz,
Derhalb hetten auch bey jm platz
Allerley Künstner, so hin kamen
Gen Hof mit was tittel vnd namen
Die hetten all Futter vnd Mahl
Zu Hof im Keyserlichen Saal

Eins tags dem Keyser obgenant,
Auch gen Hof kam ein Nigromant,
Ein Schwartzkünstner der sich anzeiget
Dem Keyser, der jhm wurd geneiget,
Wie er jm kündt herbringen than
Drey Geist, drey Namhaffter Person,
Ob die gleich vor langen Jarn
Mit tode abgeschiden warn,
Mit aller Form, gstalt vnd geberden,
Wie sie hetten gelebt auff Erden,
Jhm die kündt vnter augen stellen,
Welche er wolt, solt er her zelen.
Der Keyser ob der Kunst het wunder,
Vnd ausserwelet jm besunder
Dise drey Namhafftig Person
Mit Nam; zeigt jm erstlichen an
Hector von Troja deß Königs Son
Priami, solt er bringen thon,
In all seinen Armis vnd Wehr,
Wie er im Troianischen Heer
Verwalten het die Hauptmanschaft,
In küner thewrer Heldeskrafft,
Den Achilles auch het erschlagen.
Die andr Person thet er ansagen,
Die schönen Königin Helena
Her auß Lacedemonia,
Deß Königs Menelei Weib,
Die aller schönest Fraw von Leib,

Die im Paris deß Königs Sun
Von Troja het entfüren thun,
In all jrem geschmuck vnd zir,
Höflichkeit vnd geberden jr,
Solt er sie bringen aller gstalt,
Wie man sie beschreibet vnd malt.
Vnd zu dem dritten, solt er da
Bringen die Fürstin Maria,
Sein Gmahel, die Durchleuchtige Frawen,
Die wolt er hertzlich gerne schawen,
Hertzog Carls Tochter von Burgund,
Welche vor kurtzer tag vnd stund
Durch vnfal am Gejeid vor allen
War von eim Pferd zu Tod gefallen.
Wo er die Person oberzelt
Durch sein Kunst jm Persönlich stellt,
Doch jeder man gentzlich on schaden,
So wolt er sein dencken in gnaden,
Von wegen seiner schönen Kunst,
Mit schenck vnd auder wolthat sunst.
Der Nigromant jm antwort gab,
Ja ich wils thun, doch merckt vorab,
Der Geist bring ich euch allesander,
Jedoch ordelichen nach einander,
Vnd wenn jr eins gnug habt geschaut,
So stopfft mit einem finger laut
Auff den Tisch, so wird der Geist weichen,
Auß dem Kreis zu der thür auß schleichen,

Jedoch soll ewer Gnad an dem ort:
Still sitzen, vnd reden kein wort,
Wo jr ein wort darunter redt,
In vnglück vns beid bringen thet,
Das bewilligt der Keyser zu than.
Nach dem der Nigromant fieng an,
Macht ein weiten kreis in dem Saal
Mit blossem Schwert, darein zu mal
Macht vil Caracter, Creutz vnd Zeichen,
Vnd thet sein beschwerung heimleichen,
Geschwind trat in den kreis hinein
Hector von Troja, der Held allein.
Gantz ernstlich vnd trutziger gstalt,
Starcker Glidmas, doch nit zu alt,
Vngleicher Auge, ein Herrlich Mann,
Der het ein Stählen Bantzer an,
Ein Sturmhut auff dem Häupte sein,
Mit Gold ein gwechs geschmeltzt darein,
Am Hals hieng im ein breiter Schild,
Darinn von Gold ein Löw gebildt,
Trug ein Mordart in seiner Hend,
Vor scharpffer spitzen aller end,
Welche all noch tropfften von Blut,
Vnd als samm mit frech künem mut
In dem kreis vor dem Keyser stahn,
Der wurd zum teil entsetzt daruon,
Doch als er sein recht gnug gesach,
Da stopfft er auff den Tisch darnach:

Zu hand der Geist wich auß dem Saal
Mit dapffern schritten ab zuthal,
Bald tratt nach dem in Saal hinein
Helena die schön Königein,
In einem schönen güldin stuck,
Hett vmb jr Haupt köstlich Geschmuck
Von Gold, Perlein vnd Edlemgstein,
Güldin Ketten vnd Halsband rein,
Jr Angsicht vnd alle Glidmas
So Adelich gebildet was,
Samm wers abgestigen von Himeln,
Ein Gürtel von klingenden Zimmeln,
Die het vmbfangen jren Leib,
In summa das aller schönst Weib,
Freundlicher, holdseliger gstalt,
Geiler art, doch der jar nit alt,
Jr äuglein zwinkerten von fern,
Geleich dem hellen Morgenstern,
Zwischen Augbrahen het sie ein mäßlein,
Ein roten Mund, ein kleines Näßlein,
Stund also höflich wolgethan,
Vnd sah den Keiser frölich an,
Der saß in heimlich grossem wunder,
Und beschawt sie mit fleiß besunder,
Von den Füssen biß an das Haubet,
Endlich zu weichen jr erlaubet,
Zu handt sie auß dem kreis thet prangen,
Nach dem kam sittlich eingegangen

F

Historia.

Artemesia mit der Statt Rodis.

Als in dem Lande Caria
Regiret Artemesia
Die Durchleuchtige Köngin klar,
Nachdem jr Herr verschiden war,
König Mauseolus genent,
Doch hielt sie löblich Regiment,
Das doch stund auff Weiblichem Stamm,
Dem war Rodis die Statt sehr gram,
Vnd theten die Köngin verachten,
Vil listge anschleg bedachten,
Sie heimlich mit hemischen ducken
Anzugreiffen vnd zuuerdrücken,
Vnd jr Statt Alicarneso,
Heimlich jr einzunemen do,
Die nahend am Meer bey jn lag,
Rüsten sich darzu auff ein tag.
Solchs der Köngin verkundschafft war,
Drumb sie mit grüster Volckes schar
Saste zu Schiffe auff dem Meer,
Vnd fuhr heimlich mit solchem Heer
Hinder ein Birg, vnd sich versteckt,
Vnd mit jrn Bürgern hat angelegt,
Wenn die Rodiser gfaren kömen,
Solten sie die Statt lassn einnemen,

Willig ohn alle gegenwehr,
Jedoch solt das Bürgerlich Heer
Sich gerüst halten in dem Schloß
Gantz still, biß der Feind Heere groß
In der Statt köm biß auff den Marck,
Erst sollten sie gar kün vnd starck
Den Feind angreiffen in der Statt,
Wie sie sollichs befohlen hatt,
So ists auch mit der that geschehen.
Als die Rodiser waren nehen,
Abstunden, vnd die Schiff stehn liessen,
Vnd theten ein ordnung beschliessen,
Die Hauptstatt mit gwalt zu gewinnen,
Da war auff der Stattmawer innen,
Kein Burger zu der gegenwehr,
Frölich drang ein der Feinde Heer,
In jr Ordnung freydig vnd starck,
On widerstand biß auff den Marck,
Vnd wolten gleich blündern die Statt,
Erst mit gewehrter Hand antrat
Die Bürgerschafft, her auß dem Schloß
Mit Harnisch, Wehr vnd dem Geschoß,
Vnd het vor auff eim Thuren eben
Der Königin ein Warzeichen geben,
Mit einem roten Seidin Fannen,
Die kam mit jrn wolgrüsten Mannen
Vom Gebirg, der Statt zugefahrn
Außstiegen, vnd eindrungen warn,

F 3

Mit guter Ordnung wolgethan,
Griff die Feinde zu rücke an,
Eh es der Feinde innen ward,
Dem vornen auch zuseßet hart
Die Bürgerschafft, es dapffer waget,
Deß wurd ganß forchtsam vnd verzaget
Die Feind, vnd in dem Streit erlagen,
Daß sie glat wurden all erschlagen,
Daß jr keiner daruon enttrann.
Nach dem die Königin besann
Noch ein scharpffen Kriegslist allein,
Vnd mit all jrem Kriegsvolck gmein,
Noch herrlichern sieg zu erlangen,
Ist mit jrem Kriegsvolck eingangen
In der Rodiser Schiff allda,
Die mit der Rodiser Arma
Gezirt waren mit jrn Panirn,
Die Schiff ließ sie schmücken vnd zirn
Mit schönen grünen Lorberästen,
Vnd ander Siegzeichen zum besten,
Mit den fuhr sie hin auff Rodis,
Als sie kam ans Meerpfort gewiß,
Meinten die Hüter, on alls gfehr
Wies der Rodiser Schiffart wer,
Hetten thun die Köngin bezwingen,
Weil die siegzeichen allda hiengen,
Vnd mit frolocken an den orten
Offneten Statt vnd die Meerpforten,

Vnd lieffen sie mit freuden ein,
Meintn es würdn die Rodiser sein,
Also namen sie vnerkant
Die Statt ein, mit gwaltiger hand,
Doch on all todschlag vnd gedrang,
Die vnbewarten Bürger zwang,
Zu williger ergebung nötten,
Vnd ließ der Rodiser Fürstn töbten,
Der diese dückische Geschicht,
Vnd meuterey het angericht,
Vnd ließ zu gedechtnus den sachen,
Zwo Erine Siegseulen machen,
Auff der ein stund ein Weiblich Bild,
Samm gantz sieghafft, frölich vnd milb,
Gleich der Köngin Artimesia,
Mit einem Lorberzweig allba.
Auff der andern Seul stund ein bildnus,
Gantz trawrig, samm vol kümmernus,
Mit bebecktem Angsicht vnd Haupt,
Samm aller freud vnd ehr beraubt,
Das Bild zeigt an die Statt Robis,
In dise beid Seulen gewiß,
Waren mit Griechischen Buchstaben
Diser ehrlicher sieg eingraben,
Diser sieghafften Köngin klar,
Diß siegs Seulen stunden vil Jar
Zu Robis, welch gwaltige Statt,
Der Königin zinst geben hat,

F 4

Als follichs alls verendet was,
Nach dem fuhr die Köngin jr ſtraß,
In Alicarnaſo jr Statt,
Da ſie löblich Regiret hat,
Darmit ehr, lob vnd preis erwarb,
Biß ſie in ehrlichem alter ſtarb,
Der rhum gedechtnuß wirdig bleibt.

Der Beſchluß.

Wie das Boccatius beſchreibt,
In den hundert durchleuchtign Frawen,
Darbey ein Herrſchafft ſol anſchawen,
Wil ſie im Regiment auff Erden
Löblich gedechtnus wirdig werden,
So fleiß ſie ſich ehrlicher ſtück,
Vnd flieh alle ehrloſe dück,
Von den jr nur kombt ſchmach vnd ſchand
Wo ſie braucht argliſtige hand,
Der jren Nachbawren zu ſchaden,
So hat er jedermans vngnaden,
So er aber mit ſieghaffter hand
Trewlich beſchützt ſein Leut vnd Land,
Daß er darob wag ehr vnd Gut,
Vnd darzu auch ſein Leib vnd Blut,
Das wird jm denn in aller weiß,
Reichen zu rhum, lob, ehr vnd preiß,
Bey allen auffrichtigen frommen,
Solcher rhum wird jm nit genommen,

Weder im Tode noch im leben,
Einen solchen rhum den wöll Gott geben
Durch gantz Teutsche Land allen Fürsten,
Die nach ehrlichem lob ist dürsten,
Das sich das, bey jn mehr vnd wachs
Gedechtnus wirdig, wünscht Hans Sachs.

Anno Salutis M.D.LXIII.
Am 29. Tage Nouembris.

Historia.

Die vnglückhafftig Königin Jocasta.

Es wirdt gmelt durch Ouidium
Von der Köngin Thebanorum
Jocasta, welche ist beschrieben,
Weil sie so offt ist vmbgschriben,
Von dem wütigen vngelück,
Durch sein waltzend vnd falsche dück,
Jr vrsprung der kam her all da,
Von den erbawern der Statt Theba,
Dem Köng Layo vermehelt war,
Von dem sie empfieng vnd gebar
Ein Son, deß ward gantz Hofgesind
Erfrewt, als nun von disem Kind,
Der König seine Götter fragt,
Von dem ward dem König gesagt,

F 5

Wenn der Son.köm zu seinen tagen,
Würd der König von im erschlagen,
Als der König hört an dem ort
Von seinem Son sollich antwort,
Gebot er zweyen Dienern bald
Das Kind zu tragn in finstern Wald,
Eingewickelt zu werffen schier
In ein strauch für die wilden Thier,
Auff daß es von jn wurd zerrissen.
Das geschach, doch mit der Köngin wissen
Die deß von hertzen trawrig ward,
Doch lidt sie das ghorsamer art,
Auff daß jr Herr dardurch entgieng,
Den tod nicht von sein Son empfieng,
Doch zu einr gedechtnuß nachmals,
Hiengs jm ein Kleinot an sein Hals,
Darmit trug man das Kindlein nauß,
Vnd legt es in ein Dorenstrauß,
Lissens ligen, giengen daruon,
Das Kindlein fieng zu weinen an,
Vor hunger, vnd durst, auf sein läger,
Das hörten in dem Wald zwen Jäger,
Spürten dem gschrey nach, funden das,
Huben es auff auß grünem Gras,
Brachtens jrem Herren also,
Köng Atletes zu Corintho,
Der das Kind angenommen hat,
Und sah an sein Hals das Kleinot,

Darbey erkent eigentlich er,
Daß köm von grossen Eltern her,
Vnd nennet das Kind Edippum,
Vnd mit freuden das Kind annum,
Vnd an seim Hof auffzogen ward,
Ein Jüngling gantz höflicher art,
Mit stechen, Rennen, Fechtn vnd Ringen,
Jedoch ob allen andern dingen,
Er lust zu der Ritterschafft hett,
Der König jn außschicken thet,
Im Krieg wider die Vocenser,
Da er in der Schlacht on gefehr
An sein Vatter König Laium kam,
Die mit Schwertern hawten zusamm,
Da schlug er sein Vatter zu tod,
Da kam in jammer, angst vnd not,
Die Königin, in hertzlichs trawren,
Das thet den Köng von Corinth thawren
Vnd vnerkandt jr jren Sun
Edippum hat verheiratn thun,
Der das Köngreich Thebe einnam,
Regiret wol vnd gar lobsam,
Mit dem die Königin gebar,
Zwen Sön, der ein genennet war
Ediocles vnd Polinicem,
Vnd auch zwo Töchter angenem,
Ismenan, Antiogonam,
Die sie auffzog zu zucht vnd scham,

Vnd die Sôn zu dem Regiment,
Vermeint alls vnglück het ein end,
Da fieng sich erst jr vnglück an,
Als jr sach so glückselig stahn,
Ein antwort sie von Göttern begert,
Wie jetzund jr sach stund auff Erd?
Von der wurd jr ein antwort nun:
Der Köng dein Mann ist auch dein Sun
Den du von Layo hast geborn,
Der in Wald ist vertragen worn.
Ob der antwort ward sie betrübet,
Vnd sich in grossem hertzleid vbet,
Ob solcher jrer sünd vnd schand,
Doch thet sie das niemand bekandt.
Der König tröst sie in jrem leid,
Fragt jrer trawrigkeit bescheid.
In dem erblickt sie jm nachmals,
Das güldin Kleinot an sein Hals.
Daß sie jm angehencket het,
Als man das Kind vertragen thet,
Erst erkents, daß er jr Son war,
Macht jm das vbel offenbar,
Deß erschrack der König voran,
Warff auff die Erd Scepter vnd Kron,
Sprach, weh mir, hab ich bey mein tagen,
Mein leiblichen Vatter erschlagen,
Vnd mein eigne Mutter beschlaffen,
Weh mir, heut zetter immer waffen,

Nun bin ich ewiglich verlorn,
Vnd in trawrig grimmen vnd zorn
Fiel er jm ins Angsicht on laugen,
Vnd kratzt jm selbst auß seine augen,
Mit seiner eigen Hend vnmutig,
Gieng hin in das elend so blutig,
Verließ sein Köngreich, Weib vnd Kind.
Als sein zwen Sön erwachsen sind,
Haben sie beid Regiren wöllen,
Und theten gar zwitrechtig stellen,
Nach dem Thebanischen Köngreich,
Darzwischen mittelt tägeleich,
Das trawrig Weib, sie zuuertragen,
Die doch hernach in kurtzen tagen
Sich beid in grossem haß zertrugen,
Daß sie all beid von leder zugen,
Gaben wunden vmb wundn einander,
Biß sie erlagen beide sander,
Vnd sancken nider zu der Erden,
Starben mit sehnlichen geberden,
Als man das zeigt der Köngin an,
Thet sie in grossem hertzleid gahn,
Vnd fand jr zwen Sön vngemut,
Gewaltzt in jrem eigen Blut,
Erst so in grossem trawren wüt
Anfraw vnd Mütterlich gemüt,
Mocht deß vnglücks nit lenger tragen,
Vnd thet in hertzenleid verzagen,

Vnd dem vnglück zu einer rach,
Ein Messer durch jr Hertze stach,
Vnd mit dem tod jr leben end,
Vnd ließ gantz weißloß vnd elend,
Jr zwo Töchter, on alle gnad,
Verwickelt in dem Glückesrad,
Jr Bruder Creontes genent,
Hielt darnach in das Regiment,
Wie das Boccatius auf trawen,
Schreibt im Buch der durchleuchtign Frawen.

Der Beschluß.

Drey ding zeiget vns die Histori,
Das erst, was Gott bschleust jm zu glori,
Dasselbig niemand wenden kan,
Zu seiner zeit thut es ergahn,
Derhalb sol wir allzeit ergeben
In Gottes Hand, Ehr, Gut vnd leben.
Zum andern lernt man darauß klar,
Wie schlüpffrig, rund vnd wandelbar,
Auff Erden sey das wanckel glück,
Geht auff vnd ab in allem stück,
Derhalb dem glück kein mensch sol trawen,
Dann wer zu hoch darauff thet bawen
Dem setzt es den flüchtigen Fuß.
Zum dritten, man hie mercken muß,
Mit wem das vnglück also ring,
Ein vnfal vbern andern bring,

Mit sünden, schanden oder plag,
Daß er darunter nit verzag,
Daß er an sich leg eigne hend,
Gott kan deß machen selb ein end,
Das Creutz dem Fleisch ist ein ártzney,
Daß es dem Geist gehorsam sey,
Daß es auffnem, sich mehr vnd wachs,
Nach Gottes willen, spricht H. Sachs.
Anno Salutis, M.D.LXII.
Am k. Tag Decembris.

_____

Schwanck.

Sanct Peter mit der Geiß.

Da noch auff Erden gieng Christus,
Und auch mit jhm wandert Petrus,
Eins tags auß eim Dorff mit jhm gieng,
Bey einer Wegscheyd Petrus anfieng:
O HErre Gott vnd Meyster mein,
Mich wundert sehr der Güte dein,
Weil du doch Gott allmechtig bist,
Läßt es doch gehn zu aller frist
In aller Welt gleich wie es geht,
Wie Habacuck sagt der Prophet:
Frefel vnd Gewalt geht für recht,
Der Gottloß übervortheilt schlecht

Mit schalckheit deu Grechten vnd frommen,
Auch könn kein Recht zu end mehr kommen,
Die Lehr gehn durcheinander sehr,
Eben gleich wie die Bisch im Meer,
Da jmmer einer den andern verschlind,
Der böß den guten vberwind,
Deß steht es vbel an allen enden,
In obern vnd in nidern Ständen,
Des sichst du zu vnd schweygest still,
Samb kümmer dich die sach nit vil,
Vnd geh dich eben glat nichts an,
Könst doch als vbel vnderstan,
Nembst recht in dhand die Herrschafft dein,
O solt' ich ein Jar Herr Gott sein,
Vnd solt den Gwalt haben wie du,
Ich wolt anderst schaweu darzu,
Führn vil ein besser Regiment,
Auff Erderich durch alle Ständt,
Ich wolt stewern mit meiner hand
Wucher, Betrug, Krieg, raub vnd brand
Ich wolt anrichten ein rüwig leben.
Der HErr sprach: Petre sag mir eben:
Meinst du woltst je besser regieren,
All ding auff Erd baß ordinieren,
Die frommen schützu, die bösen plagen.
Sanct Peter thet hinwider sagen:
Ja es müst in der Welt baß stehn,
Nit also durch einander gehn,

Ich wolt vil besser Ordnung halten.
Der HErr sprach: Nun so must verwalten,
Petre, die hohen Herrschafft mein,
Heut den tag solt du Herr Gott sein,
Schaff vnd gebeut als was du wilt,
Sey hart, streng, gütig oder milt,
Gib auß den Fluch oder den Segen,
Gib schön Wetter, Wind oder Regen,
Du magst straffen oder belohnen,
Plagen, schützen oder verschonen,
In summa mein gantz Regiment
Sey heut den tag in deiner Händt.
Darmit reichet der HErr sein Stab
Petro, den in sein Hände gab.
Petrus war deß gar wolgemut,
Daucht sich der Herrligkeit sehr gut.
In dem kam her ein armes Weib,
Gantz dürr, mager vnd bleich von Leib,
Barfuß in eim zerrissen Kleyd,
Die trieb ihr Geiß hin auff die Weyd,
Da sie mit auff die Wegscheyd kam,
Sprach sie: Geh hin in Gottes Nam,
Gott bhüt vnd bschütz dich jmmerbar,
Das dir kein übel widerfahr
Von Wolffen oder Vngewitter,
Wann ich kan warlich je nit mit dir,
Ich muß arbeiten das Taglohn,
Heint ich sonst nichts zu essen hon

Daheim mit meinen kleinen Kinden,
Nun geh hin wo du Weyd thust finden,
Gott der bhüt dich mit seiner Händ,
Mit dem die Fraw widerumb wend
Ins Dorff, so gieng die Gaiß jhr straß.
Der HErr zu Petro sagen was:
Petre, hast das Gebet der Armen
Gehört, du must dich jhr erbarmen,
Weil ja den Tag bist Herr Gott du,
So stehet dir auch billich zu,
Daß du die Gaiß nembst in dein hut,
Wie sie von hertzen bitten thut,
Vnd behüt sie den gantzen Tag
Das sie sich nicht verjrr im Hag,
Nit fall noch müg gestolen wern,
Noch sie zerreissen Wolff noch Bern,
Das auff den Abend widerumb
Die Gaiß vnbeschedigt heimkumb
Der armen Frawen in jhr Hauß,
Geh hin vnd richt die sach wol auß.
Petrus namb nach deß HErren wort
Die Gaiß in sein hut an dem ort,
Vnd trieb sie an die Weyd hindan,
Sich fieng Sanct Peters vnrhu an,
Die Gaiß war mutig, jung vnd frech,
Vnd bliebe gar nit in der nech,
Loff auff der Weyde hin vnd wider,

Stieg ein Berg auff den andern nider,
Vnd ſchloff hin vnd her durch die ſtauden
Petrus mit ächtzen, blaſn vnd ſchnauben
Muſt jmmer nachtrollen der Gaiß,
Vnd ſchin die Sonn gar vber haiß,
Der ſchweiß über ſein Leib abran,
Mit vnrhu verzehrt der alte Mann
Den tag, biß auff den Abend ſpat,
Machtloß, hellig, gantz müd vnd math,
Die Gaiß widerumb heimhin bracht.
Der Herr ſach Petrum an vnd lacht,
Sprach: Petre wilt mein Regiment
Noch lenger bhalten in deiner Händt?
Petrus ſprach: Lieber HErre mein,
Nimb wider hin den Stabe dein,
Vnd dein gwalt, ich beger mit nichten
Forthin dein Ampt mehr außzurichten,
Ich merck das mein Weißheit kaum töcht
Das ich ein Gaiß regieren möcht,
Mit groſſer angſt, müh vnd arbeit,
O HErr vergib mir mein Thorheit,
Ich will fort der Regierung dein
Weil ich leb, nit mehr reden-ein.
Der HErr ſprach: Petre daſſelb thu,
So lebſt du fort mit ſtiller rhu,
Vnd vertraw mir in meine Händt,
Das allmechtige Regiment.

Der Beschluß.

Dise Fabel ist von den Alten
Vns zu vermanung fürgehalten,
Daß der Mensch hie in diser zeit
Gottes ynerforschlich Weyßheit
Vnd seim Allmechtigen gewalt,
Wie er Himmel vnd Erd erhalt,
Vnd die verborgenlich regier,
Nach seinem willen ordinier,
Alle Geschöpff vnd Creatur,
Als der Allmechtig Schöpffer pur,
Daß er dem sag lob, preiß vnd ehr,
Vnd forsch darnach nit weitter mehr,
Auß fürwitz, mutwillig vnd frech,
Warumb diß oder jens geschech,
Warumb Gott solch übel verheng,
Sein Straff verzieg sich in die leng,
Vnd die Boßheit so ob laß schweben,
All solch gedancken kommen eben
Geflossen her auß Fleisch vnd Blut,
Das auß Thorheit vrtheilen thut,
Vnd läßt sich duncken in den sachen,
Es wöll ein ding vil besser machen
Denn Gott selber in seinem Thron,
Vnd wens jhm etwan noth solt than,
Solt er mit müh, noth vnd angstschweiß
Auch hie regieren kaum ein Geiß.
O Mensch erkenn dein vnvermügen,

Das dein Weißheit vnd kräfft nit tügen
Nach zuforschen Göttlichem willen,
Laß den Glauben dein hertze stillen,
Das Gott ohn vrsach nichtsen thu,
Sonder auffs best, vnd sey zu rhu.
Dergleich vrtheil in diser zeit
Auch nit die Weltlich Oberkeit,
Samb solts das thun vnd jenes lassen,
Dieweil sie ist von Gott dermassen
Zu regieren hie außerwelt,
Vnd seim Volck zu gut fürgestelt,
Das sie Gottes befelch außricht,
Vnd ob sie gleich dasselb thut nicht,
Sonder eben das widerspiel,
So ist es doch auß Gottes will,
Zu straff der grossen Sünde dein,
Sie wirdt tragen das vrtheil sein,
Derhalb mans auch nit vrtheiln soll,
Bitten vnd Beten mag man wol,
Das vns Gott wöll die Sünd verzeyhen
Vnd sein gunst vnd genad verleyhen,
Der Oberkeit im Regiment,
Weil jhr hertz steht in seiner händ,
Auff daß rhu vnd frid avfferwachs
In Christlicher gmein, wünscht Hanns Sachs.

Anno Salutis, M.D.LVII.
Am 8. Tage Octobris.

Gesprech,

Sanct Peter mit dem faulen Bawrn Knecht.

Nun höret wunder seltzam ding,
Weil der HErr noch auff Erden gieng
Mit Petro kam an ein wegscheyd,
Da westen sie nit alle beyd
Welliches wer jhr rechte straß,
Nun ein hoher Pirenbaum was
Bey der wegscheyd an einem rain,
Darunder lag am schattn allain
Ein Bawernknecht, der nit mocht dienen
Der war stübfaul vnd thet auch gienen.

Der HErr.

Der HErr jhn fraget aller ding,
Welcher weg gen Hiericho gieng?

Der faul Bawrn Kecht.

Der faul Schlüffel, Lecker vnd Bub,
Das ein Pain in die höch auff hub,
Vnd zeigt jhn dort ein ödes Hauß
Im Feld, da müßt jhr gehn hinauß,
Nach dem der faul sich bend vnd streckt,
Sein Haupt mit dem Hut wider deckt,
Schlief vnd schnarcht wie ein alter Gaul,
Wann er war nichts werd vnd stübfaul,
Nach dem giengen sie hin beysand,
Vnd wurden wider jrr im Land,

Kamen vor ein Dorff in ein Acker,
Da schnit ein Bawrn Magd gar wacker,
Der schweiß ihr übers Angsicht ran.

Der HErr.

Der HErr redet sie freundlich an:
Mein Tochter, gehn wir recht also,
Hinein die Stadt gen Hiericho?

Die endlich Magd.

Die Magd die saget mit verlangen,
Ihr seyd weyt von dem Weg irr gangen,
Vnd leget bald ihr Sichel nider,
Loff mit ihn auff ein Feldwegs wider,
Vnd führt sie auff die rechten straß,
Nach dem sich wider wenden was,
Vnd loff eylend, hurtig vnd wacker,
Wider zu schneyden auff den Acker.

Petrus.

Sanct Peter sprach: O Meyster mein,
Ich bitt dich durch die güte dein,
Dise gutthat du wider ehr,
Vnd der endlichen Magd bescher
Ein endlichen vnd frommen Mann,
Mit dem sie sich ernehren kan.

Der HErr.

Da thet der HErr zu Petro jehen:
Den faulen Schelm den du hast gsehen

Hinder rück sie niemand wol spricht,
Drumb wer sie kennt der laufft sie nicht.

Die ander, die Naß Katz.

Das ander ist ein Nasse Katz,
Das sie bered vnd überschwatz
Die Leut mit hinderlisting worten,
Vnd hindergeh an allen orten,
Mit lüg vnd arglist aller weiß,
Biß das sies führe auff das Eyß,
Vnd sie betrieg auß falschem mut,
Sie über vortheil vmb Gelt vnd Gut,
Derhalb man dise Katz auch scheucht,
Ein jeder sie zukauffen fleucht.

Die dritt, ein Hader Katz.

Die dritt, das ist ein Hader Katz,
Die allmal marr, gron, krell vnd kratz
Mit nachbarn, kinden, magd vnd knechtn,
Steht hab zu zancken vnd zufechtn,
Wenn sie besteht jhr böser laun,
Bricht sie ein Hader von eim zaun.
Niemand kein wort sie übersicht,
Auch stetigs hadert vor Gericht,
Deß wirdt jhrm Beutel offt gezwagen,
Vnd jhr der Haderpalg zerschlagen.

Die vierdt, die Gneschig Katz.

Das vierdt, ist ein gneschige Katz,
Die doch facht weder Mauß noch Ratz,

Sonder sicht nur vmb nach der stangen,
Daran die Würst vnd Hering hangen,
Die Bisch, Vögl, Hüner vnd Tauben,
Sie tregt auß Kandel, Röck vnd schauben,
Verkaufft vnd versetzt das nachmals,
Darmit sie nur füll jhren Hals
Beyde mit gnesch, fressen vnd sauffen,
Der Katzen wirdt auch niemand kauffen.

Das fünfft, die Faul Katz.

Das fünfft doch ist ein faule Katz,
Die allzeit bey dem Fewer natz,
Ihr Balg ruhsig, besengt allweg,
Wann sie ist schlüchtisch, faul vnd trâg,
Sie fecht weder Ratzen noch Mäuß,
Laufft selber stets vol Flöch vnd Leuß,
Häfen, Schüssel ligt vngespült,
Samb hab ein Saw darinn gewült,
Deß ist sie jederman vnwerth,
Zu kauffen jhr niemand begert.

Der Beschluß.

Derhalb förcht ich so ich mein wahr,
Hie gleich hett feyl ein gantzes Jar,
Wurd ich nicht gar vil Gelts drauß lösen,
Das aber nit kommen die bösen
Buben, treiben auß mir den spot,
Mich vnd mein wahr werffen mit koth,
Vnd darnach in dem Troge baden,
Das ich hett das gspöt zu dem schaden,

So will ich mich trollen: darvon,
Mein wahr laſſen den ritten hon,
Das mir kein vnwill darnuß wachs,
Wünſcht euch in gutem ſchwanck H. S.
Anno Domini, M.D.LVII.
Am 10. tage Decembris.

————

Schwanck.

Wer erſtlich hat erfunden Bier,
Vnd der vollen Brüder Thurnier.

Jamprinius ein küner Heldt,
In Flandern vnd Brabant erwehlt
Ein König, ſtreng, gerecht vnd frumb,
Regiert in ſeinem Königthumb,
Litt kein Rauberey noch vnrecht,
Er ſtrafft den Herren wie den Knecht,
Er hielt ſeim Volck getrewen ſchuß,
Vnd handhabet gemeinen Nuß,
Derſelb nach Iſide der Frawen,
Lehret ſein Volck das Ackerbawen,
Dungen, ackern vnd beſeen,
Mit Gerſten vnd Weiß in der nehen,
Lehrt ſchneyden, ſamblen vnd einführn,
Vnd dreſchen, wie denn thut gebürn,
Nach dem ließ er malßen vnd wenden,
Dörren vnd mahlen an den enden,

Nach dem ließ er Bier darauß brewen,
Darmit thet er sein Volck erfrewen,
Weil in sein Landen wuchs kein Wein,
Vnd diser König lebt allein
Zu Jacobs zeytn, weil guberniert
Belocus der neundt König regiert,
Noch in dem Aſſyriſchen Land,
Zu der zeyt er das Bier erfand,
Jedoch im Nider Land allein.
Doch ſagt die Chronica gemein,
Bachus der hab den Wein erfunden
In Griechen Land, nach dem zuſtunden
Hab er Deutſch Land auch lehren ſchier
Auß Gerſten machen gutes Bier,
Vorauß in Mitternächting Landen,
Haben ſich ſolliches vnderſtanden,
In Liefland, Sachſſn, Meichſn vnd hartz,
Vnd jmmer je weitter einwartz,
Das iſt wol glaublich aller weiß,
Wann diſe Völcker dien mit fleiß
Dem Gott Bacho mit dem Bierſauffen,
Weib vnd Mann, Jung vnd Alt mit hauffen,
Vnd mag das wol mit Wahrheit jehen,
Wie ich es denn hab ſelb geſehen,
Eins tages am Hartz bey dem Bier,
Da hetten jhr zwölff ein Thurnier,
Diſe Bier Helden ſah ich ſtreitten,
Mit ſtützen vnd Kandeln zſam reytten.

G 3

Einer schrey: Gut Gsell es gilt dir.
Der ander schrey: Frisch her zu mir.
Der drit schrey: Schenck, lieber schenck ein.
Der viert schrey: bring frisch Bier herein.
Der Wirtsknecht der het gnug zulauffen
Da sah man gar ein Küisch sauffen,
Welcher Held war verzagt im Handel,
Bracht für sich vier oder fünff Kandel,
Ihr Brüst wahren mit Bier begossen,
Man hett kaum ein Pfeil darburch gschossen,
Sie truncken samb werens erdürst,
Vnd fraſſn darzu gsaltzen Knackwürst,
Vnd rohen Speck gesaltzen frisch,
Das Bier das floß über den Tisch,
Die Erd war naß wie ein Badstuben,
Zu sauffen sie wider anhuben,
Als auff sechs stund werd der Thurnier,
Außtruncken war ein Tunnen Bier,
Ein Held hinder dem Tisch entschlieff,
Der ander auß der Stuben lieff,
War gar stübvol, mocht nit mehr trincken.
Der britte thet barnider sincken,
Bey dem Ofen auff die leckbänck.
Der vierdt mit fartzen macht ein gstenck
Dem fünfften thet das Bier auffstoſſen
Die Thür, das er pfercht in die Hoſen.
Der sechſt, grobzt thet den Säwen locken.
Der sibend warff ein hauffn Brocken.

Der achte thet nach Spielen schreyen,
Man solt jhm Würfl vnd Karten leyhen.
Der neundt brunzt vnderm Tisch herfür
Das es run zu der Stubenthür.
Der zehend juchtzet, schrey vnd sang.
Der eilfft saß vnd sah leichnam strang
Vnd auch nur jmmer palgen wolt.
Der zwölfft der schrey, man rechnen solt,
Die vrten macht der Wirt nach duncken
Drey Groschen einer hett vertruncken,
Also zugens ab vom Thurnier,
Vnd rochen alle nach dem Bier,
Vnd glotzten all wie die Geißböck,
Etlich zu pfand liessen die Röck,
Jhr etlich fielen ab die stiegen,
Jhr zwen auff dem Mist bliben ligen,
Jhr drey giengen an wenden heim
Wuten hin durch dreck, koth vnd leym,
So ryttens ab vom Thurnier plan,
Deß andern tags jeder gewan,
Zwo faul Händ vnd ein bösen Kopff,
Ein lärn Beutel, ein vollen Kropff,
Da dacht ich gar heimlich bey mir,
Wer täglich reyt in den Thurnier,
Es sey zu Bier oder zu Wein,
Vnd wartet nicht deß Handels sein,
Dem kompt endlich armut zu Hauß,
Vnd tregt jhm seinen Haußrath auß,

Wer aber in Arbeit nit iſt leſſig,
Vnd brauchet ſich zimlich vnd meſſig,
Wein vnd Bier, oder ander Gaben,
Die wir von Gott dem Herren haben,
Mit danckbarkeit ſie neuſt allwegen
Dem gibt Gott gedeyen vnd ſegen,
Daß er ſich alſo mag hie nehrn,
Nach ſeinem ſtand mit Gott vnd ehrn,
Bhüt jhn vor armut vngemachs
Hie vnd dort ewig, wünſcht H. Sachs.

———

Drey Schwäncke.

1

Nun hört artlicher Schwäncke drey
Ein Franck lag kranck durch Füllerey,
Als nun der Arzte kame
Vnd ſein Brunnen beſach,
Darzu auch ſeinen Puls begrif,
Seiner Kranckheit nachgründet tief
Als einem Arzte zame
Er höfflich zu ihm ſprach
Geſell, dein Kranckheit iſt daß dich
Der Becher hat geſtochen.
Der Kranck ſprach, hätt gewiſſet ich
Daß mir ein ſolchs hätt brochen,
So wolt ich wohl

Getruncken han aus einem Glas
War mir vielleicht bekummen das
Forthin will ich mich saufen
Aus einer Flaschen voll.

2

Einmal ein Schwab hinzog gen Rom
Vnd da er in das Welschland kom
Setzt man ihm zu der Speise
Mal vnd Reinfall
Da winket er dem Wirth her
Vnd fragt ihn was für ein Saft wär
Wachst er im Paradeise
Oder in Gottes Saal
Der Wirth gedacht ihm wohl du hast
Ein ungesalzen heher
Vnd sprach zu ihm mein lieber Gast
Es seyn die Gottes zeher
Der Schwab zu hand
Gen Himmel sach mit Ungedulb
Sprach Gott wie han wir das verschuldt
Daß du nit hast geweinet
Auch in dem Schwabenland.

3

Einsmals ein Schiff wollt untergahn,
Da schrie vnd betet jederman.
Das Schiff litt große Nothe
Das Meer was vngestüm

G 5

Ein Bayer in dem Schiffe saß
Der zog aus seinem Sack vnd aß
Salz auf eim Schnitten Brode
Sam wär ihm nichts darum
Einer sprach zu jhm: bist du toll,
Wie magst Salz vnd Brod essen
Weil das Schiff jetzt versinken soll?
Er sprach, ich habs ermessen,
Vnd aß darauf
Ein Schnitten Brod mit vielem Salz,
Ob schier das Schiff zu Grunde walz,
Daß mir ein Trunk soll schmecken
So ich im Meer ersauf.

Fabel.
Der Frosch vnd der Ochse.

1

Ein Frosch sah einen Ochsen kühn,
Wohl ausgemästet groß vnd schön,
Auf eim blumreichen Anger grün,
Von Klee vnd Gras weidreiche
Der Frosch ward in ihm selber laut,
Dacht, wenn ich die gerunzelt haut
Aufbläh, darmit ich mir getraut
Dem Ochsen werden gleiche
Zu hand er sich
Gewaltiglich

Thät in der haut aufblähen.
Dacht nun bin ich,
So groß warlich
Als der Ochs sich ließ sehen.
Sein jung Frosch fragt um die Wahrheit.
Sie sprachen: O es fehlet weit,
Der Ochs an Größe dir obleit.
Der Frosch thät sich vmbrehen.

2

Vnd blähet auf sein haut noch baß,
Zun Jungen sprach, wie gfällt euch das?
Hab ich erreicht des Ochsen Maas,
So gebt mir Ruhm vnd Preise
Die Fröschlein sprachen allzumal:
Du bist zu kurz, dünn vnd zu schmal,
Dem Ochsen gleicht nichts überall;
Laß von der Narren weise.
Der Frosch sich mehr,
Durch eitle Ehr,
Mit Kraft sein haut auffschwollet;
Vnd gar zu sehr,
Ohn Wiederkehr,
Daß ihm sein haut auffschnellet,
Daß er todt auf dem Flecken blieb,
Darzu jhn die schnöd hoffart trieb.
Esopus vns die Fabel schrieb,
Sie merk, wem es gefället.

5

Der Ochs eim Mann geleichen thut
Mächtig, gwaltig vnd reich an Gut.
Der Frosch deut den der in Armuth
Geleichen will dem Reichen
Nachleben ihm in aller Weiß
Mit hoffart, Pracht nach Ruhm vnd Preiß,
Mit Kleidung, Gastung, Tranck vnd Speiß,
Spiel vnd Wollust dergleichen
Darmit geht hin
Hauptgut vnd Gewinn,
Vnd ringert sehr sein Habe.
Der Hoffart Sinn
Blendt also jhn
Er nimt in fester abe
Mit seinem Pracht nit mehr erwirbt,
Denn daß er an dem Gut verdirbt,
Vnd endlich auch in Armuth stirbt,
Der sich für reich dargabe.

Fabel.

Von dem Neydigen vnd dem Geitzigen.

Amanus beschreibt ein Fabel,
Dem Menschen zu einer Parabel,
Wie ein mal der Gott Juppiter
Schicket zu vns auff Erden her

Den Gott Phöbum, auff daß er recht
Erforscht bey Menschlichem Geschlecht,
Jhr frömbkeit vnd jhr ware Güt,
Wie darinn stund das jhr Gemüt.
Als nun Phöbus auff Erden kam,
Zwen Männer er bald für sich nam,
Der ein so gar fast geitzig was,
Der ander stack vol Neyd vnd Haß.
Phöbus der sprach: Weß jhr begert,
Deß solt jhr sein von mir gewert,
Vnd was der erst begert für Gaben,
Das soll der ander zwyfach haben.
Der Geitzig gar nit wünschen wolt,
Da es jhm halbes werden solt,
Den wunsch wolt er seim Gsellen lassen,
Der zeyget seinen Geitz dermassen.
Als nun der Neydig mercken thet
Warumb er nicht gewünschet hett,
Darinn gesucht sein eygen nutz,
Da günnet er jhm gar kein guts,
Auff daß er sich an jhm mocht rechen,
Wünscht er ein aug jhm außzustechen,
Auff daß der Geitzig gar würd blind.
Als Phöbus hört die bösen Kind,
Das jeglicher nur sucht das sein,
Vnd freß es geren gar allein,
Vnd sucht sein vortheil vnverschampt,
In allen dingen vngenampt,

Fuhr er auff zu der Götter Thron,
Dem Juppiter das saget an,
Wie Menschlich Natur wer so arg,
So übergeißig vnd so karg,
Mit recht vnd vnrecht wie er möcht,
Daß es gar nit zusagen töcht,
Darzu wer niemand mehr mitleibig,
Darzu so wer der Mensch so neydig,
So mißtrew vnd so gar verrucht,
Daß er in allen dingen sucht
Sein neben Menschen gar zu hindern,
Sein Ehr vnd Gut jhm zu vermindern,
Vnd wie der Mensch so hefftig niet,
Daß er selbs willig schaden litt,
Auff daß der Nechst auch hett zu baden,
Vnd kem noch in ein grössern schaden,
Ein Aug gantz williglich verlur,
Das sein Nechster gar blendet wur,
Dardurch all Tugend vndergieng
Auff Erd, vnd als vnglück anfieng,
Als Juppiter all ding vernam,
Auff Erd er seyther nimmer kam.

  Bey dem versteh ein weyser Mann,
Daß er sich soll genügen lan
Was jhm Gott hie beschert auff Erd,
Auff das jhm nicht zu wenig werd,
So er will haben gar zu vil,
Jhm ist gesetzet maß vnd zil,

Was jhm soll werden, vnd nit mehr,
Ob er schon allen fleiß fürkehr,
All renck, list, vortheil vnd anschlag,
Mit recht vnd vnrecht wie er mag,
So geht es jhm doch gar zu rück,
Daß er durch grosses vnglück
Offt leydet einen vndersturtz,
Geitz alles übels ist ein Wurtz,
Dergleich daß er soll niemand neyden,
Dann Reyd bringet dem Reyder leyden,
Vnd ist ein Eyter dem Gebein,
Spricht Salomon in Sprüchen sein,
Ein stettings weh ohn alle rhu,
Der Reyd den Menschen blend darzu,
Vol Haß vnd aller bösen tück,
Macht jhn frölich in vnglück
Deß Nechsten, obs jhn auch gleich trifft,
Deß acht er nicht, so voller Gifft
Stecket sein Hertz, sinn vnd mut,
Vnd kompt jhm doch darauß kein gut,
Derhalb ein Mensch nit besser kan,
Er günn eim was jhm Gott ist gan.

H. S. S.

Fabel

**Ein jeder trag sein Joch dise zeit, vnd
überwind sein übel mit Gedult.**

Esopus vns im andern Buch
Ein Fabel schreibt, die achten such,
Wie auff ein zeyt gar sehr vil Hasen
In einer schönen gegend wasen,
Die wurden in jhrem Geläger
Durchechtet sehr von einem Jäger,
Mit lauschen, schrecken vnd Weydwerck,
Im Wald hin vnd her über zwergk,
Dergleich Wölff, Füchs, Geyer vnd Falckn,
Gunden sie auch würgen vnd walckn,
Also der gantzen Hasen menig,
Hetten kein frid vil oder wenig,
Als sie jhr groß verfolgung sahen,
In kleinmütigkeit sie da jahen,
Nützer wer vns gar vngeborn,
Denn vns werden also verlorn,
So vnverdient ohn alle schuldt,
Vergzweyfleten in vngedult,
Bereytten sich mit wenig bedencken,
Sie wolten sich allsamb ertrencken,
Daß sie kämen als vnglücks ab,
Lauffen damit den Berg hinnab
Zu einem See, groß, weyt vnd tieff,
Als nun mit groß m hauffen lieff

Der Hasen meng, vnd nahend kam
Zu dises grossen Weyers Tham,
Darumb sassen der Frösch ohn zal
Im Graß verborgen vberal,
Erschracken ob der Hasen lauffen,
Sprangen in See mit grossem hauffen,
Verbargen sich im Wasser baß,
Als dises sah ein alter Haß,
Da sprach er zu der Hasen schar,
Hie stehet still, vnd nemet war,
Wie sich die Frösch auch müssen schmiegn
In forchten auch verborgen lign,
Werden villeicht durchechtet sehr
Als wol als wir, villeicht noch mehr,
Darumb so wer mein trewer rath,
Wir leyden vnser übelthat,
Vnd vnser widerwertigkeit,
Gedultiglich in diser zeyt,
Vnd warten noch biß widerumb
Gelück vnd heyl mit frewden kumb,
Vnd vnser trübsal macht ein end,
Dieweil vnd wir allein nit send
Die vmb vnschuld werden durchecht,
All Hasen gaben jhm das recht,
Trugen jhr widerwertigkeit,
In Hoffnung künfftig guter zeit.
    Ein Mann auß diser Fabel lehr,
Wo jhn reytt alles vnglück sehr,

Es sey an Ehren oder Gut,
Mit Kranckheit oder mit Armut,
Das er darinn nit werd kleinmütig,
Nit vngedultig, toll noch wütig,
Weil vngedult mehr übels bringt,
Den Menschen zu verzweyflung bringt,
Sonder sein vnglück Mannlich trag,
Weil er es selb nit wenden mag,
Gedenck er in dem Hertzen sein,
Er sey nit vnglückhafft allein,
Vnd seh wie auff der gantzen Erdt,
Ein jedes Mensch hab sein beschwert,
Sein angst, wee, armut vnd trübsal,
Sein schand, anfechtung vnd vnfal,
Geh es heut einem glücklich wol,
Morgen sein Hauß sey vnglück vol,
Auff dergleich gegenwurff er merck,
Vnd in Gedult sich Mannlich sterck,
Wie man im Buch der Sprüchen list,
Ein gedultig Mann stercker ist,
Dann der sterckeste den man find,
Dann Gedult all ding überwind.
Dergleich auch lehrt Cleobolus,
Ein sehr weyser Philosophus,
Wo einen Mann groß vnglück reytt,
So betracht er auch glückes zeyt,
Was gutes er hab eingenommen,
Vnd hoff glück mög noch widerkommen,

Vnd helffen jhm zu rechter zeyt
Anß aller widerwärtigkeit.
H. S. S.

Kurtze lehr einem Waidmann.

Eim jungen Adelichen Mann
Dem steht gar wol vnd höflich an
Das er im Waidwerck sey erfarn
Mit dem Windtspiel, Netzen vnd Garn
Im walt die lucken kündt verstelln
Die Jägerhörner laut erschölln
Die Leithundt vnd die Rüden fürn
Das Wilt aufftreiben vnd außspürn
Vnd auff rechtem Gespor nachhengen
Fürsichtigklich rennen vnd sprengen
Vnd das Wildt treiben in die Garn
Denn soll er die Waidstück nit sparn
Das er die Rech vnd auch die Hirschen
Mit freyer Handt schiessen vnd pirschen
Die abfretzen Rübn vnd auch Kraut
Den Pawern, vnd was zu Feldt erbawt
Kündt auch stehen die wilden Schwein
Die an der Hetz gefehrlich sein
Weil sie vil Hunde zu todt hawen
Thut der Waidmann nit darauff schawen
Das er jm mit dem stich fürkumb
So laufft es ein vnd haut jn vmb
Dergleichen auch der grimmig Bär

Steht auff, geht gegn dem Waidmann her.
Wo der Waidmann denn mit dem stich
Den Bärn nit trifft fürsichtigklich
So jm der Bär außschlug den spieß
Fiel er auffn Waidmann jn zerriß
Auch soll er den hungring Wolffen stelln
Mit Garn oder Wolffsgruben felln
Vnd jn abthon auff das dem sey
Leuth vnd Viech vor jm sicher frey
Auch die Fuchs vnd auch die Hasen
Soll er in Winden straffen lassen
Von den die Pawern schaden namen
An Hünner, Gensen vnd am samen
So ist der Waidmann nutz der Gmein
Der Feldt, Wäld vnd Berg machet rein
Von schedling Thieren obgenannt
Darduch beschweret wird das Landt
Doch seh der Waidmann eben zu
Das er den Leutn nicht schaden thu
Mit seim Waidtwerck an dem Getreidt
Helt der Waidtmann den vnterscheidt
Das er auch durch das Waidtwerck sein
Sonst nichts versaumbt groß oder klein
So bringet er das Lob daruon
Als ein höflicher Waidtmann
Das nutz sampt ehrn jm erwachs
Durch sein Waidwerck das wünscht Hans Sachs.

Schauspiele.

———

Ein kurtzweilig
Faßnächtspiel von einem bösen Weib,
vnd hat V. Person.

Der jung Gesell tritt allein hinnein,
vnd spricht:

Glück zu jr Herrn vnd Gsellen mein
Ich bin bescheiden worden herein
Diesen Abend hinnen zu zehrn
Bey euch in züchten vnd in ehrn,
Wie wol hie nur sein Erbar Leuth
Doch hab ich mir fürgnommen heut
Ich wöll einen guten muth haben
Die weil ich nechtn eim Reutters Knaben
Hab sieben Batzen abgewonnen
Auff dem Roßmarck bey der Kronen
Die will ich gleich bey euch verzehrn
Gantz tugentlich in zucht vnd ehrn
Mit andern ehrlichen Geselln
Die wir ein weil kürtzweilen wölln
Mit bossen, rauschen vnd mit Bocken
Biß man leutet die Abendtglocken
Nun traget auff vnd schencket ein
Vnd laßt vns alle frölich sein.

Die Magd gehet auch hinein mit einer
Kannen, ſicht hin vnd her, vnd ſpricht

Ein guten Abendt, wo iſt der Keller
Ich ſolt holen ein Mußcateller
Ob ich anderſt bin gangen recht
Hat nicht mein Meiſter hierinn gezecht
Mit ſeinem Nachpawr dieſen Abend.

Der Geſell geht zu der Meyd, vnd
ſpricht freundlich:

Ja ir geht recht, ſie beyde haben
Hierinn gezecht an dieſem ort,
Hertz liebe Elß ich hett ein wort
Mit euch vor langer zeit zu reden
Iſt doch ſo gut worden vns beden
Noch nie ins Meyſters Hauß die zeit
Zu ſagen euch mein Heimlichkeit
Das ich euch geöffnet hett mein Hertz.

Die Magd redt jmmerzu ſpöttlich:

Ich ſorg es ſey nur ewer ſchertz.

Der Gſell.

Es iſt mein Ernſt fürwar wolan.

Die Magd.

So geht vnd legt ein Pantzer an.

Der Gſell.

Mein Hertz will mir vor lieb verſincken.

Die Magd.

So helfft vnß laſts nit gar ertrincken
Legt es eh auff zwo Sewblaſen.

Der Gſell.

Ich muß mein je wol ſpotten laſſen
Noch iſt mein Hertz mit wee beſeſſen.

Die Magd.

Ihr habt villeicht ein Pfawen geſſen.

Der Gſell.

Rein, mein Hertz iſt gegn euch verwundt.

Die Magd.

Vnd wenn jr ſeit ſo vngeſundt
So laſt euch in den Spital tragen.

Der Gſell.

Ach Jungkfraw leſt mich nit verzagen
Mit ewer Güt ſo thut mich laben
Dieweil ich ſonſt kein troſt mag haben
Kehrt euch nit an die falſchen haſſer.

Die Magd.

Hett ich ein ſchaff mit kaltem Waſſer
Ich wolt euch baldt damit erquicken.

Der Gſell.

Ach durch höldſelig augenblicken
Machet jr mein ſehnend Hertz heil.

H

Die Magd.

Jetzt aber hab ich nit der weil
Wart vnd setzet euch ein weil niber
Oder kompt morgen frü herwider
So müst jr mir ein Thür anhencken.

Der Gsell.

Ach wie mögt jr mein Hertz bekrencken
Laſt mich doch meiner trew genieſſen
Vnd thut mir ewer Hertz auffſchlieſſen.

Die Magd.

Ey botz ich hab den ſchlüſſel verlorn.

Der Gsell.

Nun hab ich euch je außerkorn
Vor ander all die mir gefelt.

Die Magd.

Es hat euch leicht ſonſt keine gwölt.

Der Gsell.

Ey euch allein hab ich ergeben
Mein Ehr vnd Gut, leib vnd auch leben
Umb keiner andern huldt ich bitt.

Magd.

Ich mag doch warlich ewer nit
Verſuchts an einem andern ort.

Gsell.

O dieſes einigs ſtrenges Wort
Macht mich langweilig ob den dingen.

Magd.

So will ich euch ein Pfeiffer bringen
Der euch pfeiff einen Affentantz.

Gsell.

Wenn jr mir macht darzu ein Krantz
So sprüng ich frölich an den Reyen.

Die Magd.

Ein leicht ding mag ein Kindt erfrewen
Noch mag ich je kein Esel krönen.

Der Gsell.

Ihr thut mit spott mich vberhönen
Halts da für schimpff vnn hoff mir armen
Werd jr euch miltigklich erbarmen.

Die Magd.

Wisset jr nicht, hoffen vnd harren
Das hat gemacht vil grosser Narren
Ich würd euch noch lang lassen sitzen.

Der Gsell.

Vor grossem sehnen thu ich schwitzen
O theilt mir mit ewer genad.

Die Magd.

Ihr schwitzt vielleicht im Narrenbadt
Bin ich doch nicht der Babst zu Rom
Kein Gnad, Ablaß nie von mir kam.

H 2

Der Gsell.
So laſt mich doch ſonſt ewer ſein.

Die Magd.
Zu dem da ſprich ich aber nein
Ich mag nicht ſolch prügel aufflauben.

Der Gsell.
Ihr thut mich aller freud berauben
Wie mögt jr mich ſo lang auffhalten.

Die Magd.
Nun muß ewer der Jarrit walten
Hab ich euch doch nit her beſtellt.
Ihr mögt gehn wenn jr ſelber wölt.

Gsell.
Ich weiß jr köndt mich nicht verlaſſen.

Magd.
Ach lieber geht nur ewer ſtraſſen
Ihr habt vollen gewalt von mir.

Gsell.
Ach meines hertzen einige zier
Mein auſſerwelte ſchöne Els
Ihr ſeit vil herter denn ein Fels
Laſt euch mein freundlich bitt erweichen.

Die Magd.
Nein jr ſölt hie kein ſchaff erſchleichen
Derhalb dürfft jr mir armen Diern

Mit schmeichelworten nicht hofiern
Ich merck den schalck, ich mag nit lecken
Ihr last mich in den brendten stecken
Wie offt geschicht mannicher Meid.

Der Gsell.

Ach schönes Lieb nein auff mein Eydt
Zu ehren ich ewer beger.

Die Magd.

Ja wenn dieses ein Warheit wer
So glaub ich jr schwürt noch vil baß.

Der Gsell.

Hertz liebe Els vertraut mir das
Ich mein es mit euch gut vnd trewlich.

Die Magd.

Ich bin gewitzigt worden newlich
Der traw wol, ritt mir das Pferd dahin
Derhalb ich nun gewitzigt bin
Das ich so leichtlich nicht mehr traw
Botz leichnam fliecht es kommt mein fraw.

Das böß Weib tritt in die stuben, sicht
sawer, vnd setzt den stul zwischen sie,
mit einem ledern Küssen, vnd spricht:
Stell dich ein weil hieher vnd but
Seh hin du vnflat nimb den stul
Vnd setz dich zu dem Narren nider
Nun bist du je gestanden sider
Vesperzeit, an dem schwatzenmarck
Du werst zu eim Schultheiß nit arck

H 3

Du bstündst je gern, vnd werst ein Bot
Gar gut zu schicken nach dem Todt
Du kommst nit Bald, hast du es vernommen.

Die Magd.

Wie baldt soll ich noch wider kommen
Hab ich doch keine Flügel nit.

Die Fraw.

Ey das vergelt dir der Jar ritt
Warumb stelst du dich da herein.

Die Magd.

Muß ich nit warten auff den Wein
Den man herauff tregt in der Flaschen.

Die Fraw.

Du hast auch vil Hosen zuwaschen
Dich sticht der Fürwitz spat vnd fru
Hast auch kein fried, biß das doch du
Den Bauch vol Buben vberkümbst
Denn du alle zeit darnach ringst
Ich kan dir die Bubn nit erwern.

Der Gsell.

Ach Fraw wir stehn doch hie in ehrn
Darumb thut gmach vnd faret schon.

Die Fraw spricht zum Gesellen schreyend.

Du Ginmaul was geht es dich an

Geh hin vnd wart deiner Werckstat
Der Meister dir gelihen hat
Das du solt zalen den Gwandschneider
Kein Montag hast gearbeit seider
Du bist geleich als faul als sie .
Vnd soltst du anderst bleiben hie
Ich will dich wol zum Paren bringen.

Der Gesell.

Fraw kümmert euch nit mit den dingen
Der Meister gibt mir Kost vnd Lohn
Mit euch ich nichts zu schaffen hon
Ihr seit ein rechte Habermetz.

Die Fraw.

Ey des hab dir die Welschen Kretz
Du leugst mich an du nasser schalck.

Der Gesell.

Du leugst selber du gelber Balck
Du hast schier all Knecht hinnauß bissen.

Die Fraw.

Du lecker laß mich vnbeschissen
Oder ich wils dem Meister klagen.

Die Magd.

Fraw wenn jr wölt die Warheit sagen
So werd jr nit vil dran gewinnen.

Die Fraw kert sich zu der Magd vnd
spricht:

Sich Bubensack bist du noch hinnen
Heb dich nur du vnflat du gelber.

Die Magd.

Fraw jr seit villeicht an euch selber
Was dörfft jr mich sacken vnd palgen.

Die Fraw.

Heb dich hinnaus an liechten Galgen
Eh ich dir schlag die zän inn Halß.

Der Gesell fehrt vnder:

Fraw jr werds je nicht fressen als
Geh hin mein Els vnn klags dem Pfender.

Die Fraw.

Was gehts dich an du Frawenschender
Du spielgutr vnd du Galgessdrüssel.

Zur Magd.

Vnd du vnflat lang her mein schlüssel
Vnd komb mir nimmer in mein Hauß.

Die Magd gibt jr den schlüssel, vnd
spricht:

Secht, gebt mir auch mein lohn herauß.

Die Fraw.

Was?

Die Magd.

Das,
So ich verdienet hab das Jar.

Die Fraw.

Mein liebe schlücht ists aber war
Du hast mir mehr Haußrat zerbrochen
Denn du verdient hast mit dem kochen
Du würst mir herauß schuldig sein.

Die Magd.

Das leugst in deineu Hals hinnein.

Die Fraw.

Du leugst.

Die Magd.

Du treugst.

In dem rumpelt der Mann hinneiu,
vnd spricht:

Ey was habt jr für ein geschrey
Als ob der Teuffel hinnen sey
Ich bin fürgangen on gefär
Vnd dacht was da geschehen wer
Da ich höret ein groß rhumor
Stuhnd ich fast auff ein viertel vhr
Gedacht mir es wer ein aufflauff
Nun so ich komb zu euch herauff
So schreit mein Frau, Magd vnd Gesel
Als ob man die Wölff jagen wöll

H 5

Ey schempt euch vor den Byderleuten
Die euchs nit zu dem besten deuten
Das jr so gegn einander schreit
Als ob jr all vnsinnig seit
Geht heim ins ritten Nam es ist zeit.

Die Fraw spricht weinend zu jrem Mann:

Schaw lieber Mann dein schöne Meid
Vnd auch dein Gsell sie alle beyd
Haben mich geschmecht vnd geschendt
Das mir die Leut all Zeugen sendt
Als sey ich gantz vnd gar entwicht
Du aber fragest darnach nicht
Wie sie mir armen Frawen than.

Der Gesell.

Meister jr solt also verstan
Die Fraw vns beyde hat entsetzt
An vnsern ehren vnd zuletzt
Haben wir auch herwider bissen
Vnd hat sich also eingerissen
Biß jr selbst seit kommen herein.

Der Mann segnet sich:

Ey botz mist das soll nit sein
Magd du bist vil zu Meistergschefftig
Vnd du mein Alte bist zu hefftig
Wiewol du es selten thust geniessen

Wir wollen jetzt ein Wein dran gießen
Auff das ein endt nemb ewer strauß.

Die Fraw schreit.

Thu mir die Magd bald auß dem Hauß
Ich mag jr nimmer vor mir sehen
Wolt sie mich an mein Ehren schmehen
Ist selbst verlogen vnd vernascht
Mistfaul vnd was sie heimlich erhascht
Das ist vns abgetragen als.

Die Magd stürtzt beide hendt in die seitten, vnd spricht:

Das ist erlogen in dein Halß
Von erst war ich ein gute Diern
Da ich dir kundt die blinden fürn
Das du stets heimlich hetst zuschlauchn
Vnd dir vermerckel Goller vnd stauchn
Jetzt so ich dir will nimmer heucheln
Vnd du auch hast nimmer zu meucheln
So wilt du mich nun nimmer han.

Die Fraw.

Weist nit mehr du waschmaul, sag an
Vnd thu es auch inn Meister tragen.

Die Magd.

Ich wüst dir noch wol eins zu sagen
Das dem die augen müst außbeißen.

Die Fraw schlecht inn die hend, vnd
   greinet mit den Zenen vnd spricht:

Du Iltes, das ich dich solt zerreissen
Nun hast du je ein eißn verrenth
Wie du mir selber hast bekennt
Solchs hab ich dennoch nie begangen.

Die Magd.

Wir trügn wol Wasser an einer stangen
Mit einander das glaub du mir.

Die Fraw.

Du Balck, wer soll tragen mit dir.

Die Magd.

Gleich du.

Die Fraw.

Sag wu.

Die Magd.

Mit jenem du weist selber wol
Wilt das ichs teutscher sagen soll.

Die Fraw tringt auff die Magd, vnd
      spricht:

Solt ich mein Hertz nit an dir kült
Vnd dir dein böses Maul erknülln
Ey lieber laß vns doch zusammen.

Der Mann stöst sie hintersich, vnd
     spricht:

Ey schewpt euch in des Henckersnamen
Das ir einander hie außricht

Mir iſt der Hunbt offt vor dem liecht
Vmbgangen dieſes gantzes Jar
Weil Fraw vnd Magd ſo einig war
Das doch iſt inn mein Hauß nit ſitt
Ich aber habs verſtanden nit
Das dieſer butz dahinder ſteckt
Jetzt ſo jr aneinander ſeckt
So findt es ſich in dem außkern
Das jr beyd ſeit gleich an ehrn
Gantz rein recht wie mein lincker ſchuh.

Die Fraw ſchreit.

Wie legeſt du dem ſchlepſack zu
Ja, ja, ja, ja, vnd iſt das war
Es hat mich wol gedeucht das Jar
Du habſt die Magd lieber denn mich.

Der Maun.

Schweig der wort ober ich blew dich.

Die Fraw.

Woltſt du mich von jrent wegn ſchlagn
So wolt ichs meinen Freunden klagn
Die müſten dir dein Golter lauſen
Vnd dich du alter Böſswicht zauſen
Trutz das du mir halt thuſt ein leidt
Du ſchalck du hangeſt an der Meid
Dieweil ich nechten hab gefunden
Dein Bruch in jrem Bettſtro vnden
Du vnendlicher Bub, du Lecker

Ich wolt du legeſt in dem Necker
Mit deinem Balg du Galgen drüſſel.

Der Mann reiſt dem Weib die ſchlüſſel
    von der ſeiten vnd ſpricht:
So gib du mir baldt her mein ſchlüſſel
Lauff hin, ich muß mich doch dein ſchemen.

Die Fraw ſpricht.

Wie woltſt du mir mein ſchlüſſel nemen
Vnd woltſt mich ſtoſſen von dem mein
Nein, das will ich nit warten ſein
Du biſt doch ſelb ein heyloß Mann
Haſt mir mein Heyratgut verthan
Ja wens mit ſauffn wer außgericht
Im Bett aber biſt gar entwicht
Ich will es gehn dem Richter klagn.

Der Mann zuckt die fauſt, vnd ſpricht:
So will ich dir dein Maul zerſchlagn.

Die Fraw.

Wem, mir?

Der Mann.

Ja dir.

Die Fraw.

Da bhüt dich der Teufel darvor.

Der Mann zuckt aber, vnd ſpricht.
Schweig oder ich ſchmeiß dich ans Ohr.

Die Fraw.

Wem, mich?

Der Mann.

Ja dich.

Sie zeigt jm die feigen, spricht:

Seh Pfaff, sey dir morgen als heut.

Der Mann.

Ja schont ich nit erbarer Leut

Ich wolt dir wol dein boßheit vertreibn.

Die Fraw.

Wie würst mir ein grill im loch verkleibn

Du hast vor sieben Mann erschlagn

Die hewer Holhüppen vmbtragen

Du darffst mir an kein sporen greiffen

Du kanst wol einziehen dein Pfeiffen

Wo du deines geleichen sichst

Ich weiß wol das du kein Bärn stichst

Weil ein Bratwurst drey heller gilt.

**Der Mann schlecht auff sie, vnd
spricht:**

Ey schweig du wüster hawenschilt

Oder ich schlag dich zu eim Krüppel.

Die Fraw schreit.

Ich beut dirs Recht du grober Tüppel

Ihr frommen Leute helfft mir do

O Mordio, Ordbio.

**Der Nachbawr thut die stubenthür
auff, vnd laufft hinnein.**

Ey was habt jr da für ein strauß

Ich meint fürwar es brennt das Hauß
Wie habt jr mich so hart erschreckt
Vnd mir mein kleines Kindt erweckt
Was habt jr für ein guglfur
Mein lieber Nachpawr sag mir nur
Wie das ich dich so zornig findt
Mit allem deinem Hausgesindt
In dem Wirthshauß auff diesen Abendt.

Die Fraw spricht weinend.

Mein lieber Nachpawr secht sie habend
All drey mein mann, mein maid vnn knecht
Mich armes Weib so hart geschmecht
Samb ich die ergste Bübin sey
Vnd haben sich auch alle drey
Geleget da vber mich armen
Es muß ein harten stein erbarmen
So trewlich helt mein Mann ob mir.

Der Mann.

Mein lieber Nachpaur vns ist von jr
Alle dreyen nacheinander worn
So hüpsch gezwagen vnd geschorn
Das ich das viert teil nit künd sagen
Man soll die Byderleut hie fragen
Die haben gehört alle wort
Nun schreyt sie vber vns das Mordt
Samm hettn wir jr groß leid gethan.

Der Nachbawr.

Mein liebe Nachpawrin secht an
Die schuldt ist ewer vnd nicht jr
Wie dergleichen sehen wir
Nachpawern an vnser Gassen täglich
Das jr seid hefftig, vnuerträglich
Habt stets vil Häder vnd vil zenck
Das man euch offt büß an die Benck
Habt allzeit vor dem Richter zu handeln
Jr solt aber frey sittigklich wandeln
So ließ man euch auch wol zufrieden.

Die Fraw.

Hat dich der Teufel rein beschieden
Du kläffer, schwatzer vnd du doderer
Du gatzer, statzer vnd du ploderer
Ich darff dein zu keinem Fürsprecher
Du Trunckenpoltz vnd du Weinzecher,
Inn all schlupffwinckel du vmbschleuffst
Mit meinem Mann du frist vnd seuffst
Vnd lest mich armes Weib dormauln
Das ich möcht hungers halb verfauln
On was jr tückisch sonst verspielt
Vnd jeder inn seim Hauß abstilt
Das er versetzet vnd verpfendt
Mit Bübin vnd anderm on endt
Das müst jr noch mit ewerm hauffen
Beydesampt auß der Stadt entlauffen
Also du mir mein Mann verfürst.

Der Mann.

Schaw an mein Nachpaur jetzund spürst
Das kein Ehr ist in meinem Weib
Täglich sie peinigt meinen Leib
Mit kneuffeln, zancken, greinen vnd nagen
Das ich jetzt kaum die Haut kan tragen
Ich bin so dürr vnd mager worden
Vnd wenn ich trüg Cartheuser Orden
So hett ich dennoch besser rhu
Wie wol ich dir verschweigen thu
Meiner Frawen heimliche tück
Meinst nit ob mich dasselb auch druck
Des trag ich heimlich grosse angst.

Der Nachbawr.

Ich habs gemercket wol vor langst
Das du der Narr im Hauß must sein
Wie wol du es auch nit bist allein
Ich wüst dir noch vil her zunennen
Mit namen die du wol magst kennen
Die auch förchten jr Frawen scharff
Das jr auch keiner holen darff
Im teutschen Hof den schweinen Pachen.

Die Fraw spricht.

Ey das sein möcht ein Saw lachen
Ist dir nit auch der Bauch zu schwer
Bist je so wol der Narr als er
Weist dich dein Weib aus deinem Hauß

Nun jaget mit eim Prügel aus
Mich dunckt du seist der gröste Narr
Den ich weiß in der gantzen Pfarr
Vnd wolst mich dennoch auch veriern.

Der Gsell.

Also laßt euch auch fein balbieren
Vnd heist euch diesen Han mehr krehen
Jetzt wist ir wie vns ist geschehen
Sie hat vns pfiffen auff der Trummen
Ein Hund kein brot hett von vns gnumen
Noch hab wir sein darzu geschmutzt.

Die Fraw.

Mir hats der Gsell so wol erputzt
Bist auch ein Helwanger meins Mans
Vnd dunckest dich ein grosser Hans
Ja auff der Gassen spat vnd frü
Aber in der Werckstat ists müh
Da vertrittst du noch kaum ein Junger.

Die Magd.

O wie hat mich peinigt der Hunger
Wann sie versperrt mir den Brotkalter
Laß mir auch offt darzu den Psalter
Als ob ich hett ein Dorff verbrendt
Fro bin ich das es hat ein endt
Sie sicht nit gern mit den Zänen tantzen.

Die Fraw.

Ei schweig vnd hab dir alle frantzen

Wolt jr euch wider ober mich betten
Vnd wolt mich alle viere fretten
Ihr heylosen lausing vnsletter
Ihr vntrew diebischen Verräter
Ich will euch machen wol gerecht
Nachbawern, Magd vnd auch Knecht.
Vnd dich du vnmechtiger tropff
Das du dich krawen must am Kopff
Du must noch sitzen auff ein rad
Ich will dich füren in ein Badt
Darinn dich muß der Hencker kraweu.

Der Nachpawr.

Mein lieber Nachbaur halt dein Frawen
Schau wie thun jr die augen glitzen
Wie thut jr Angsicht sie anspitzen
Schaw wie grißgrambt sie mit den Zenen
Sich wie sie bibend mit den Henden
Schaw wie sie mit den füssen stampff
Als ob sie hab den Esels krampff
Ich fürcht sie sey wütig vnd wünnig
Oder villeicht toll vnd vnsinnig
Laß inn ein finster Kammer sperren.

Der Mann.

Was wilt du mich doch immer kerren
Sichst nit sie hat sanct Vrbans plag
Des wesens treibt sie obern tag
Du soltst zwar in deim Hauß wol hören

Noch wilt du mich jmmer bethören
Sichst nit das es jr Boßheit thut.

Nachbawr.

So nimb an dich eins Mannes mut
Sie würd zu letzt gar auff dir reitten
Vnd wird dir noch in kurtzen zeitten
Brüch, Taschen vnd das messer nemen
Das müssen wir vns für dich schemen
Des laß jr nit zu lang den Zügel
Sonder nimb einen eichen Prügel
Vnd schlag sie weiblich zwischn die Ohrn.

Die Fraw.

Dn Bößwicht bist der Teufel worn
Vnd wilt mein Mann auff mich verhetzen
Ich will mein Leib auch daran setzen
Euch viere halten in einer schantz.

Der Nachpawr.

Ey laß dich nit verachten gantz
Sonder hülff vns die Mannheit retten
Weil sie vns allesamb will fretten
So ist es gleich der rechte Wedel
Schlag jr gleich den stul an den schedel
Schlag zu, schlag zu, gibt jr der Nüß.

Da reissen sie sich alle fünff vmb den
stul, vnd das Weib begreifft das küs-
sen, schlecht vmb sich, vnd spricht:

Ey jr vnfläter ich hab das Küß

Her, her, her, jr heylosen Tropffen
Vnd laſt euch wol den Leimen klopffen.

Da lauffen ſie alle zu derThür hinauß,
darnach tritt der Geſell wider hinnein,
vnd ſpricht:

Mein lieben Herrn es iſt mein bitt
Ihr wölt vber mich zürnen nit
Das ſich der Hader hat angefangen
Ich bin ja nicht drumb rein gegangen
Sondern in frieb vnd eytel gut
Bey euch zu han ein guten mut
So kam der Sieman in das Hauß
Vnd hat vns all geſchlagen auß
Das ich mich für vns all muß ſchemen
Doch wölt das im beſten annemen
Dieweil es dann der Jargang iſt
Das jr on zweyfel ſelbſt wol wiſt
Das die Weiber wölln Meiſter ſein
Vnd hat ſo hart gewurtzelt ein
Hie vnd dergleichen anderſtwa
Doch ſagt vns die new Practica
Es werdt ſich auff das Jar verkern
Denn will ich greiffen auch zu ehrn
Hewer will ich vnuerheyrat bleiben
Das ich mich nit thu vberweiben
Vnd müſt auch den ölgötzen tragen
Das ich würd auß dem hauß geſchlagen

Darbnrch ich in schandt vnd vnglück kumb
Gott bhüt euch alle vmb vnd vmb.

**Volgen hernach die Personen dieses
Spiels:**

Der Jung Gesell.
Die Magd.
Die Böß Fraw.
Ihr Mann.
Der Nachbawr.

Eine schöne Comedia,

mit dreyen Perſonen, Nemblich, Von
einem Vatter, mit zwen Sönen, Vnd
heiſt der Karg vnd Milb.

**Der Vatter tritt ein mit dem ein. Son,
vnd ſpricht:**

Seyd mir willkom ihr Erbarn Herrn,
Ich hab euch günſtiklich von fern
Zuſammen bracht her in mein Hauß,
Ein Handel heint zu richten auß,
Weil mir nahet mein letztes endt,
Wil machen ich mein Teſtament,
Vnd beſtetten mein letzten willen,
All habers nach meim todt zuſtillen,
Weil eben gleich mein Sön beyd ſand
Sind kommen, der auß dem Welſchland,
Vnd der ander her auß Franckreich,
Doch ſind ſie etwas vngeleich
Mit ſinnen gweſt vor vil Jarn,
Nun will ich heint ſampt euch erfahrn
Was Gmüts jetzund ein jeder ſey,
Das ich abnemen mög darbey
Was jedem dien zu ſeinem wandel,
Barſchafft, Zinſt, oder Kauffsmanshandel,
Das will ich im Geſcheft verleiben

Vnd jedem seinen theil beschreiben,
Deß solt ihr alle Zeugen sein,
Geh Garges, heiß dein Bruder rein,
Daß wir den Handel anefangen.

Der Garges spricht:
Nach Essens ist er heut außgangen,
Was weiß ich wo er noch vmbstreunt.

Der Vatter spricht:
Wie ists ein ding ihr lieben Freund,
Wo geht er heut schallatzen vmb,
Geh lauff vnd such ihn das er kumb,
Solln die Erbarn Leut auff ihn harrn?

Der Karg Son spricht:
Jetzt kompt er selb, thu mit ihm schnarrn.

Der ander Son kompt, vnd spricht:
Ein guten Abend, seyt mir willkumb,
Ihr Erbarn Herrn in einer summ.

Der Vatter spricht zu ihm:
Mein Martin wie kompst so spat heim,
Sagt ich dir nit heut frü in gheim
Ich wolt heut mein Geschefft Copirn.

Der Martin spricht:
Vatter ich gieng nach Tisch spatziern,
Da fand ich meiner Gsellen ein,
Den führet ich zum Welschen Wein,

J

Hat mir zu Leon zahlt manch Gloch,
Zeyt habn wir zu dem Handel noch,
Weil ist versamblet jederman,
Mein lieber Vatter sach nur an.

Der Vatter spricht zu jhn allen beyden:
Hört zu jhr lieben Söne nun,
Carges du bist mein erster Sun,
Du hast die wahl, was ist dein wandel,
Sol ich dir schaffn den kaufmans handel
Oder wilt du Häuser, Renth vnd Zinst,
Darinn du Järlich nutzung finst,
Nun antwort welchen theil du wilt?

Der Erst Son Carges spricht:
Vatter, mein Bruder ist zu milt,
Derhalben so vermerck mein muth,
Ich wolt daß du mir all dein Gut
Ligends vnd Fahrends machst vnterthenig
Vnd schaffest dem Martin ein wenig,
Weil er sein Erb doch wird verthan.

Der Vater spricht ist zornig:
Ey das geh dich das Hertzleyd an,
Bist du ein sollicher Geitzwurm,
Ein solch Geschefft hett gar kein furm,
Er ist mein Son als wol als du.

Der Carges spricht zum Vatter:
Vrsach mein Vatter, hör doch zu,

Das Gelt ist mir je also lieb,
Vnd eh ich ein Pfenning außgieb
So schaw ich jhn wol dreymal an,
Noth ich darbey wol leyden kan,
Ich weiß es fein zusam zuhalten.

Der Vatter ist zornig vnd spricht:

Ey nun muß dein der Jarrith walten,
Der weiß Mann spricht: Wer Gelt lieb hat,
Der wird deß Geldes nimmer satt,
Derhalb wer Reichthum lieb ist hon,
Derselb kein nutzung hat daruon.
Epimenides sagt gar fein:
Das Gelt dem Geitzing sey ein pein,
Dem milten aber ists ein zier.

Der Martin spricht zum Vatter:

O Vatter, so gebürt es mir,
Schaff mirs Bargelt, ob anderst wilt,
Wann ich bin ehrentreich vnd milt,
Mit meinem Theil will ich halten
Kostfrey bey Jungen vnd bey Alten,
Das Gelt soll gar mein Herr nit sein.

Der Vatter spricht:

Das taug auch nicht, O Sone mein,
Weil Salomon spricht: Gutes vil,
Wirdt weng wo mans verschwenden will.
Wie man das vber tag wol sicht,

J 2

Wie manchem ſträußgütlein wol gſchicht
Ein mittel maß iſt recht vnd gut.

Der Earges ſpricht zum Vatter:

Vatter ich hab ein kargen mut,
In meinem Hauß mit meinem zehrn,
Nichts laß ich zu vnnütz anwern,
Halt mich gering in ſpeiß vnd tranck,
Wie es dann lehrt Doctor Freydanck,
Der ſpricht: Mit vil helt man offt hauß,
Mit wenig kompt man auch wol auß.
Dein Gut will ich dir nit zerſtrewen,
In jener Welt wirſt dich mein frewen,
Das ichs alſo zuſammen ſpar.

Der Martin ſpricht:

Eccleſiaſticus ſagt war:
Das Gott gibt manchem groſſes Gut,
Vnd darbey ſo ein kargen mut,
Daß er ſeins guts ſelb darff nit gnieſſen,
Das wirdt mit Tantalo bewieſen,
Dem öpffel hiengen für den Mund,
Vnd ihr doch nit genieſſen kund.
So biſt auch filtzig, gnaw vnd karg,
Du ſparſt das gut vnd friſt das arg,
Dergleich dein eygen Weib vnd Kind,
Knecht, Meyd, vnd alles Haußgeſind,
Das muß am Hungertuch dir nehen,
Vmbſonſt iſt Salomon nicht jehen:

Der Geitz sein eygen Hauß verwirrt.
Also die Kargheit dich veriert,
Du bist vnd bleibst ein Ragenranfft,
Ich aber leb zehrlich vnd sanfft,
Wann ich kauff ein mit vollem rath,
Das jederman gnung vmb mich hat,
Weil ich auff Erd nichts bring daruon
Denn essen, trincken, vmb vnd on,
Wie vns der weiß Mann thut beweysen.

Der Carges spricht:

Ich dörfft dir dfaust ins maul wol schmeisen,
Du voller Zapff, ich weiß gleichwol
Daß du schier alle Nacht bist vol,
Zwar wer Wein lieb hat wirdt nit reich.
Spricht Salomon. Deß bist du gleich
Ein streußgut, der sein Gut verthu,
Schaffst dir selb Kranckheit vnd vnrhu,
Ich hab mein rhu allein darinn
Daß ich spar vnd vil Gelts gewinn,
Und meinen Erbtheil mehren kon.

Der Martin spricht:

Weist nit es saget Salomon:
Einer theilt auß vnd wirdt doch reich,
Ein ander karget dir geleich,
Welcher doch immer ärmer wirdt.
Derhalb die sorg dich hart veriert,
Vnd wo dir denn ein schadt zusteht,

J 3

Etwa ein Pfenning dir entgeht,
Da ligst du denn ein Nacht zu wemern,
Ohn rhu zuseufftzen vnd zugemern,
Du wirffst dich vmb im Beth allein,
Als ob dich reiß der Harmenstein
Wer vil hat, der muß vil versorgen,
Ich schlaff biß an den hellen morgen,
Ein kleiner schad ficht mich nit an,
Vorab wo ichs nit wenden kan,
Laß ich es gahn gleich wie es geht.

Der Vatter spricht zum Martin:
Mein Martin darbey man versteht,
Ich meint ein Adler habn erzogen,
So bist ein wüstling abgeflogen,
Nachlessig, vnachtsam, verwegen.

Der Carges spricht zum Martin:
Ich will den Harnisch dir baß fegen,
Weil gar nachlessig ist dein wandel,
Im Haußhalten vnd Kauffmanshandel
Weist nit Esopus schreibt ein Fabel,
Vnd lobt die Ameiß im Parabel
Die Arbeitsam war vnd fürsichtig,
Veracht den Grillen faul vnd nichtig.
Ich niet mich mit reitten vnd lauffen,
Mit stechen, kauffen vnd verkauffen,
Ich laß mich keiner müh verdriessen,
Wo ich eins Gwins hoff zugeniessen,

So ſitzt du wartend, treg vnd faul,
Biß dir ein bratn Hun fleugt ins Maul,
Du wirdſt nit reich, merck vnd erfahrs.

Der Martin ſpricht:

Ich glaub du wůrffſt eim ſtein ins Arß,
Das du nur mehr Gelts vberkembſt,
Du reiſt vnd ſcharſt, dich gar nit ſchembſt,
Du arbeitſt die Nacht zu dem Tag,
Jedoch dir nit mehr werden mag
Denn was Gott gibt, ſagt der Pſalmiſt,
Eim anderen Gott geben iſt
Schlaffend groß Reichthumb durch ſein ſegen
Deß hoff vnd traw ich Gott allwegen,
Er werd auff Erd mich nit verlaſſen.

Der Carges ſpricht:

O Gſell ich weiß ein ander ſtraſſen,
Auffs wolfeilſt kauffen vnd thewerſt geben
Vnd ander gſchickligkeit darneben,
Das füllt mir Truhen, Seck vnd Kaſten.

Der Vater ſpricht zum Carges:

O Son du gfelſt mir nit am baſten,
Ich meint ich het ein Sammet gweben,
So hats mir ein lautern filtz geben,
Der Geitz der hat dich gar verblendt.

Der Martin ſpricht:

Vatter ſetz mich ins Teſtament,

J 4

Ich gib gut Pfenwehrt, gute Eln,
Bin trew in rechnen vnd in zähln,
Bin schlecht vnd grecht in dem Geltlösen,
Will Gott er mag mirs wol ersprössen,
Wann die so eylen reich zu werden,
Bleiben nicht vnschuldig auff Erden,
Spricht der Weiß. Vnd Paulus verkünd:
Geitz sey ein Wurtzel aller sünd,
Vnd wer sucht Reichthumb groß vnd dick,
Der fällt in versuchung vnd strick,
Derhalb treibt dich deß Geitzes tück,
Auff ohn zahl tausent böser stück,
Auff Wucher, Fürkauff vnd Finantz,
Auff Arglist, Renck vnd Alefantz,
Aller Practick steckest du vol,
Ein gelbes Ringlein stünd dir wol,
Du nembst es Gott von füssen rab,
Das du nur kembst zu grosser Hab,
Vnd nembst dir darumb kein Gewissen.

Der Carges spricht:

Wie ist der Gsell der frömbkeit gflissen,
Sag wenn da deins Handels nicht achst,
Dem Gewin fürsichtigklich nachtrachst,
Vnd thust dein Erbtheil gar verschwenden
Verkümmern, verkauffen vnd verpfenden,
Meinst böse tück wern dir dann feln,
Als Liegen, Triegen, Rauben vnd Steln,

Wenn dich zu letzt die Armut reyt,
Vor der aber bin ich gefreyt,
Ich hab ein groß gewonnen Gut.

Der Martin spricht:

Ob mich gleich reyt Fraw Armut,
Bleib ich dannoch redlich vnd frumb,
Weil mein hertz nit henckt am reichthumm,
Wann ich laß mich an dem benügen
Was mir Gott täglich ist zufügen,
Vnd henck den Mantel nach dem Wind,
Den Sack zu halben theil zu bind,
Hab ich nit Vögel, so iß ich Kraut,
Auch ist der Spital den Genssn nit bawt,
Ob ich gleich wirdt in Armut kranck,
Doch tröstet mich Doctor Freybanck,
Spricht: Kein rechter milter nie verdarb,
Kein Karger auch nie lob erwarb,
Die Milten auch nicht all verderben,
Die Kargen nit all Schätz erwerben,
Hast auch kein Bürgen vor Armut,
Vil vnraths dir nachstellen thut,
Als Dieb, Mörder, Landskrieg vnd Rauber
Lieger, Trieger, vnd Federklauber,
Schiffbruch, Brunst, Geldschuld enttragen
Was du erkargst in langen Tagen
Geht offt in einer stund an Galgen,

Denn thut die Armut mit dir balgen,
Vnd ligt dein Hoffnung gar ernider.

Der Carges spricht:

Leyd ich ein schaden, so spar ich wider,
Ich schind vnd schab ich krimb vnd kratz
Biß das ich groß mach meinen Schatz,
Denn kauff ich Häuser, Renth vnd zinst.

Der Martin spricht:

Wem ist es nütz das du vil gwinst,
Weil du dein selber nit geneust,
Auch ander Leuten das beschleust,
Mir arbeit man gern, man dient mir gern
Dich fleucht man, kan man dein entpern,
Weil du niemand keins guten ganst
Du vortheilst die Leut wo du kanst,
Das niemand geren ist vmb dich,
Ich aber bin frey miltigklich,
Mit kauffen, zahln, borgen, leyhen,
Mit schencken, geben, schuld verzeyhen,
Arm vnd Reich mein geniessen kan,
Deß hat mich auch lieb jederman,
Dir aber ist jederman gram,
Feindselig ist dein karger Nam,
Den Leuten du ein Sprichwort wirst,
Weil du so scharpff vnd hefftig schierst,
Als ob du gantz bodenloß seyst.

Der Carges spricht:

Du narrets Schaf, sag an vnd weist
Du ñit das Glück hat allweg neyd,
Ob ich gleich heimlich feindschafft leyd,
Das kümmert mich nit gar ein meutel,
Mein beste Freund hab ich im Beutel,
Darmit kauff ich mir freundschafft vil,
Was nur mein Hertz begert vnd wil,
Aber bald du hast gar außbachen,
Werden sich dein Freund von dir machen
Dich schlagen auff die Haberweyd.

Der Martin spricht, ist zornig:

Schweig deß vnd hab dir das Hertzleyd.

Der Vatter spricht:

Son, hat man dir das lebndig troffen?

Der Martin spricht:

Mein Beutel steht mir allzeyt offen,
Zu kurtzweil, frewd, schimpff vnd schertz,
Ich bin ein mild, frölich lebhertz,
Mit singen, springen vnd hofiern,
Mit Mummerey vnd Panckatiern,
Mit schlitten fahrn, schiessen vnd spieln,
Jagen vnd schönen Frawen zieln,
Leutselig frembden vnd Nachbawern,
Du aber ligst in sorg vnd trawern,
Weil dein Reichthumb sind scharffe dorn

Die dir dein Gmůt vnd Hertz durchborn,
Du neydst vnd wirst wider genieben,
Derhalb du selten kompst zufriden,
Du ligst lebendig in dem Grab,
Ein Hůter deiner Schätz vnd Hab,
Gleich wie ein Hund an einer Ketten.

Der Karg Son spricht:

Du Fantast was darffst du mich fretten,
Wenn all mein Gelt ist angelegt,
Vnd ein Pfenning den andern tregt,
Thut mich mein sambles baß erfrewen,
Denn dich dein anwern vnd außstrewen,
Du streunest vmb wie ein Stattfarr.

Der ander Son spricht:

Schweig du vlereckichter Geltnarr,
Allein zu Gelt hast lieb vnd gunst,
Du achst weder Weißheit noch Kunst,
Der Geitz hat dich gar vberwunden,
Am Narrenseyl ligst angebunden,
Als König Midas reich was worn,
Gewan er auch zwey Esels Ohrn.
Socrates warff sein Gelt ins Meer
Da es jhn jrrt an Weißheit, Lehr.
Blas hielt sein Kunst vnd Weißheit
Für alle Gůter diser zeit.
Derhalb ich auch keins Gutes acht,
Sonder nach Kunst vnd Weißheit tracht

Nach gutten Sitten vnd der Tugend,
Derhalb mich das Alter in der Jugend,
Gar scheinbarlich vnd ehrlich helt.

Der Carges spricht:

Schawt wie der Gsell nach Ehren stelt,
Wie die Katz nach dem Wasserbad,
Der Weißheit, Kunst, hab ich kein gnad,
Es ghört allein den Glehrten zu,
Hab ich nur Gelt, darauff merck du,
Man neigt mir vnd greifft an den Hut,
Man steht auff vnd mir weichen thut,
Mich ehrt deß gantzen Volckes Hauff.

Der Martin spricht:

Das gschicht nach der tollen Welt lauff,
Die ehr dem Pfenning wirdt gethan,
Dich sech man durch ein Zaun nicht an.
Ecclesiasticus sagt frey:
Nichts schendlichers auff Erden sey
Denn ein Geitziger, Darbey melt,
Nichts bösers denn lieb haben Gelt.
Cicero lobt den milten mehr,
Spricht: Der mensch hab kein grösser ehr
Denn Gelt verschmehen in seim leben,
Vnd das frey miltigklich außgeben.
Crassus wirdt durch sein Geitz veracht,
Busa die Köngin hoch geacht,

Da ſie auß milt ſpeyſt die Außländer
Zehen tauſend flüchtiger Männder.
Fabius Quintus wirdt getröſt,
Der vmb ſein Erb die Gfangen löſt.
Deß iſt ihr miltes lob beſchriben,
Vnd biß auff vnſer zeyt belieben,
Derhalb gebürt mir ehren mehr,
Deiner Kargheit haſt du klein ehr,
Du wirdſt vil eh veracht darob.

Der Vatter ſpricht:

Ey wie ſeyd ihr all beyd ſo grob,
Das ihr einander hie vexiert,
Wer weiß was einem ſchaden wirdt,
Thuts an eim andern ort außtragn.

Der Carges ſpricht:

Vatter ich muß ihm noch eins ſagen,
Hör Martin, durch dein geudiſch leben
Thuſt du verzeren vnd vergeben,
Du wirdſt vervortheilt vnd betrogen,
Vnd all dein Hab dir abgeſogen,
Deß bleibeſt du dein lebenlang
Hinter der Thür, vnter der Banck,
Ich aber weiß noch hie auff Erden,
Gewaltig vnd mechtig zu werden,
Ich kom zu hohen Ampt vnd Ständen,
Zu Räthen vnd zu Regimenten,
Gewinn ein hohen ehrling Namen,

Ein groſſen Tittel, gantz edlen ſtammen,
Heiſt das nit kommen zu hohen ehren?

Der Martin ſpricht:

Da thut ſich erſt dein vnruhu mehren,
In gwalt vnd macht da ligt verborgen
Ein jmmerwerend forcht vnd ſorgen,
Prouerbiorum vns vermant:
Ein geytzig Köng verderb das Land,
Reichthnmb vnd gwalt hat manchen eben
Bracht vmb Ehr, Gut, Seel, Leib vnd leben,
Deß du gewarten muſt allmal,
Deß iſt dein höch ein tieffer ſal,
Den Julius vnd Nero litten,
Deß ſitz vil ſichrer ich herniden,
In einem gantzen ringen ſtand.

Der Carges ſpricht:

Dein red iſt mir ein lauter tand,
Meinſt du denn ich ſitz auch nit wol,
Ich hab Kiſten vnd Keller vol,
Verſichert vnd verſorgt auffs beſt,
Ein Hauß erbawet ſchön vnd veſt,
Ein Pferd am Barn, gut Zöblen ſchaubn,
Kleinot, ſilbergſchir vnd mardre haubn,
Wie künd ein Mann ſein baß geſeſſen?

Der Martin ſpricht:

O Carges du haſt eins vergeſſen,

Merck Bruder vnd schaw auff dem Gew,
Das Graß grunt heut, ist morgen Hew.
Also wirdts dir auch endlich gehn,
Wenn du am besten meinst zustehn,
So wird man dir den kerab Pfeiffen,
Der grimmig Todt wird nach dir greiffen,
Denn wirst bloß, nacket hingenommen,
Spricht Job, wie du auf dwelt bist kommen
Am tag der Rach nit helffen thut
(Spricht Joel) all dein Hab vnd Gut,
Wie schwerlich wird es dir denn sein,
So schnell zuscheyden von dem dein,
Daran dein Hertz ist lang gehangen,
Ob mich gleich auch der Todt ist fangen,
So mag er mich doch nit beschwern,
Sag, wenn du scheydest von der Ern,
Wem nutzt dein groß erkargtes Gut?

Der Carges spricht:

Wenn sich mein leben enden thut,
So erbt es denn auff meine Kinder,
Die leben darnach dester linder,
Vnd werden groß Herren vnd Frawen,
Bey den mag jedermann wol schawen,
Wie groß Reichthumb ich hab besessen,
Das wirdt in Ehren zugemessen
Zu löblicher gedächtnuß mir.

Der Martin spricht:

O Bruder Carges, wie wenn dir
Dein Kinder deines Guts nit dancken,
Sonder darumb hadern vnd zancken,
Rechten, fechten vnd Eyd schwern,
Oder es vnnützlich verzehrn,
Wie ein Sprichwort hat jederman:
Ein Sparer muß ein Zehrer han.
Als denn geht dein Gut gar zuscherben,
Oder dein Kinder alle sterben,
Daß dein Gut kompt in fremde Hand,
Denn hast du deines Guts ein schand.
Man spricht: Er kundt nie werden vol,
Er hat mich auch betrogen wol,
Jetzt hat jhn auch der Teufel hin,
Ob ich so reich am Gut nit bin,
So spricht man doch nach meinem Todt,
Ein milter Mann, genad jhm Gott,
Er hat mir auch viel guts gethan
Im lebn vnd todt. Bruder schaw an,
Bin ich vil ehrlicher denn dn,
Mir steht das Erb wol billich zu,
Durch mich wirdt mannich Mensch erfrewt.

Der Vatter spricht:

Mich rewen nur die Erbarn Leut,
Daß ichs gemüht hab in den sachen,

Kein Gscheſſt weiß ich mein Sön zumachen,
Ich denck ſie allbeyd zu enterben.

Der Carges ſpricht:

Vatter, warumb woltſt mich verderben,
Ich bin doch gſchlagen in dein art,
Du haſt dein tag auch vil erſpart,
Wårumb haſt du mirs denn für vbel?

Der Vatter ſpricht, iſt zornig:

Du leugſt, hab dir das fallend vbel,
Ich hab frey auffrichtig gehandelt,
Gleich einem ehren Mann gewandelt,
War nie wie du ein ſolcher filtz.

Der Martin ſpricht:

Schaw zu du Minnenwolff, was gilts,
Ich bin noch der liebſt Son im Hauß,
Ich gib mein Gelt fein ringlich auß,
Gleich wie ein milter Vatter thut.—

Der Vatter ſpricht:

Martin dein Sinn iſt auch nit gut,
Du biſt zu geudiſch vnd verthan,
Dein Gut ind leng nit weren kan,
Ich aber hab bey meinen tagen,
Die ſach an örtern eingeſchlagen,
Ich wer ſonſt zu der Hab nit kommen.

Der Martin ſpricht:

Hab ich doch wol von dir vernommen,

Das du in deiner Jugend vil
Gewesen seyst in allem spiel,
  Warumb ilt mich denn jetzt enterben?

  Der Vatter spricht:
Du thest wol ein gantz gschlecht verderben.

  Der Carges spricht:
Schaff mirs, ich bin noch je der best?

  Der Vatter spricht:
Ich wenn ich deine tück nit weßt,
Geitzig vnd karg, ist sünd vnd schand.

  Der Martin spricht:
Schaff mirs, ich hab ein milte Hand.

  Der Vatter spricht:
Du bheltst sein nit, deß will ich heut
Zu Erben einsetzen frembd Leut.

  Der Martin spricht:
Ey lieber Vatter, sag vns doch,
Wie solt wir vns denn halten noch,
Ich bin zu milt, mein Bruder zu karg,
Sein wir denn alle beyd so arg,
Ist kein Gnad mehr bey dir zufinden?

  Der Vatter spricht:
Was gnad soll ich mich vnterwinden,
Ewr wesen ist mir im hertzen leyd,
Deß rechten wegs fehlt ihr all beyd,
Weil Stapolenses saget frey:

Die miltigkeit im mittel sey.
Du bist zu milt, vnd der zu karg,
Deß steckt jhr beyd im laster arg,
Du dörffst eins Zaums, vnd der zwen sporn
Du bist zueygen nützig worn,
Mein Carges hast das Gelt zu lieb,
Du solt thon wie David beschrieb:
Hast du Reichthumb von Gott entpfangen,
Soltst du dein hertz nit daran hangen,
Sonder gneuß das zu aller zeit,
Mit Gottes Ehr vnd danckbarkeit.
Gott sorgt für dich, wie er selb spricht,
Dergleich Petrarcha dich bericht,
Dein zeyt sey kortz, dein lieb sey klein,
Deß laß dein Gut dein Herrn nicht sein,
Sonder gib auß mit milter Hand,
Zu ehr vnd nutz nach deinem stand,
Vnd handel mit jederman auffrichtig,
So wirdt dein Nam erbar vnd wichtig.
Vnd Martin du bist gar zu milt,
Wenn du also verschwenden wilt,
Ohn noth, ohn nutz zu vberfluß,
So sagt dir Marcus Tullius:
Es sey kein rechte miltigkeit,
Sonder ein lautre verwegenheit,
Es schöpff den schatz vnd bring Armut,
Du aber solt brauchen dein Gut
Fürsichtlich, ordlich, milter maß,

Schaw wie, warumb, vnd vmb was
Du dein Gut gebst, denn mag sich mehrn
Dein Gut in Wolfart vnd in Ehrn,
Wolt jhr euch halten nach dem bscheyd
So gebt mir drauff ewer Händ all beyd.

Carges der rührt an, vnd spricht:
Ja Vatter, ich will folgen dir.

Martin der rührt auch an, vnd spricht:
Vnd ich, hab dir mein trew von mir.

Der Vatter stehet auff, vnd beschleust:
Ihr Erbarn' Herrn, es wer mein beger,
Ihr kömpt morgen zu Nacht wider her,
Da wir das Gschefft beschliessen wölln,
Wann ich hoff je mein Sön die sölln
Mir folgen, das jhn Heyl erwachs,
Wünscht euch mit guter Nacht Hans Sachs.

Tragedia,

von der Schöpffung, Fall vnd Auß-
treibung Ade, auß dem Paradeiß.
Hat XI. Personen, vnd III. Actus.

Cherub tritt ein vnd spricht:

Der Göttlich himelische Segen
Sey mit euch jetzt vnnd allewegen.
Ir ausserwehlten Christen Leut
Die jr hie seidt versamlet heut
Nun mercket auff mit allem fleiß
Wie herrlich Gott im Paradeiß
Mit seins krefftigen wortes ruff
Den Menschen anfenglich beschuff
Nach seinem Bild Göttlich vnd ehrlich
Vnd je darnach auch setzet herrlich
Vber all sein Gschöpff ein Herrn
Der durch den Reid vnd widerwern
Der Sathanas in dem anfang
Verfürt ward durch die listig Schlang
Das er brach das einig Gebott
Darburch er kam in ewig not
Vnd wie er auch sein straff empfecht
Sampt gantzem menschlichen Geschlecht
Doch wirdt von Gott ein Trost jm geben

Des Weibes Same werde eben
Zertretten das Haußet der Schlangen
Wie das im anfang' ist ergangen
Werd irs hören mit stiller rhu
Schweigt nur vnd höret fleissig zu
Wie sich all Ding verlauffen thu.

Gott trit ein, vnd spricht:

Ich hab erschaffen alle Ding
Das Erdreich vnd der Himmel ring
Auch beschuff ich das Firmament
Daran zwey grosse Liechter sthent
Eins dem Tag, das ander der Nacht
Das hab ich alles wol verbracht
Auch hab ich das Erdrich hernieden
Von dem wasser fein abgeschieden
Das Erdrich bring wurtz, kraut vnn graß
Manch fruchtbar Baum auch vber das
Bschuff ich auff Erdn zu einer zier
Allerley wild vnd zame Thier,
Vnd auch die Vögel in dem Lufft
Das Gewürm in der Erden grufft
Dergleichen in dem Meer besunder
Allerley art seltzam Meerwunder
Dergleichen auch allerley Fisch
Vil Wasser, See vnd Brunnen frisch
Ist als geschaffen wol vnd gut
Drumb mich manch Engel preisen thut

Drumb solln auch alle Creatur
Erkennen mich ein Schöpffer pur
Das alle Gschöpff kommen von mir
Das ich sie erhalt vnd regier
Noch felt der Mensch kan ich wol schawen
Wellicher mir das Feld sol bawen
Ein Herr sey vber alle Thier
Auß Erden ich jn auch formier
Auff das er auch erkenn darbey
Das ich sein Gott vnd Schöpffer sey
Vnd er sey nichts denn Kott vnd Erd
Darzu er endtlich wider werd.

Der Herr formieret Adam, vnd bläst
    jhm ins Angesicht vnd spricht:

So nim den lebendigen Athen
Auff das du empfechst nach den Thaten
Die Vernunfft, doch darbey betracht
Das ich dich hab aus Laim gemacht
Nu fahn an dir selbs zu leben
Tritt herfür auff dein Füsse eben
Ich setz dich vber alle Thier
Die werden dir gehorsam schier
Die ich all schuff von wegen dein
In dem steht das Malzeichen mein
Drin man erkenn den Schöpffer milt
Dich erschuff ich nach meinem Bilt
Zu leben in aller Weißheit

Rein von aller vnſauberkeit
Die Engel ſollen blhüten dich
Vnd mit dir will ſtets reden ich
Wann ich hab dir dein Angeſicht
Gen Himmel frey auffwertz gericht
Zu der Sonnen vnd den Geſtirn
Auff Erden ſanft vor allen Thiern
Drumb ſolt doch nicht hoffertig werdn
Weil ich dich ſchuff auß ſtaub vnd Erdn
Drumb folg mir nach, du biſt mein eigen
Was mein will iſt, wil ich dir zeigen

(Der Herr vnd Adam gehen auß, ſo tretten die drey
Engel ein, als Raphael, Michael vnd Gabriel).

Raphael der ſpricht:

Ein wunder iſt das Gott beſchuff
All ding durch ſeines wortes ruff
Vnd diß alles in den ſechs tagen
Wer kan all ſein Geſchöpff außſagen
In Himmel, Erden vnd im Meer
Das er jm ſelbs beſchuff zur Ehr
Vber die all hat er zu letzt
Den Menſchen einen Herren gſetzt
Den ſiebenden tag er darzu
Gſetzt dem Menſchen zu einer rhu
Als ſeiner beſten Creatur

Michael der Engel ſpricht:

O Gott du Schöpffer rein vnd pur

K

Der du all ding haſt laſſen werden
Gibſt den Regen vnd Taw der Erden
Zu wachſen Frücht, kraut laub vnd graß
Mit einem wort beſchuffſtu das
Den Menſchen doch alles zu gut
Ach wer könt doch in ſeinem muth,
Erzelen Herr deiner Gſchöpff adel
Dieweil doch iſt on allen tadel
Was Gott beſchuff auff Erden nur

Gabriel der Engel ſpricht:

Alle lebende Creatur
Auff Erd ſo vil jr immer wöllen
Dem Menſchen gehorſam ſein ſöllen
Sie ſind gleich zam oder wildt
Weil jn Gott hat nach ſeinem Bildt
Beſchaffen fromb, gerecht vnd weiß
Auff das er Gott frey lob zu preiß
Vnd jm ſey dankbar allezeit
Für ſolche groſſe wirdigkeit
Die jm Gott hat ſein Schöpffer geben

Raphael der Engel ſpricht:

Wie viel edler des Menſchen leben
Auff Erd iſt vber andre Thier
So viel mehr hat Gott mit begier
In mit hoherem fleiß gemacht
Der ſonſt all ſeine Werck verbracht

Mit einem wort das er außsprach
Das als im augenblick geschach
Jedes nach seiner art da stund
Darumb soll aller Engel mundt
Mit ewig lob erfüllet werden
Ob all sein Geschöpffen auf Erden
Sonderlich ob den Menschen eben
Weil er ewig mit vns sol leben
Dort in dem Himmelischen Reich

Michael der Engel spricht:

Gott schuff den Menschen ihm geleich
Auch eines ewiglichen lebens
Darumb bschuff in Gott nit vergebens
Auß weyssem, liechten, wäichen staub
Auff das sein schwacher Leib gelaub
Das er herkom von schwacher art
Darmit widerstehe der Hoffart
Das er gar nichts könn vnd vermüg
Weder zu Kunst noch tugend tüg
Sonder als schwach vnd yrdisch sey
Darmit er seinen Schöpffer frey
Erkenne für das höchste gut

Raphael der Engel spricht:

Derhalb ist vns auch schutz vnd hut
Ob dem Menschen mit fleiß zu haben
Dieweil in ob sein hohen Gaben

K 2

Der Sathan hefftig wird durchechten
Zu allem übel jn anfechten
Gott hat all Ding beschaffen wol
Vnser yeder verwalten soll
Vor Gott sein Engelisches ampt
Wolauff vnd laßt vns allesambt
Zu Gott vnserm Schöpffer hinein

Gabriel der Engel spricht:

Du redst recht lieber Bruder mein
Wir wöllen vns all auffwertz schwingen
Vnd Gott ewiges Lobgsang singen
(Die drey Engel gehen ab).

Der Herr kompt mit Adam vnd spricht:

Adam sag an wie gefelt dir
Der neuen Welt geschmuck vnd zier
Verwundert dich der Erden laßt
Oder der liechten Sonnen glaßt
Des Gestirns am Firmament gestellt
Zeig an was dir daran mißfelt
Sag wann ich es auch geren weßt

Adam spricht:

O Herr es ist auffs aller best
Was je beschuff dein Majestät
Mich erschuffstu on meinen rath
Das ich erkenn dich höchstes gut

Vnd weiß inn meim hertzen vnd muth
Nach deim wolgefallen zu leben
Wann du haſt mich erſchaffen eben
Auff Erd nach deines Bildes zier

Der Herr ſpricht:

Adam nim war, nun alle Thier
Die gib ich dir inn dein gewalt
Das ſie dir dienen mannigfalt
Sampt dem Gwürm in der Erden grufft
Vnd auch die Vögel in dem lufft
Vnd Fiſchen in den Waſſerſtramen
Mit den Geſchöpffen allenſamen
Hab ich reichlich verſorget dich
Eh wann du datumb bateſt mich
Dürffſt des nicht, das ich dir hab geben
Dürffſt dein auch nicht mit deinem leben
Kan dirs auch nemen wenn ich wil
Auß dein krefften vermagſt nit vil
Du biſt das Werck der Hände mein
So bin ich je der Schöpffer dein
Theil doch mit dir mein Regiment
Herr ſoltu ſein an diſem end
Vber all Creatur auff Erd

Adam hebt ſeine hende auff vnd ſpricht:

O du mein Gott vnd Schöpffer werd
Dir allein ſo wil dienen ich

K 3

Wann alles Heil kompt nur durch dich
Nun würd ich Herr auff Erden sein
Niemand ob mir, dann du allein
Zwifacher straff wer schuldig ich
Wo ich mein Gott nicht ehret dich
Der du mir hast zu gut gemacht
Die Sonnen, Sternen tag vnd nacht
Die brunnen quellen, die wasser fliesen
Auch grunen beide, Wäld vnd Wiesen
Die Wildenthier im Walde springen
Vnd jre Junge fürher bringen
Darmit jedes mehrt sein Geschlecht
All Ding ist bschaffen, wol vnd recht
Auff Erden nichts vmbsonst geschicht

Der Herr spricht:

Schaw hie hab ich dir zugericht
Den aller wohnsamlichsten Garten
Gantz voller Frücht des mustu warten
Darinn du wohnst zu allerzeit
In frewden mit ergetzlichkeit
Darinn wirstu verwaret jmmer
Wie ein König in seinem zimmer
Vnd magst da ein vnd außspazieren
Vnd nach dein willen vmb resieren
Auch hast darinn in weitem raum
Aller art gut fruchtbare Baum
Daran die süssen Früchte hangen

Die magſtu eſſen mit verlangen
Dir zu einer koſtreichen ſpeiß
Jedoch in dieſem Paradeis
Woll ich als der Allmechtig Gott
Dir geben ein einig Gebott
Remlich vom Baumen böß vnd gut
Der in der mitt auffwachſſen thut
Von demſelben ſoltu nicht eſſen
Wo du darvon eßt ſo vermeſſen
Wirſt du des ewing Todes ſterben
Hiebey erkenn das ich dein Gott
Bin, der dir Leben oder Todt
Kan geben vnd auch wider nemen
Vnd dein gemüt vnd willen zemen
Auch erkenſt darinn dein vermügen
Das dein krefft gar zu nichten tügen
Vnd gar nichts guts haſt than vor mir
Das ich vmbſonſt hab geben dir
Schaw auß dieſem ſpringenden Brunnen
Kommen vier Waſſerflüß gerunnen
In alle Welt zu not vnd zier
Adam du muſt eim jeden Thier
Beſonder ſeinen Namen geben
Schaw jetzunder geht gleich vnd eben
Ein groſſe Herd Thier vor dem Garten
Komb vnd thu deines Amptes warten
Gib Namen jhn, nach deinr Weißheit

Adam spricht:

Herr das zu thun bin ich bereit
Wann ich bin dein, du haſt mir geben
All Creatur, darzu mein Leben.

Der Herr spricht:

Adam daran theſt eben recht
Weil du erkenſt, einfeltig ſchlecht
Wer du biſt vnd wann hergenommen
Das du ſeiſt von der Erden kommen

(Sie gehen beide ab).

Adam kompt allein wider, vnd spricht:

Was mag gleich meiner wolluſt ſein
Es bricht mir nichts, ich bin allein
Ein Menſch gemacht durch Gottes hand
Mit ſo vernünfftigem verſtandt
On allen verdienſt gar vmb ſunſt
Auß lauter Gottes gnad vnd gunſt
Hat ein einigs Gebot mir geben
Das ich von dem Baumen des Leben
Nicht eſſen ſoll die einig ſpeiß
Die ich wol halten wil mit fleiß
Es iſt mir auch on noth zu brechen
Weil vnmüglich iſt auszuſprechen
Was ich Gott mein Schöpffer fürhin
Für alle Wolthat ſchuldig bin
Den wil ich in ſeim Thron dort oben

Mein lebenlang preysen vnd loben
Mit gedancken, wercken vnd worten
Wo ich auß schwachheit an den orten
Ihm nicht gnugsam verdancken kan
So ruff ich Gott mein Herren an
Mein Hertz zu kreffting durch sein Geist
Zuthun als was er will vnd heist
Die hitz der Sonnen drücket mich
Ich bin gleich worden schlefferich
Ich will mich legen von der Sonnen
An den schatten zu diesem Brunnen
Ob ich von seim lieblichen rauschen
Allein da ruhen möcht vnd lauschen
Das wachen mit dem schlaff vertauschen

(Adam legt sich schlafen).

Actus II.

Der Herr kompt vnnd spricht:

Ich sich nichts das der gantzen welt
An Creaturen brech vnd fehlt
Wann es ist als köstlich vnd gut
Allein noch eines fehlen thut
Das der mensch bleiben sol allein
Das ist nicht gut vnd sol nicht sein
Drumb wöll wir jn ein ghülffen machen
Ihm gantz geleich in allen sachen
An vernunfft, gestalt vnd von Leib

K 5

Daſſelbig ſol ſein, ſein Ehweib
Mit der Er Kinder zeugen ſol
Darmit menſchlich gſchlecht mehren wol
In dieſem ſchlaff liegt er geſencket
Des Wercks er wol hernach gedencket
Ob er gleich jetzund das verſchlefft
Nun ſah ich an mein Göttlich gſchefft

Gott nimpt ein Ripp auß dem Adam, vnd ſpricht:

Auß dieſem Bain ſo werde fleiſch
Vnterſchieden nach meim geheiſch
Werden auß einem Fleiſche zwey
Ir Gmütt vnd Sinn doch eines ſey
Wach Adam wach, vnd bald auffſteh
Da haſtu deines gleichen Eh
Sehin, da haſtu gleich deim Leib
Ein Mitghülffin, das ſey dein Weib
Du ſolt ſein jr getrewer Mann
Vnd mit jr Kinder zeugen than
Sie iſt genommen auß dein Rieben
Deiner ſeiten, die ſoltu lieben
Halt Ehlich trew zwiſchen euch beiden
Wz. Gott zſam fügt ſoll niemand ſcheiden
Mein Engel bſchütz euch allwegen
Vber euch ſey allzeit mein Segen
Mehret euch vnd erfüllt die Erden

Als was jr dürfft das wird euch werden
Bleibt in meinem ghorſam allein

   Adam zeigt auff Eua vnd ſpricht:

Das iſt ein Bäin von meinem Bäin
Vnd Fleiſch von meinem Fleiſch getrennt
Drumb wirdt ſie ein Männin genent
Weil ſie iſt von dem Mann genommen
Vnnd wenn wir alle beyde kommen
Durch Gott hie in den ſtandt der Eh
Dann ſind wir ein Fleiſch vnd nicht meh
Welliches vor getheilet war
Drumb wird der Menſch verlaſſen gar
Sein Vatter Mutter mit verlangen
Vnd allein an der liebſten hangen
Drumb das ſie worden iſt ſein Weib
So werden wir zwey nun ein leib
Die haſt mir geben hie auff Ern
Ein Mutter vil Kind zugebern
Der Lebendigen das darob
Dir werd geſprochen ewig Lob
Herr deiner gar milt reichen güt
Auß allem menſchlichen gemüt
Nun du biſt mein Hertz liebes Weib
Weil die Seel wohnt in meinem Leib

Der Herr geht ab, So ſpricht Adam
weiter.

Geliebtes Weib ein troſt mein Leben

Du biſt ein Ghülff von Gott mir geben
Schaw wie lieblich luſtiger weiß
Iſt die Wohnung im Paradeiß
Hör wie luſtig die Vögel ſingen
Schaw wie die külen Brünlein ſpringen
Welches der Herr vns hat eingeben,
In rhu gar on arbeit zu leben
Ey was möcht nur luſtigers ſein
Denn die Herrligkeit mein vnd dein
On ſchmertzen wirſt Kinder gebern
Die auch leicht aufferzogen wern
Durch Gottes günſtig gnad vnd ſegen
Alſo lebn wir in freud allwegen
Vnd haben ein einigs Gebot
Das vns gab vnſer Herre Gott
Daſſelb ſöll wir für augen han

Eua die ſpricht:

Sag an mein hertzen lieber Mann
Was iſt daſſelb einig Gebott
Das vns hat geben vnſer Gott
Auff das ich das halt auch dermaſſen

Adam ſpricht:

All Baumen ſind vns frey gelaſſen
Daruon zu eſſen was wir wöllen
Allein ein Baum wir meiden ſöllen
Des gut vnd böſen in der mit

Von dem follen wir eſſen nit
Sunſt werden wir des todes ſterben
Am Leib vnd Seel ewig verderben
Drumb denck des Baums müſſig zu gehn
Weil ſonſt vil edler Frücht daſtehn
Verſuch den Apfel von den allen
Ich weiß er wird dir wolgefallen

Adam bricht ein Apffel ab, gibt jn
    Eua die verſucht jn, vnd ſpricht:

Wie ſüß vnd vberſchmack darbey
Ich glaub das nicht ein ſüßrer ſey.

Adam nimpt Eua bey der hand vnd
    ſpricht:

Wolauff nun wöllen wir ſpatzieren
In dieſem Garten vmbreſieren
Schaw liebes Weib wo hin wir kommen
Iß voll Roſen Lilgen vnd Blumen
Wie iſt es alſo wol geſchmack
Hie iſt ein ewig liechter tag
Kein Finſternuß dampff oder dufft
Hie iſt der aller geſundeſt Lufft
Kein Sturmwind hagl noch vngewitter
Kein donner oder plitzen bitter
Hie iſt ein freud on alles leid
Vnd ein ewige ſicherheit
Auch redet Gott mit vns allein

Sein Engel vnser Diener seit.
Was hett Göttliche Majeſtat
Thun mögen, das ſie nicht than hat
Vns dem menſchlichen gſchlecht beſunder

Eva ſpricht:

Hertz lieber Mann es nimpt mich wunder
Der Gottes Gſchöpff dardurch ſein gütt
So hoch erfrewt vnſer gemüt
Sein gantz zu Kinder auffgenommen
Wie werden all vnſer Nachkommen
Ererben ſo köſtlich Reichthumb
Herr Gott allein dir danck wir drumb
Weil du vmbſunſt auß gnad haſt geben
Vns ſo ein glückſeliges leben
Darinn jetzunder wohnen wir

Adam ſpricht:

O ſechſtu denn die Wildenthier
Wie ſie auff jrer Wåid vmblauffen
Auſſerhalb gar mit groſſen hauffen
Da gſelt ſich allmal par vnd par
Vnd mehren ſich mit groſſer ſchar
Auff erdreich in allerley art
Was ye von Gott erſchaffen ward
Geht als vol darſſen in der nehen

Eua ſpricht:

Hertz lieber Adam laß michs ſehen

Die wildenthier allerley Gschlecht
Daruon mein hertz groß frewd empfecht
Wolauff du mein einige zier

Adam nimbt sie bey der hand vnd
spricht:

So kom vnd schaw allerley Thier
Wir dürffen keins geleits noch schutz
Gott bhüt vns vnd thu vns als guts
Durch sein günstige lieb vnd gnad
Das vns kein Wildes thiere schad
Wann ich hab zu gebieten ihn

Eua die spricht:

Ich folg dir nun so gehn wir hin
(Sie gehen beide ab. So kommen drey Teuffel, Lu=
cifer, Sathan, vnd Belial.

Lucifer der erst Teufel spricht:

Ich zerspring schier vor laid vnd zorn
So ich denck das wir sind verlorn
In die Hellischen Fewerflammen
Von Himel verstossen allsammen
Wer ist der vns so thut verderben
Hat jm erschaffen ander Erben
Nemlich das gantz Menschlich geschlecht
Vnd hat vns mit gwalt widerrecht
Vmb also kleine schuld verdampt
Wenn ich denck vnser allersampt

Englischen stands vnd hoher Ehr
So ist mein Hertz vmbgeben sehr
Mit eim ewigen neid vnd haß
Ich hab kein rhu so lang biß das
Ich mich am menschen mög gerechen
Durch ein betrug sein frewd mög brechen
Vnd ihn auch bring in ewig mord

    Belial der ander Teuffel spricht:

Es sind verloren alle wort
Das Vrtheil ist bey Gott gefelt
Kein trost ist mehr, der vns enthelt
Darzu vns vnser Hoffart bracht
Bey Gott vnd Menschen sind veracht
Wir, jetzund vnd forthin all tag

    Sathan der dritt Teuffel spricht:

Gott verdroß als du thest die sag
Ich steig auff vber das Gestirn
Vnd setz mein Thron mit jubiliern
Vnd wil gleich dem Schöpffer sein
Doch zerstört er den willen dein
Das du warst mit all dein genossen
In den Abgrundt der Hell verstossen
Vnd Gott macht ein new Creatur
Den Menschen vnd erhöcht jn pur
Vber alls Himmelisches Heer

      Lucifer spricht:
Ich will etwas versuchen mehr

Ob ich möcht mit betrug verderben.
Menschlich Geschlecht, die newen Erben
Das er bey Gott in vngnad kem

     Belial spricht:

Ihr Geister wer sich des annem
Reitzt den Menschen auch an der stett
Das er etwan auch übel thet
Dardurch er sampt vns werd verloren

     Sathan spricht:

Secht wie hat Gott nur außerkoren
Den Menschen gar an vnser stat
Secht was er nur für wollust hat
Vber all Creatur auff Erd

     Belial spricht:

O sein Freiheit mich hart beschwert
Mein Lucifer heb an versuch
Als was du kanst, das du in fluch
Den Menschen stürtzest durch dein List

     Sathan spricht:

O Lucifer der handel ist
Auff dich gestelt thu sein außwarten
Vnd bring den Menschen auß dem garten
Das er beraubt werd alles guts

     Belial spricht:

Lucifer betracht vnsern nutz
Vnd vns all an dem Menschen rich

Lucifer spricht:

Jetzt hab ich eins besunnen mich
Wenn man jhn mit betrug möcht lehren
Hoffart vnd hoffnung grosser ehren
Als ob er sich Gott gleich könt machen

Sathan spricht:

Das Weib versuch mit diesen sachen
Der Mann würd mercken den betrug
Das Weib aber ist nicht so klug
Bald sie gelaubet vnserm liegen
Wird sie den Mann wol selbs betriegen
Mit jren süssen schmeichelworten

Belial spricht:

Wenn du das Weib reitzt an den orten
Der frucht zu essen an der statt
Welche jn Gott verboten hat
So kem die straff jm auff den Halß

Lucifer spricht:

Nun weiß ich ein ghülffen nachmals
Die Schlang, welche mit jrem list
Vber all Thier auff Erden ist
Die wil ich vnterweisen wol
Was sie mit dem Weib reden sol
Zu essen von verbotner frucht
Wenn sie denn auch den Man versucht
So mäin sie, Sie sind Götter worn

So feins verderbet vnd verlorn
Müssen Geistlich vnd Leiblich sterben

Belial spricht:

Darmit helff wir jn zu verderben
Lucifer thu als was du könst
Das du des Menschen nicht verschonst
Das werd gerochen vnser schaden
Das er auch komb in vngenaden
Vnd auß der vnschult werd gestürtzest
Schaw richt das auß auffs aller kürtzest
Gwinst du den sieg du wirst gekrönt

Lucifer spricht:

Der Neid vnnd haß hat mich verhönt
Ich wirdt gar nicht versaumlich sein
Biß daß der Mensch vns werd allein
In ewiger verdamnuß gleich
Der yetzundt ist im gnadenreich
Secht dort kompt gleich dz Weib spatzirn
Die Schlang muß mit jr disputiern
Auff eilend du listige Schlang
Vnd dem Weib bald entgegen gang
Vnd thu mit jr die meinung reden
Wie wir bschlossen zwischen vns beden.

Die Schlang stehet auff jre Füß, die
brey Teuffel gehen ab, Eua die kompt,
so spricht die Schlange zu jhr:
Weib wo wilt du hingehn allein

Sag wo iſt der Gemahel dein
Wie ſichſtu dich im garten vmb

Eua ſpricht:

Ich geh da ſpatzieren hinumb
Beſchaw des Gartens ſchmuck vnnd zier
Mein Mann hat das erlaubet mir
Yetzt geh ich heim er thut mein warten

Die Schlang ſpricht:

Sag mir gſelt dir der luſtig Garten
Mit dieſen edlen Früchten allen

Eua ſpricht:

Ach wie könt er mir nicht baß gefallen
Der von uns wird mit luſt beſeſſen
Macht habn wir aller Frücht zu eſſen
Allein von Baumen in der mitt
Von dem dörffen wir eſſen nit
Sonſt würd wir beide ſterben todt

Die Schlang ſpricht:

Wie das euch Gott den Baum verbot
Der doch der edelſt iſt im Garten
Solt jr jhn ſehen vnd ſein warten
Solt doch der Frucht dürffen nicht eſſen
Gott hats auß neid euch zugemeſſen
Er weiß bald jr der eſſen thet
Das jr denn guts vnd böß verſteht
Vnnd würd auch Götter jm gantz gleich

Eua spricht:

Es zimpt vns nit dem Schöpffer reich
Gleich zu werden seinr Creatur

Die Schlang spricht:

Ach wie kan euch der Schöpffer pur
Werden so feind vnd gar abholt
Vnd das er euch berauben solt
Göttliches verstands vnd weißheit

Eua spricht:

Es ist wol war, doch allezeit
Warnt er vns trewlich vor verderben

Die Schlang spricht:

Ihr werd mit nicht dauon sterben
Sondern erst seliglichen leben
Ewr augen werden göffnet eben
Vnd versthen böß vnd guts zu letz

Eua die spricht:

Ich aber brech Gottes Gesetz
Wenn ich dein rath wolt volgen than
Wer auch vnghorsam meinem Mann
Der mir die Frucht auch hart verbot

Die Schlang spricht:

Ach du Nerrin meinstu das Gott
Die that an euch so hart würd straffen

Hat er doch alle Bäum erschaffen
Euch der Edelsten Creatur
Die jr tragt sein Bild vnd Figur
Ob allem Gschöpff auß lauter gnaden
Was möcht die edel Frucht euch schaden
Volg mir ich bin dein guter Engel
Mich erbarmt deiner Thorheit mengel
Das jr im vnnerstandt thut leben

Eua spricht:

Diß Gsetz ist vns zu ghorsam geben
Vns liegt an dem Apffel nit viel
Der öpffel meng hab wir on ziel
Besser wann der von allen arthen

Die Schlang spricht:

O der Frucht gleich ist nicht im Garten
Von Farben süssem schmack vnd safft
Von inwendiger tugent krafft
Du könst dir des nicht essen sath
Du Nerrin folg meim trewen rath
Iß der Frücht, was verzeuchstu lang

Eua spricht:

O du verfürest mich du Schlang
Ich stürb eß ich den Apffel frey

Die Schlang spricht:

Ey meinst das Gott so grausam sey
Das er dich vmb ein Apffel tödt

Solche dein Forcht ist nicht von nött
Drumb iß, thus vnuerzaget wagen

Eua spricht:

Wenn ich gleich soll die Warheit sagen
Glaub ich er sey lustig zu essen

Die Schlang spricht:

Das wirstu mit der that ermessen
Das ich die Warheit sag gewiß

Eua spricht:

Das wil ich in dem ersten biß
Erfaren sagst mir warheit zu

Die Schlang spricht:

Ja geh hin Weib dasselbig thu
Je eh je besser das volstreck

Eua die spricht:

Ich wil geh kosten wie er schmeckt

Eua die geht ab, Lucifer kompt, die Schlang spricht:

Es geht dahin das thöricht Weib
Zuuerderben jr Seel vnd Leib
Mit dem Apfel allhie auff Erden
Durch den sie meint ein Göttin zwerden

Lucifer spricht:

Ich wil gehn dem anschlag nachschawen
Ich hoff den Mann sampt seiner Frawen

In den ewigen Todt zufellen·
Das wir an jn haben gesellen·
Dort kompt Adam ich muß gehn hörn
Wie jn auch werd sein weib bethörn

Lucifer vnd die Schlang gehn ab Eua
die kompt, redt wider sich selber, vnd
spricht:

O ich kan je erwarten kaum
Biß das ich komb zu diesem Baum·
Wie ist mein gmüt so gar verkert
Die Schlang hat mein begier gemehrt

Sie bricht ein Apffel ab, beyst drein,
vnd spricht:

Ich muß ein Apffel herab brechen
Ach Gott wer mag gentzlich außsprechen
Die süsse dieser edlen Frucht
Das ich die nicht lengst hab versucht
Ich sich doch woll ich stirb nicht drumb
Bald ich zu meinem Manne kumb
Wil ich jhm auch zu essen geben
Schaw da kompt er im Garten eben

Adam kompt vnd spricht:

Mein liebes Weib was machstu hie
Lang bistu außgewesen je

Eua spricht:

Ich bin doch dein hertz lieber Mann

Ich bit dich schaw den Baumen an
Der hat die aller süßten Frucht
Dergleich du vor nie haſt verſucht
Ich bitt du wollſt auch koſten ihn.

Sie beut im den apffel, vnd ſpricht:

Haſtu mich lieb ſo nim jn hin
Er ſchmeckt ſo vberluſtig wol

Adam ſtöſt jr den apffel hindan,
vnnd ſpricht:

Was ſagſt Weib, biſtu worden toll
Weiſt nicht die Frucht vns Gott verbott
Zu eſſen bey dem ewing Todt
Vnd heiſt du mich jetzt ſelber eſſen

Eua ſpricht:

Ey nichts, ich hab doch ſelbert geſſen
Vnd bin doch dennoch nicht geſtorben
Sonder hab groß Weißheit erworben
Iß ſo wirſtu Gott auch gleich werden

Adam ſpricht:

Wer gab dir dieſen rath auf Erden

Eua ſpricht:

Das hat gethan die trewe Schlang.

L

Mein mann iß auch ſaum dich nit lang
Et wird dir auch bekummen wol;

Sie reicht im den Apffel wider, Adam
nimpt jn vnd ſpricht:

Wen ich den Apffel eſſen ſol
So iß ich jn nur durch dein bitt
Von mir ſelbs eß ich jn gar nit

Adam beiſt in den apffel, Eua die
ſpricht:

Iß an du darffſt dich nicht beſorgen
Groß krafft im Apffel iſt verborgen
Der du von ſtund an wirſt empſinnen
In deinem Leib auſſen vnd jnnen

Adam ſpricht kleglich:

O wie iſt mein gemüt verwandelt
O Weib du haſt übel gehandelt
Wee das ich hab gefolget dir
Jetzt ſeh ich erſt das beide wir
Sind gantz nacket vnd darzu bloß
Wir haben vns verſündet groß
Das wir brachen Gottes Gebott
Darumb wird vns hart ſtraffen Gott
Der gröſte Jammer hat vns troffen
Auff kein Erlöſung iſt zu hoffen
Nun werden wir ellender weiß

Getrieben auß dem Paradeiß
Von wegen kleiner wolluſt ſchnöd
O wie bin ich geweſt ſo blöd
Das ich dir volgt der übelthat
Mein todt ſchon angefangen hat
Wann ich werd hart in meim gewiſſen
Gemartert, quelet vnd gebiſſen
Ich ſah ſchon an ewig zu ſterben
Weil ich kein gnad weiß zu erwerben
Was ſoll wir thun, weiſtu kein rath

Eua ſpricht:

Hertz lieber Mann die vbelthat
Vnd ſcham, wöll wir mit blettern decken.

Adam ſpricht:

Da liegen jr in dieſer ecken
Da mach wir ſchürtz, wenn das geſchech
Das vns Gott nicht gar nacket ſech

Eua reicht jm die Feigenbletter, vnd ſpricht:

Nim hin die Bletter von den Feigen
Ich mach mir ſelbs ein ſchurtz zu eigen

Adam nimpt die Feigenbletter, helt ſie für vnd ſpricht:

Ach dein Rathgeber die falſch Schlang
Hat vns bracht in die not vnd zwang

L 2

Ach das du jr gefolget haft
Du bringft vns in ewigen laft
Hör, hör, mich dunckt ich hör mit grimm
Got des Herren erfchröcklich ftimm
Kom eilend fo wöllen wir fliehen
Vns in ein Geftreudig verziehen
Auff das er vns nicht nacket fech
Vnd ob er vns darumb anfprech
Laugn wir was wöll wir vns faft fchemen
Was wöll wir vns lang darumb gremen
Dieweil vnd es nun ift gefchehen
Fleuch, fleuch, Gott der Herr thut fich nehe
Das er vns nit thu nacket fehen.

(Sie verftecken fich, vnd geben ab).

Actus III.

Die drey Teufel gehn ein, tanßen
vnd fpringen frölich, Lucifer fpricht:

Ir Geifter fagt nun haben wir
Vnfers hertzen luft vnd begir
Nach allem wuntfch fein außgericht

Belial der ander Teuffel fpricht:

Auffs aller beft vnd anderft nicht
Haftu die fachen recht beftelt

Sathan der dritt Teufel spricht:

Erst halt ich dich für einen Heldt
In diesem kampff standthafftigklich

Lucifer spricht:

Derhalben solt jr halten mich
Für groß, weil ich hie hab gefelt
Den Menschen den Gott hat erwelt
Der nun sein gunst bey jm verleust
Das Gott vnd die Engel verdreust
Das der Mensch nun sol sein verdampt

Sathan spricht:

Lucifer sag uns allensampt
Durch welche list du sie betrogest
Von ghorsam in vnghorsam zogest
Sag wie hastu das angefangen

Lucifer spricht:

Ey durch die schlipfferigen Schlangen
Welche denn das Weib vberredt
Bald sie den Apffel essen thet
So würde sie Göttlicher art
Durch die hochmütigen Hoffart
Das Weib begierlich aß darvan
Beredet des auch jren Mann
Bald der aß, wurd er jm gewissen

L 3

Sehr hart genaget vnd gebiſſen
Vnd thet der Gottes ſtraff beſorgen
Yetzt liegens im Garten verborgen
Warten der Gottes Vrtheil ſtreng

Belial der ſpricht:

Du haſt nicht außgerichtet weng
Nun hab wir macht nach allen rechten
Menſchlich Geſchlecht ſtets anzufechten
Dieweil vnd ſie auß der vnſchuldt
Gefallen ſind auß Gottes huldt
Weil dus einmal theſt ſiegloß machen

Lucifer ſpringt vnd ſpricht:

Nun laſt uns frölich ſein vnd lachen
Die ſach iſt wol gerichtet auß
Kompt, laſt vns in das Helliſch Hauß
Den ſieg verkünden offenbar
Mit freuden der Helliſchen ſchar

(Die drey Teufel hangen aneinander vnd tantzen
hinauß, nach dem komen die drey Engel trawrig vnd
weinendt.

Raphael der Engel ſpricht:

Ach Gott, ach Gott, was ſoll ich klagen
Mich erbarmt zu ewigen tagen
Der Menſch, welcher nach Gottes Bild
Erſchaffen iſt, reichlich vnd mildt

Das der so ellend ist gefallen
In vnghorsam dardurch von allen
Gütern, von Gott verstossen wird

Michael der Engel spricht.

Das hat gemacht des Weibs begird
Zu leibes wollust vnd Hoffart
Die anfechtung ward streng vnd hart
Darmit denn vberwund die Schlang,
Der Man wer noch bestanden lang
Hett nicht glaubt der Schlangen betrug

Gabriel der Engel spricht:

O Weib es wer gewest genug
Das du allein verfürt werst bliben
Hetst nur den Mann darzu nicht triben
Das er auch mit dir wer gefallen
In diesen Fluch der bittern Gallen
Dem du zu eim bhülffen bist geben
Den bringstu vmb sein Geistlich leben
Mit dem du hast ein eining Leib

Michael der Engel spricht:

O du fürwitzig stoltzes Weib
Hetst du Wollust vnd Ehr zu wenig
Alles Gschöpff war dir vnterthenig

L 4

Vnd wolst durch dieses Apffels essen
Göttliche Ehr dir auch zu messen
Was wir Engel dir in dein mut
Eingaben hielten dich in hut
Du solt der Schlangen müssig gon
Da kerest du dich gar nicht ohn
Nu hast du harter straff zu warten

Gabriel der Engel spricht:

Sie liegen beide in dem Garten
Verborgen als ob Gott nicht sech
Was in der gantzen Welt geschech
O er weiß jren schweren Fall
Darob die Teufel vberal
Spotten vnd lachen jr darzu

Michael der Engel spricht kleglich:

Ach wie groß pein qual vnd vnrhu
Die Menschen jn geschaffet haben
Die Gott so reichlich thet begaben
Das er sie macht vns Engeln gleich.

Raphael der Engel spricht:

Secht dort kompt her der Herre reich
Wie ist ergrimmet er im zorn
Vber des Menschen Sünde worn
O armer Mensch was hastu thon
Dein strenger Richter thut eingohn

Er wird dir vbel faren mit
Darfür hilfft weder fleh noch bitt

Die Engel gehen trawrig ab, Nach
dem kompt Gott der Herr vnd spricht:

Adam, Adam, geh her Adam
Wo bistu? was bedeut dein scham
Geh herfür dein forcht zeiget an
Das du hie vnrecht hast gethan

Adam kreucht herfür vnd spricht:

O Herr bald ich hört kommen dich
Erschrack ich vnd verbarge mich
Dieweil ich bloß vnd nacket bin

Der Herr spricht:

Dardurch werd ich warhafftig jnn
Weil du dich förchst, das du hast gessen
Von dem verbotten Baum vermessen
Der Früchte so ich dir verbott

Adam felt auff die Knie, hebt seine
Hend auff vnd spricht:

Ich bekenn dir mein Herr vnd Gott
Das ich von dieser früchte aß
Die mir von dir verbotten was
Hab läider dein Gebott zerbrochen

L 5

Gott der Herr spricht:

Meinstu das es bleib vngerochen
Der Gottloß fleucht vns ist verzagt
Förcht sich wenn jn schon niemand jagt
Der vnschuldig der förcht sich nicht
Vor meim Göttlichen Angesicht
Er frewt sich meiner gegenwart
Weil du dich hast versündet hart
Meinstu es bleibe mir verborgen

Adam spricht:

Ich war in grosser angst vnnd sorgen
Mein Gwissen thet mir solch gedreng
Die Welt mir werden wolt zu eng
Vor dir verbarg ich mich darumb

Gott der Herr spricht:

Adam wie stelst du dich so frumb
Da ich den Baumen dir verbott
Sag an wer dich geheissen hat
Das du von diesem Baum solt essen

Adam spricht:

Das Weib das hat von ersten gessen
Das du mir gabst, das bate mich
Zu essen, also aß auch ich
Weil ich sah das jr nichts geschach

Derhalb so leg auff sie die rach
Ich het es sonst nicht thon bey leib

Gott der Herr spricht:
Sag an Adam, wo ist dein Weib?

Adam spricht:
Herr da iß im Gesteübig sthan

Eua geht herfür, der Herr spricht:
Sag Weib, warumb hast das gethan

Eua hebt jre Hend auff, vnd spricht:
Die Schlang hat mich darzu verhetzt
Das ich auch gessen hab zu letzt.

Gott der Herr felt den Sententz:
Schlang weil du solches hast gethun
So sey darumb verfluchet nun
Vor allem Viech vnd Thieren auch
Nun soltu kriechen auff dein Bauch
Vnd dein lebenlang essen staub
Auch wil ich feindtschafft setzen glaub
Zwischen dir vnd dem Weib mit namen
Zwischen deinem vnd jrem Samen
Der wird deim sam den Kopff zerbrechen
Vnd du wirst jn jnt Fersen stechen.

Die Schlang fellt nieder, kreucht auf
allen vieren auß, der Herr spricht
weiter:

Vnd du Weib so du nach den tagen
Schwanger vnd wirdest Kinder tragen
Viel kummer du denn haben wirest
Dein Kind mit schmertzen du gebierest
Auch so soltu dich vor deim Mann
Tucken vnd jm sein vnterthan
Doch wird ein Sam kommen von dir
Welcher wird dieser Schlangen schier
Den Kopff zertretten vnd zerknischen
Die dich halff in dem Fall vermischen
Als denn so werd ich euch begnaden
Ob diesem verderblichen schaden
Aber du Adam hör mit förcht
Weil du hast deins Weibs stimm gehorcht
Vnd gessen der verbotten Frucht
So sol der Acker sein verflucht
Vmb deinent willen in den tagen
Sol dir distel vnd dornen tragen
Mit kummer soltu dich drauff neeren
Des Feldes Kraut soltu verzeren
Vnd solt forthin essen in not
Im schweiß deins Angesichts dein Brod
Du bist gemacht auß staub vnd Erden
Zu staub soltu auch wider werden

**Der Herr gibt jn rauhe Kleider, vnd
spricht weiter:**

Nembt hin, legt an die rawhen Kleyder
Die sind nun eygen ewer beyder
Secht wie ist jetzt Adam so reich
Ein Gott worden vns gantz geleich
Er weiß das böß vnd auch das gut
Auff das er nit auß frechem muth
Sein Hant außstreck zum Baum des lebens
Brech ab die Frucht vnd eß vergebens
Vnd lebe darnach ewiglich
Darumb Cherubin bald rüst dich
Treib auß die newen Gottes weiß
Auß dem Garten des Paradeiß
Auß wollust, frewden, gwalt vnd Ehr
Darein sie kommen nimmermehr.

(Der Herr geht ab.)

**Cherub der Engel kompt mit dem
fewrigen Schwerdt vnd spricht:**

Adam geh auß wie dir denn Gott
So streng samb deinem Weib gebott
Saum dich nicht lang, wann es ist spat
Hie hastu kein bleibende statt
Geh hin du Weib mit deinem Mann

Adam schlecht die henb zusammen vnb
spricht:

Ach Gott, Ach Gott, was hab wir than
Wir verlaffen elenden armen
Ich bitt thu dich vnfer erbarmen
Rath vnd wo foll wir forthin bleiben

    Cherub der Engel spricht:
Mir ist beuohln euch außzutreiben
Ich forg nun weiter nicht für dich

    Adam spricht:
Ich bitt durch Gott doch laffe mich
Ein stund noch in dem Garten hinnen
Ob ich möcht Gottes hulbt gewinnen
Der gütig vnd barmhertzig ist

    Cherub der Engel spricht:
Geh hin jetzt ist dein zeit vnd frist
Geh hin du hörst wol was ich fag
Es neiget sich gar sehr der tag
Geh ich muß beschliessen den Garten
Keinr gnad ist auff diß mal zu warten
Gehin auff die vnfruchtbar Erdt
Darnach nimb ich biß flammet schwerdt
Vnd behüt darmit disen Baum
Schlag vnd treib weg vnn mach ein raum

Wer dazu wil frue ober spatt
Mir Gott ernstlich befohlen hat
Geht jr hin wie jr habt vernommen

Adam spricht:

Wenn soll wir aber wider kommen
Ich bitt dich ruff vns bald herwider

Cherub der Engel spricht:

Geht nur bald auß dem Garten nider
Langsam wir dir her ruffen müssen

Adam spricht:

Sol ich die Sünd des Weibes büssen
Vnd jrer Missethat entgelten

Cherub der Engel spricht:

Geh hin da hilfft kein zancken noch schelten
Gott hat geurtheilt, das wirb bleiben
Euch beibe allhie auß zutreiben
Darumb geht hin, vnd schweigt nur stil

Adam spricht:

Weils denn Gott also haben wil
So gehn wir, weil doch niemand kan
Göttlichen willen widersthan
Weil vns der Sathan hat verfürt
Zu dieser Thorheit obberürt
Darumb wir ewig werden plagt

Eua spricht:

Es hat vns Gott doch zugesagt
Durch mein Samen ein guten trost
Darburch wir noch werden erlost
Drumb weil es nicht kan anderst sein
Mein Mann so gib dich willig drein
Vnd schlag die sorg auß deinem hertzen

Adam spricht:

O Weib sorg angst vnd grosser schmertzen
Vnrhu, müh, arbeit wird vns werden
Draussn auff der vnfruchtbarn Erden
O Weib, o Weib was hastu thon
Es ist Abendt, wir müssen gohn
Nun gesegn dich Got der Schöpffer weiß
Du wunnigkliches Paradeiß
Das mir eygen bereitet was
Mit hertzenleidt ich dich verlaß
Muß ewig mich verwegen dein

Eua spricht:

Mein Mann ich will dein Mitgfert sein
Beide im Leben vnd im Todt
In aller Trübsal; angst vnd noth
Wo du hingehst, da folg ich dir

Adam spricht:

Hertzliebes Weib, so volg du mir

Auff Erdn in Trübsal vnd elend
Gott kan das machen wol ein endt
Wenn er sein barmung zu vns wendt
(Adam vnd Eua gehen traurig auß.)

Cherub der Engel beschleust:

O alle eble Creatur
Was je von Gott beschaffen war
Wäinet vnd lasset euch erbarmen
Des ellendten betrübten armen
Menschen, den Gott nach seinem Bildt
Erschaffen hat gütig vnd mildt
Ein Herren aller Gschöpff gesetzt
Der durch den Teuffel ward verhetzt
Auß eigener Lieb vnd Hoffart
Zu erlangen Göttliche arth
Sich abgewendet hat von Gott
Freuentlich brochen sein Gebott
Vnd also bald vergessen hat
Der Göttlichen reichen wolthat
Darein er ewigklich solt leben
Drumb jn Gott hat verstossen eben
In alle trübsal angst vnd not
In zeitlich vnd ewigen todt
Ihn nicht allein also verderbet
Sonder auff sein nachkommen erbet
Auff das gantz Menschliche Geschlecht

Dieſer vnfall als ein Erbrecht
Das alſo noch fleiſch vnde blut
Das ſein auff Erden ſuchen thut
Sein eigne Lieb, wolluſt vnd ehr
Darburch er ſich von Gott abkehr
Vnd durch das Sathaniſch ziechpflaſter
Hernach ergeb in alle Laſter
Gottsleſtrung vnd Abgötterey
Todtſchlag, Krieg, Raub vnd Tyranney
Hoffart, Geitz, Ehbruch vnd diebſtall
Zorn, Neibt, Haß dergleich on zal
Darmit man verbien Gottes zorn
Darburch es ewig word verlorn
Vnd auch erbult in dieſer zeit
Allerley widerwertigkeit
Die ſie wird treffen frü vnd ſpat
Das alls von der Sünd vrſprung hat
Die Sünd aber hat jren trieb
Her auß derſelb eigenen lieb
Alſo ein böſes arges ſtück,
Das ander bringet auff dem rück
Wo der geſegnet Sam nicht kem
Menſchliches Gſchlechtes ſich annem
So blieb Menſchliches gſchlecht im ſterben
An Seel vnd Leib in dem verderben
Aber vber ein lange zeit
Hat Gott durch ſein barmhertzigkeit

Erwecket den heyligen Sam
Welcher Fraw Eua und Adam
Sambt gantzem Menschlichen geschlecht
Widerumb hat gebracht zu recht
Das voltömlich erfüllt ist worn
Als Jesus Christus ward geborn
Der war der gebenedeyet Sam
Der Geistlich Himmelisch Adam
Zalt des irrdischen Adams schuldt
Da er in der höchsten gedult
Vnschuldig ist am Creutz gestorben
Vom fluch ewige huldt erworben
Nach dem am dritten tag erstanden
Auß eigner krafft von todes banden
Hat den Todt gwaltig vberwunden
Den Sathan gfangen vnd gebunden
Die Hell zerstöret vnd zerbrochen
Darmit Adames fall gerochen
Der Schlangen zertretten ir Haubet
Wer dem Euangelio glaubet
Welches von Christo wird geprebigt
Ist von dem ewing fluch erlebigt
Durch den Geist wider new geborn
Vnd Gott gentzlich versönet worn
Ihm nach diesem ellend zu geben
Dort ein ewig seliges Leben
In dem Himlischen Paradeiß

Dem sey lob vnd ewiger preiß
Das sein gut vber vns erwachs
Hie vnd dort ewig wüntscht Hans sachs.

Die Perſonen in die Tragedi.

Gott der Herr		1
Adam		2
Eua		3
Raphael		4
Michael	drey Engel	5
Gabriel		6
Cherub		7
Lucifer		8
Belial	drey Teuffel	9
Sathan		10
Die Schlang		11

M.D.XLVIII.

Inhalt.

Verbesserungen.

———————

Seite VI. Zeile 22. statt ihn lies: ihm.
— XXXVIII. Zeile 11. statt Nüanzen lies:
Nuançen.

Lightning Source UK Ltd.
Milton Keynes UK
UKHW012238300119
336486UK00010B/1512/P